绩效管理实务丛书

# 绩效管理案例与案例分析

（第二版）

U0856423

郭京生　杨飞　熊敏鹏　等著

中国劳动社会保障出版社

**图书在版编目(CIP)数据**

绩效管理案例与案例分析/郭京生，杨飞，熊敏鹏等著. —2版. —北京：中国劳动社会保障出版社，2012

ISBN 978-7-5045-9708-3

Ⅰ.①绩… Ⅱ.①郭…②杨…③熊… Ⅲ.①企业绩效-企业管理-案例 Ⅳ.①F272.5

中国版本图书馆CIP数据核字(2012)第120277号

**中国劳动社会保障出版社出版发行**

（北京市惠新东街1号 邮政编码：100029）

出版人：张梦欣

*

北京世知印务有限公司印刷装订 新华书店经销

787毫米×1092毫米 16开本 18.25印张 351千字

2012年9月第2版 2012年9月第1次印刷

**定价：42.00元**

**读者服务部电话：010-64929211/64921644/84643933**

**发行部电话：010-64961894**

**出版社网址：http：//www.class.com.cn**

**版权专有 侵权必究**

**举报电话：010-64954652**

如有印装差错，请与本社联系调换：010-80497374

# 序　言

当前，绩效管理受到企业普遍重视，也是理论研究的热点。无论是绩效管理的实践者还是研究者，都始终关注一个问题：如何将绩效管理的基本理论和方法运用于实践，提升个人和企业的绩效，实现企业的战略目标。当我们掌握了一定的理论和方法，试图解决实际中的具体问题的时候，我们发现，实际情况纷繁多变，令人茫然不知所措。真正掌握绩效管理原理的具体应用，设计出切合实际的解决方案，除了深入学习理论知识、把握其精髓之外，重要的是学习、借鉴典型案例。“它山之石，可以攻玉”，我们完全可以通过丰富的案例汲取成功企业的管理精华和经验，青出于蓝而胜于蓝，在理论和方法上有所创新，并成功运用于实践。

当试图寻找成功的案例以获得启示的时候，我们会发现，尽管绩效管理的书籍层出不穷，尽管互联网提供了获取信息的便利渠道，但要从浩如烟海的资料中得到适合的、有用的案例，并非易事；即使获得了，也往往不能领悟其中的要领。本书正是为满足学习、借鉴典型案例的普遍需求而编写的，它能够使读者方便地吸收绩效管理知识的精华，掌握有效的绩效管理方法和技术。

本书的特色有以下几个方面：

1. 在编排上采用“主题案例”的形式。以绩效管理的基本问题和具体环节为主线，划分出若干主题，如绩效指标设计、绩效考核方法、绩效考核结果运用；将筛选的案例按主题进行分类，每一个主题下选用不同特点的案例，展示针对同一问题的不同解决方法，给读者以更多的启发。同时，“主题案例”的编排使读者能够按图索骥，学习、使用上更方便。例如，读者想了解绩效工资的计算和发放办法，可以在相应的标题下看到若干不同思路的案例。

2. 针对各类案例编写了案例点评，包括案例分析和相关知识链接。案例分析可以帮助读者准确、深入地掌握案例的思路和相应的方法、技术；相关知识链接有助于读者对案例内容的全面理解。

3. 与系统论述绩效管理体系和方法的《绩效管理制度设计与运作》在内容上相互呼应，相得益彰。本书的章节与《绩效管理制度设计与运作》的主要内容对应，《绩效管理制度设计与运作》侧重于理论和方法的介绍，本书是丰富多彩的具体案例。尽管《绩效管理制度设计与运作》中也有一些案例，但限于篇幅和书的侧重点，案例的选用以解释原理为目的。从这一点看，本书是《绩效管理制度设计与运作》的配套工具书。

《绩效管理案例与案例分析》第二版在两个方面进行了改进和完善：一是增加了一些新的案例，使各个主题下的案例更加丰富。例如，在前一版中，绩效管理流程的案例只有1个，第二版增加了2个。二是对案例分析做了充实和修改，使点评更恰当、更有针对性。

本书共分6章：第1章绩效指标设计，内容为各种类型指标体系设计方法方面的案例和几种类型指标体系的案例，以及相关的案例分析；第2章各类考核表，内容为典型的专项考核表（工作业绩考核表、工作态度考核表、工作能力考核表等）和综合考核表的案例，以及相关的案例分析；第3章绩效考核方法，内容为目标管理、满意度评价、360度考核方面的案例以及相关的案例分析；第4章不同类别的考核，内容为分（子）公司、部门两个层面和企业中几个重要的人员类别的考核案例，以及相关的案例分析；第5章绩效考核的组织与结果控制，内容为绩效管理职责分工、绩效管理流程和考核结果调整、分布方面的案例，以及相关的案例分析；第6章绩效考核结果的应用，内容为绩效考核结果在经营者年薪制、绩效工资（奖金）分配、员工职业发展方面的案例，以及相关的案例分析。

本书适合于以下读者：

首先是企业领导、人力资源部门及相关部门工作人员。俗话说“一把钥匙开一把锁”，通过阅读本书，可以找到打开绩效管理成功之门的钥匙；或者触类旁通，领悟到解决难题的要诀。

其次，作为高等院校人力资源、工商管理等专业学生的学习参考书和教师的教学参考书。本书也适合于相关研究人员和对人力资源管理感兴趣的其他读者。

参加相关资料收集、整理和本书编写的还有王丹、李涛、李冰、周琼。

绩效管理实践方面有许多问题有待探索，希望能够与广大读者就此进行交流。电子邮箱gjs1408@sina.com（联系人：郭京生教授）。

著者<br>于华北电力大学

# 目　录

# 第 1 章

# 绩效指标设计

绩效管理案例与
案例分析

# 第一节　指标体系的建立

## 案例一：某集团公司绩效考评指标体系建立

### 一、背景介绍

公司创建于1989年，以能源开发和利用方式的创新为产业基础，通过全体员工的共同努力，已经形成以能源开发、能源化工、能源分销为主导，以能源装备、智能科技、生物化工、园区地产为支撑的产业群，构建了上中下游纵向一体化的清洁能源产业链。截至2006年年底，集团拥有员工2万余人，总资产超过180亿元人民币，100多个全资、控股公司和分支机构分布在国内60多个城市及英国、美国、澳大利亚等国家的重要城市。

### 二、考核指标体系

#### （一）考核指标体系的内容

公司认为，绩效指标是绩效目标的载体，是绩效监控、绩效考评、经营检讨、绩效改进的主要内容。公司各级下属公司和部门的绩效指标分为关键绩效指标（简称KPI）和管理要项；员工的绩效指标包括KPI、行为指标和工作要项。KPI又分为常规KPI和改进KPI。

1. 关键绩效指标（KPI）

关键绩效指标是反映成功关键因素或策略重点的状态或达成结果的指标。

常规KPI来自于对公司总体战略目标的分解，是反映达成企业战略目标的策略重点的阶段性关键业绩指标。

改进KPI是针对改善企业经营业绩的重点或关键点而确定的指标，是考核周期内必须改进的，是对常规KPI的补充。

2. 管理要项

管理要项是针对目前无法用KPI表示或者相对比较综合、很难用单一的KPI表示但又必须完成的关键管理职能和活动设置的指标，是对关键绩效指标的补充。

3. 行为指标

行为指标由与员工的KPI密切相关的一组或若干组行为要项及工作标准组成。

4. 工作要项

工作要项是针对目前无法用KPI和行为指标表示但又必须完成的关键工作活动设置的

指标，是对员工 KPI 的补充。

### （二）指标确定原则

1. 确定目标责任书时，不得出现重复列项。在同一级组织中，同类指标之间存在直接因果关系时，只取上一层的指标。

2. 绩效指标的内容、衡量方法和评价方法必须客观明确。

### （三）考核指标体系的建立

1. 企业常规 KPI 的确定

（1）综合考虑集团总体战略目标，通过经营分析，自上而下，逐层分解，利用集团建立的关键成功因素（CSF）体系确定集团、各专业集团、各成员企业的策略重点并选取相应的常规 KPI。

（2）企业的常规 KPI 由上一级绩效管理部门提出，经双方沟通确定。

（3）企业常规 KPI 为 3～7 个。

2. 企业改进 KPI 的确定

（1）企业经营班子在上级绩效管理部门的指导下进行经营检讨，找出自身经营管理中的主要问题和“短板”，提出对应的改进措施。上级绩效管理部门在经营检讨的基础上，与企业确定下一考核期的改进计划，并提出相对应的 KPI 作为改进 KPI，经双方沟通之后确定。

（2）改进 KPI 一般不超过 5 个。

3. 部门 KPI 的确定

（1）部门的 KPI 由企业经营班子根据企业目标和计划，结合部门职责和部门经营检讨结果，经双方沟通之后确定。

（2）部门主管在企业经营班子的指导下进行经营检讨，找出自身经营管理中的主要问题和“短板”，提出对应的改进措施。企业经营班子在部门经营检讨的基础上，与部门确定下一考核期的改进计划，并提出相对应的 KPI 作为改进 KPI，经双方沟通之后确定。

（3）部门 KPI 的数量经双方沟通之后根据部门和工作的具体情况确定，一般不少于 8 个。

4. KPI 目标的设置

（1）KPI 设目标值和挑战值。目标值是在现有的环境条件下，企业和部门依据战略目标分解确定的绩效目标；而挑战值是指通过捕捉新的市场机会、充分挖掘内部潜力和经营创新，力争达到的绩效结果或表现。

（2）常规 KPI 的目标值经双方充分沟通确定后，由上一级绩效管理部门直接下达，常规 KPI 中收入和利润的挑战值由各级企业和部门自行确定，上一级绩效管理部门追加的指标值也作为挑战值。

（3）挑战值的有效截止期为第二季度末。

5. 管理要项的确定

（1）企业和部门的管理要项确定方法同其 KPI 的确定方法。

（2）管理要项应该具体描述达成的时间、状况并且制定详细的评分项目和标准。

（3）企业管理要项一般不要超过 5 个，部门管理要项一般不要超过 7 个。

6. 员工绩效指标的确定

（1）企业一把手及部门一把手的绩效指标与其负责的企业或部门的绩效指标一致。

（2）实际承担企业或部门经营管理职责的非一把手任职者，其绩效指标与所负责的企业或部门的绩效指标一致。

（3）企业经营班子其他人员，由企业一把手根据其重点分管工作和职权，从企业的 KPI 和管理要项中分解出相关指标，与其充分沟通后确定。

（4）非管理类员工的 KPI 依据部门承担的 KPI、员工所任职岗位的职责和上个月员工考核结果分析，由直接主管与其充分沟通后确定。

（5）员工的行为指标由直接主管与其沟通后确定。

（6）行为指标应该具体描述达成的时间、状况或者制定详细的评分项目和标准。

（7）行为指标一般不超过 6 个。

### （四）考核指标权重

1. 权重的确定原则

（1）一般而言，常规 KPI 权重大于改进 KPI、管理要项。

（2）与企业最终经营成果关系越密切，指标权重越高。

（3）反映企业经营管理总体部署的指标权重较高。

（4）反映企业战略性的 KPI、管理要项和行为指标权重高。

（5）被考评者可控程度大的指标权重高。

（6）综合性强的指标权重高。

（7）一般每一项指标的权重不小于 5%。

2. 权重的主要内容

（1）专业集团和成员企业 KPI 的权重为 70%～80%，管理要项的权重为 20%～30%。

（2）各级职能部门 KPI 和管理要项的权重由各企业根据部门特点自行确定。

（3）非管理类员工 KPI 和行为指标的权重由其直接主管依据下属阶段性工作特点、工作难点及普遍存在的问题加以确定。

# 案例二：某集团基于目标分解的 KPI 体系设计

## 一、KPI 体系设计

基于目标分解的 KPI 体系是在明确集团级目标的基础上，找出评估这些目标完成情况的集团级 KPI，并将这些 KPI 层层分解下去形成各岗位 KPI，通过个人 KPI 的完成来保证集团总体目标的完成。

### （一）KPI 体系建立的主要步骤

1. 根据集团年度目标和实现这些目标的关键成功因素，确定集团级 KPI。与集团级年度目标相对应，集团级 KPI 可分为财务类 KPI、客户类 KPI、运营类 KPI、学习与创新类 KPI，还包括为杜绝安全事故、避免对集团运作产生重大障碍而设立的防范类指标。

2. 根据分管各个系统的副总裁的分工，自上而下将集团级 KPI 落实到各系统，形成各系统的 KPI。

3. 根据各部门职能和业务流程中的上下游关系，将各系统的 KPI 分解至各部门，形成部门级 KPI。

4. 各部门将部门级 KPI 分解至部门内部的各个岗位，形成部门内部各岗位的 KPI。

5. 各岗位直接上级与各岗位员工根据岗位任职者的 KPI 填写绩效考评表，确定某一考评期内岗位任职者的考评标准。

### （二）指标分类

各岗位的 KPI 包括工作业绩指标、工作态度指标、工作能力指标和防范性指标。工作业绩指标中包括量化指标和非量化指标，在设置工作业绩指标时，应尽量减少非量化指标的设置，而多采用量化指标。工作态度、工作能力指标为非量化指标。一个岗位的绩效考评表中，非量化指标的权重应不超过 20%。

1. 工作业绩指标

工作业绩指标是 KPI 体系中最为重要的指标，主要来源于 KPI 的层层分解和具体的岗位职责。它可通过员工完成工作量的大小（数量）、工作效果的好坏（质量）、成本费用指标、在本职工作中努力改进与提高的创造性成果来体现。

2. 工作态度指标

工作态度指标主要指主动性、服从性等方面的指标。员工良好的工作态度是形成优秀企业文化的要求。针对不同层级员工，工作能力指标分为高级执行层态度指标、中级执行层态度指标和基层执行层态度指标。

3. 工作能力指标

工作能力指标是对员工知识、智能、技能、体能状况的评价指标。工作能力考核结果是员工职位升迁的重要依据。针对不同层级的员工，工作能力指标分为高级执行层能力指标、中级执行层能力指标和基层执行层能力指标等内容。在上级进行沟通确定各岗位任职者的能力指标时，应体现“需要什么，考什么；缺什么，考什么”。

4. 防范性指标

防范性指标是描述由于工作失误给集团造成巨大损失（如重大工程质量事故、被客户投诉到新闻媒体等）的指标，当防范性指标所描述的情况发生时，则此次考评记为0分。

### （三）指标设置

根据各岗位层级、岗位所在系统、部门业务性质的不同和考评周期的不同，对各岗位进行考评时所采用的指标也有所不同。具体规定见表1—1。

**表1—1　各岗位考评类型、KPI表**

| 适用人员 | 考评类型 | 考评时间 | KPI |
| --- | --- | --- | --- |
| 总裁、副总裁 | 年度 | 1月初 | 工作业绩（80%）、工作态度（10%）、工作能力（10%）、防范性指标 |
| 各系统总监、副总监 | 半年度 | 7月初 | 工作业绩（100%）、防范性指标 |
| | | 1月初 | 工作业绩（100%）、防范性指标 |
| | 年度 | 1月初 | 工作业绩（80%）①、工作态度（10%）、工作能力（10%） |
| 销售部员工（包括部门经理） | 月度 | 每月初 | 工作业绩（100%）、防范性指标 |
| | 年度 | 1月初 | 工作业绩（80%）②、工作态度（10%）、工作能力（10%） |
| 其他人员 | 季度 | 每季度初 | 工作业绩（100%）、防范性指标 |
| | 年度 | 1月初 | 工作业绩（80%）③、工作态度（10%）、工作能力（10%） |

注：①此项指标分值为两个半年度考评分值的平均数乘以80%。

②此项指标分值为各月考评分值的平均数乘以80%。

③此项指标分值为各季度考评分值的平均数乘以80%。

## 二、KPI的过程追踪与修正

### （一）追踪KPI的目的

1. 发现KPI偏差

由于订立KPI时，有若干因素未考虑，或者由于环境变化，使得KPI实施时发生困难。

2. 反映员工的实际工作情况，在每个阶段追踪时予以修正

提供上级与下属间定期的正式联系机会。KPI 完成进度的追踪检讨常利用会议和述职的方式进行，这种正式的沟通和检讨能够促进上下级之间的融合和默契，改善上下级关系，创造良好的工作氛围。

### （二）追踪 KPI 的步骤

KPI 的追踪由人力资源部、行政中心负责组织和监督，由各级主管负责执行。KPI 追踪的步骤如下：

1. 各级主管通过述职和召开工作会议了解下属 KPI 的完成情况。

2. 各级主管将下属 KPI 的实际完成情况与工作计划要求应该达到的进度进行对比，看是否出现 KPI 完成滞后的情况。

3. 各级主管对 KPI 追踪过程中发现的问题与 KPI 执行者进行深入的研究，分析出现 KPI 完成困难的原因，提出解决的指导意见。

4. 当外部环境的影响而非岗位任职者本身的原因使 KPI 确实无法完成时，严格按照 KPI 修正的相关规定对 KPI 进行修正。

### （三）KPI 的修正

当外部环境发生重大变化和内部因素的影响使 KPI 可能变得毫无意义的情况下，根据该项问题的严重程度与影响范围，经过有关人员的协商达成一致后，可对 KPI 进行修正。

1. 岗位非重要 KPI 的修正

如该问题仅属部门内部个别岗位的问题，并且对部门级 KPI 的实现不会造成重大影响，则由 KPI 执行人与直接主管上级研究解决方案。此类修正在每个考评期中进行，经 KPI 执行人的隔级上级确认后，将修正后的情况及时反馈到人力资源部。

2. 部门、系统级 KPI 的修正

如确实由于外部环境因素或内部暂时不可解决的因素，致使考评期前制定的部门、系统级 KPI 执行进度落后或执行发生困难，但经过协调后对集团级 KPI 的实现不会造成重大影响的，经总裁审批后，行政中心组织对 KPI 进行修正。此类修正在每个考评期中进行，经总裁审批后的修正情况及时反馈到行政中心和人力资源部。

3. 集团级 KPI 的修正

对于由于外部环境因素或内部暂时不可解决的因素使集团级 KPI 实现受到影响时，经总裁审核，董事会批准后，行政中心对集团级 KPI 进行修正。但每年只允许修正一次，修正时间为每年第三季度末。

## 三、集团 KPI 修正卡（见表 1—2）

表 1—2　　KPI 修正卡

执行人：　　所在部门：　　填表日期：　　年　　月　　日

| 原 KPI 项目 | 原 KPI 值 |
|---|---|
| | |
| 修正后的 KPI 项目 | 修正后的 KPI 值 |
| | |
| 修正原因 | |
| 直接上级签名： | 日期： |
| 隔级上级签名： | 日期： |
| 总裁签名： | 日期： |
| 董事长签名： | 日期： |

填表说明：

KPI 的修正严格按照《基于目标管理的绩效考评制度》执行，根据 KPI 修正后影响的大小确定由哪一级别签字确认。

# 案例三：某通信规划设计院有限公司的指标体系设计

## 一、KPI 体系的内容

依据设计院发展战略的关键驱动因素，设计院建立起包括财务指标、内部管理指标、客户指标、学习成长指标在内的关键绩效指标（KPI）体系，将公司的长期目标与短期目标紧密联系起来，将组织目标、部门目标、个人目标紧密联系起来，从而实现公司的发展战略。

该设计院的战略关键驱动因素按照平衡计分卡分为财务、客户、内部管理、学习成长 4 个方面。

财务方面：规模、盈利能力、盈利增长、成本控制

客户方面：客户满意、市场开发

内部管理方面：设计质量、设计周期、人员状态

学习成长方面：管理水平、技术水平、人员素质

## 二、KPI 体系的依据

设计院在明确发展战略的基础上，确定了发展战略的关键驱动因素，进而建立 KPI 体系。在选择 KPI 时，设计院主要以以下三点为原则：

相关性：指标与公司发展战略的相关程度

可控性：个人努力对指标的影响程度

可衡量性：指标评价的相关信息是否能够获得或是否便于获得

## 三、KPI 体系的建立

设计院根据管理层级关系划分为公司级 KPI、部门级 KPI、岗位级 KPI；根据内容划分为任务绩效指标、管理绩效指标（指标体系见表 1—3 至表 1—5）。

表 1—3　　某通信规划设计院有限公司 KPI 体系（1）

| 驱动因素 | 驱动要素 | 滞后 KPI | 领先 KPI |
| --- | --- | --- | --- |
| 财务 | • 规模<br>• 盈利能力<br>• 盈利增长<br>• 成本控制 | • 销售收入<br>• 产值<br>• 利润额<br>• 人均产值 | • 利润率<br>• 计划产值完成率（实际产值/计划产值）<br>• 净资产收益率<br>• 利润增长率<br>• 回款率<br>• 车辆租赁费率<br>• 人工费率 |
| 客户 | • 客户满意<br>• 市场开发 | • 客户满意度<br>• 市场占有率（目前难以考核） | • 客户流失率（对固定客户的业务量减少到客户投资总额的 20%以下为客户流失）<br>• 客户增长率（业务量增长达到客户投资额 20%以上的为新增客户）<br>• 客户投诉次数<br>• 中标率<br>• 生产经营部门满意度 |
| 内部管理 | • 设计质量 | • 客户对质量的满意度 | • 内部评审合格率 |
|  | • 设计周期 | • 延期天数<br>• 合同期限履行率（根据合同的重要程度采取不同的级差） | — |
|  | • 人员状况 | • 员工满意度（用分数衡量，主要针对公司层的评价）<br>• 关键岗位人员离职率 | — |
| 学习成长 | • 管理水平<br>• 技术水平<br>• 人员素质 | • 人才队伍建设<br>• 管理创新<br>• 技术提升 | • 员工平均受训时间（小时）<br>• 人才成长率（一年中本单位新员工有多少人可以晋升为上一层设计人员或管理人员）<br>• 对下属的训练培养 |

表 1—4　　某通信规划设计院有限公司 KPI 体系（2）

<table>
<tr><th>指标类型</th><th colspan="2">公司级 KPI</th><th>部门级 KPI</th></tr>
<tr><td>财务指标</td><td colspan="2">•销售收入<br>•产值<br>•利润额<br>•人均产值<br>•利润率<br>•净资产收益率<br>•利润增长率<br>•人工费率</td><td>•计划产值完成率（实际产值/计划产值）<br>•回款率<br>•车辆租赁费率</td></tr>
<tr><td>客户指标</td><td colspan="2">•客户满意度<br>•市场占有率（目前难以考核）<br>•中标率<br>•客户增长率（业务量增长达到客户投资额 20%以上的为新增客户）</td><td>•客户流失率（对固定客户的业务量减少到客户投资总额的 20%以下为客户流失）<br>•客户投诉次数<br>•生产经营部门满意度</td></tr>
<tr><td rowspan="3">内部管理指标</td><td>设计质量</td><td>•客户对质量的满意度</td><td>•内部评审合格率<br>•客户对质量的满意度</td></tr>
<tr><td>设计周期</td><td>•延期天数<br>•合同期限履行率（根据合同的重要程度采取不同的级差）</td><td>•延期天数<br>•合同期限履行率（根据合同的重要程度采取不同的级差）</td></tr>
<tr><td>人员状况</td><td>•员工满意度（用分数衡量，主要针对公司层的评价）<br>•关键岗位人员离职率</td><td>—</td></tr>
<tr><td>学习成长指标</td><td colspan="2">•人才队伍建设<br>•管理创新<br>•技术提升<br>•对下属的训练培养</td><td>•员工平均受训时间（小时）<br>•人才成长率（一年中本单位新员工有多少人可以晋升为上一层设计人员或管理人员）<br>•下属的训练培养<br>•管理创新<br>•技术提升</td></tr>
</table>

表 1—5　　KPI 的分解

| 指标 \ 岗位或部门 | | | 总工程师 | 副总工程师 | 行政人事部 | 经营管理部 | 财务部 | 设计一所 | 设计二所 | 总工室 | 办事处 |
|---|---|---|---|---|---|---|---|---|---|---|---|
| 财务 | 1 | 回款率 | | | | √ | | | | | |
| | 2 | 车辆租赁费率 | | | | | | √ | √ | | √ |
| | 3 | 计划产值完成率 | | | | | | √ | √ | | √ |
| 客户 | 4 | 客户流失率 | | | | | | √ | √ | | √ |
| | 5 | 客户投诉次数 | | | | | | √ | √ | | √ |
| | 6 | 生产经营部门满意度 | | | √ | √ | √ | | | | |
| 内部管理 | 7 | 内部评审合格率 | | | | | | √ | √ | | √ |
| | 8 | 客户对质量的满意度 | √ | √ | | | | | | √ | |
| | 9 | 延期天数 | | | | √ | | √ | √ | | √ |
| | 10 | 合同期限履行率 | | | | √ | | √ | √ | | √ |

续表

| 指标 \ 岗位或部门 | | | 总工程师 | 副总工程师 | 行政人事部 | 经营管理部 | 财务部 | 设计一所 | 设计二所 | 总工室 | 办事处 |
|---|---|---|---|---|---|---|---|---|---|---|---|
| 学习成长 | 11 | 员工平均受训时间 | | | √ | | | | | | |
| | 12 | 人才成长率 | | | √ | | | | | | |
| | 13 | 对下属的训练培养 | √ | √ | √ | √ | √ | √ | √ | √ | √ |
| | 14 | 管理创新 | √ | √ | √ | √ | √ | √ | √ | √ | √ |
| | 15 | 技术提升 | √ | √ | | | | √ | √ | √ | √ |

## 四、考核标准与指标权重

### （一）设计院 KPI 的基本目标值

基本目标值是期望达到的绩效标准，通常反映在正常情况下应达到的绩效水平。设计院在确定基本目标值时，以设计院年度经营管理目标为依据，由考核者与被考核者协商确定，最后由公司总经理审核批准。在确定基本目标值时，设计院主要参考了近 3 年的相关统计数据，并根据情况的变化予以调整；有的指标（如人工费率）还参照了同行业的平均水平；对于缺乏相关统计数据的内容，设计院先以指标的期望值作为目标值，试行一段时间后再根据统计数据进行修正。

### （二）KPI 权重系数的确定

设计院设定全部指标权重系数之和为 1，其中业绩考核表中权重系数分配的步骤如下：

1. 确定任务绩效指标、管理绩效指标的权重系数：任务绩效指标占 70%，管理绩效指标占 30%。

2. 在此基础上确定各类 KPI 中具体指标的权重系数。

### 案例四：××工程材料有限公司基于平衡计分卡的指标体系设计

该公司采用平衡计分卡确立 KPI 体系，即从财务指标、内部运作角度、顾客的角度、学习与创新四个方面来构建 KPI 体系。

每年年初，根据公司的战略目标，设计公司的战略地图，通过会议将战略目标分解至部门，并通过鱼骨图的方式确定部门的 KPI，制定各部门年度规划识别表。

各部门通过会议的方式对本部门目标进行再次分解，确定部门内部每位员工的考核指标，即 KPI 和 CPI 指标，制定出各岗位的规划识别表，经分管领导审核后，报行政人事部交公司领导批准。

下面即是该公司 2005 年的指标体系构建流程：

## 一、确定公司 2005 年的战略目标

1. 销售收入完成 5 000 万元。
2. 新项目于 2005 年 7 月如期投产，达到设计能力的 80%。
3. 加强制度体系建设与管理。
4. 全面贯彻 ISO 9000 质量管理体系，合理安排计划。
5. 单向线满负荷生产，双向线满足市场需要。
6. 转变质量理念和模式，使质量控制更有效。
7. 聚乙烯格栅生产线完成研发，达到设计的要求。
8. 全面实施绩效考核。
9. 应收账款管理。

## 二、依据公司总目标，制定公司战略地图（如图 1—1 所示）

| 财务视角 | 销售增长 | 利润保证 | 市场增长 | 融资 |
| --- | --- | --- | --- | --- |
| 顾客视角 | 顾客满意 | 品牌建设 | 渠道建设 | 个性化服务 |
| 内部视角 | 计量器具 | 财务控制 | 新产品开发 | 降低成本 |
| | 扩大产能 | 仓储管理 | 安全生产 | 提高质量 |
| | 提高市场响应速度 | | 管理体制规范 | |
| 学习与创新 | 核心员工管理 | 员工培训 | 队伍建设 | 绩效考核 |

图 1—1　××工程材料有限公司 2005 年战略地图

## 三、制定策略性目标相关识别表，确定目标的承担责任部门（见表 1—6）

表 1—6　　××工程材料有限公司 2005 年策略性目标相关识别表

| BSC 视角 | 策略性目标 | 财务部 | 研发部 | 工程部 | 质量管理部 | 生产部 | 物流部 | 市场部 | 销售部 | 行政人事部 |
|---|---|---|---|---|---|---|---|---|---|---|
| 财务 | 销售增长 | | | | | | | | — | |
| | 市场增长 | | | | | | | — | | |
| | 利润保证 | — | | | | — | — | — | — | — |
| | 融资 | — | | | | | | | | |
| 顾客 | 顾客满意 | | | | — | — | — | — | | |
| | 品牌建设 | | | | | | | | | — |
| | 渠道建设 | | | | | | | — | — | |
| | 个性化服务 | | — | | | | | — | — | |
| 内部运作 | 计量器具 | | | | — | | | | | |
| | 财务控制 | | | | | | | | | |
| | 提高市场响应速度 | | | | | | — | — | — | |
| | 新产品开发 | | — | — | — | | | | | |
| | 降低成本 | — | — | | | — | — | | | |
| | 扩大产能 | | — | — | | | | | | |
| | 仓储管理 | | | | | | — | | | |
| | 安全生产 | | | — | | — | | | | |
| | 提高质量 | | | — | — | — | | | | |
| | 管理体制规范 | — | — | — | — | — | — | — | — | — |
| 学习与创新 | 员工培训 | — | — | — | — | — | — | — | — | — |
| | 队伍建设 | | | | | | | | | — |
| | 核心员工管理 | | | | | | | | | — |
| | 绩效考核 | | | | | | | | | — |
| 目标小计 | | 5 | 5 | 5 | 5 | 6 | 6 | 8 | 6 | 7 |

## 四、从公司策略性目标中分解出各部门 KPI

通过公司中层会议用鱼骨图确定部门 KPI 目标（部门目标的分解与此类似）。下面以财务部为例说明（如图 1—2 所示）。

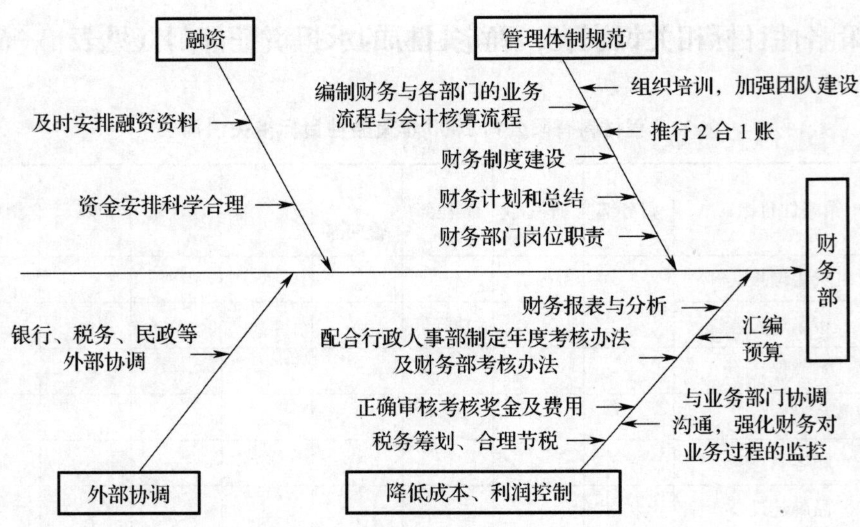


图1—2　公司中层会议用鱼骨图确定部门KPI目标

## 五、制定部门规划识别表（见表1—7）

表1—7　　财务部KPI规划识别表

| KPI | 2005年<br>必须达成值 | 2005年<br>期望达成值 | 该指标可能被考核的时间 | | | | | | | | | | | |
|---|---|---|---|---|---|---|---|---|---|---|---|---|---|---|
| | | | 1<br>月 | 2<br>月 | 3<br>月 | 4<br>月 | 5<br>月 | 6<br>月 | 7<br>月 | 8<br>月 | 9<br>月 | 10<br>月 | 11<br>月 | 12<br>月 |
| 业务流程及会计核算流程 | 6月中旬 | 6月 | — | | | | | — | — | | | | | |
| 推行账务规范 | 全年推行 | | | — | | | — | — | | | — | | | — |
| 财务制度建设 | 4个 | 6个 | | — | | | | | — | — | — | — | | — |
| 财务岗位职责 | 5月 | | | | | | | | | | | | | |
| 编写工作计划和工作总结 | 及时性90% | 100% | — | — | | | | — | — | | | — | | — |
| 组织部门培训、加强团队建设 | 每月培训并加强沟通 | 沟通时及时改进 | | | | | — | | | | | | — | |
| 汇编预算准备 | 12月 | 12月 | | — | | | | | | | | | | — |
| 与业务部门协调，实行财务监控 | 每月 | 每月并及时监控 | | | | | — | | — | | | | | — |
| 财务报表与分析 | 每月及时、准确 | 及时、准确100% | | — | | | | | | — | | | | — |
| 配合行政人事部制定绩效考核办法 | 配合及时，11月底完成 | | — | | | | — | | | | | | — | |
| 税务筹划、合理节税 | 每月 | 每月 | | — | | | — | | | | | | — | — |
| 正确审核费用与考核奖金 | 准确率95% | 100% | | | | | | — | — | | | — | | |
| 及时准备融资资料 | 及时 | 及时 | | | | | | — | | | — | | | — |
| 资金合理安排 | 及时、准确 | 及时、准确 | — | | | | — | — | | | — | | — | |
| 外部协调 | 日常工作 | 日常工作 | — | | | | — | | | | | — | | |

# 案例五：××公司基于关键成功因素的 KPI 体系设计

## 一、对公司进行关键成功因素分解（如图 1—3 所示）

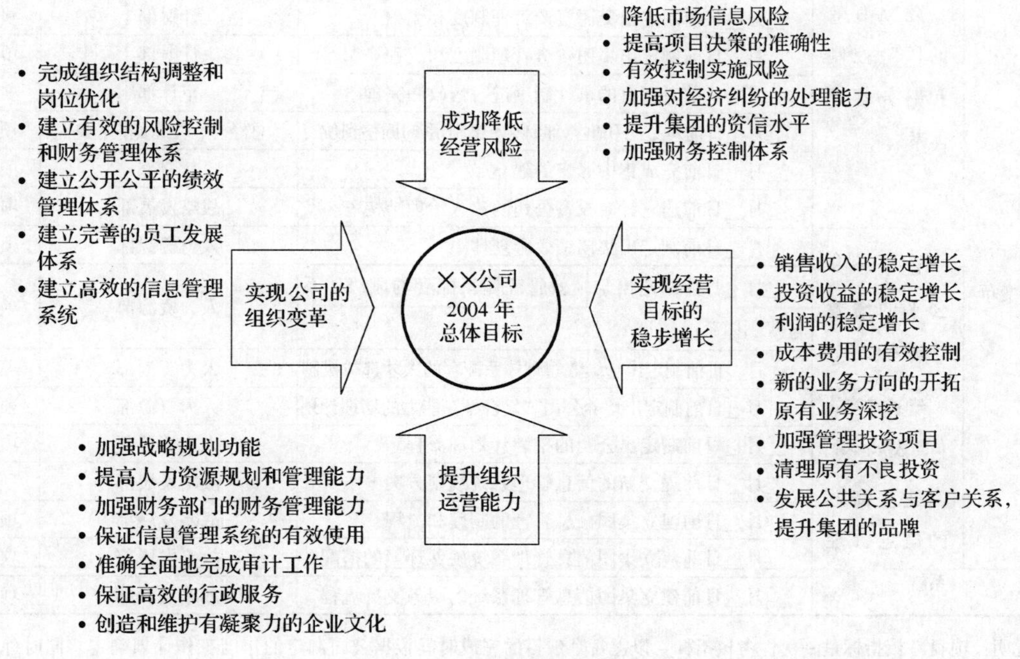


图 1—3 关键成功因素分解图

## 二、将“实现公司的组织变革”的目标分解到部门层面（见表 1—8）

表 1—8 “实现公司的组织变革”的目标分解表

| 集团战略子目标 | 实现该目标的关键成功因素 | 各部门可能的关键业绩目标 | 责任人/责任部门 | 考核频度 |
|---|---|---|---|---|
| 实现公司的组织变革 | 完成组织结构调整和岗位优化 | __月__日前集团高层管理者的职责分工调整结束 | 总经理、副总经理 | 项目 |
| | | __月__日前总公司职能部门的分工体系调整结束 | 总经理、副总经理 | 项目 |
| | | __月__日前事业部高层管理者岗位、人员调整结束 | 总经理、副总经理 | 项目 |
| | | __月__日前国际工程承包事业部的内部分工体系调整结束 | 主管工程事业部的集团副总经理/工程事业部 | 项目 |
| | | __月__日前进出口（招标）事业部的内部分工体系调整结束 | 主管进出口事业部的集团副总经理/进出口事业部 | 项目 |

续表

| 集团战略子目标 | 实现该目标的关键成功因素 | 各部门可能的关键业绩目标 | 责任人/责任部门 | 考核频度 |
|---|---|---|---|---|
| 实现公司的组织变革 | 建立有效的风险控制和财务管理体系 | __月__日前制定出集团项目决策流程 | 战略发展部/计财部 | 项目 |
| | | __月__日前制定出集团针对项目的计划预算控制流程 | 战略发展部/计财部 | 项目 |
| | | __月__日前制定出集团资产管理制度和流程 | 计财部 | 项目 |
| | | __月__日前制定出集团资金管理制度和流程 | 计财部 | 项目 |
| | | __月__日前对现有的审计制度进行修改和完善 | 审计部 | 项目 |
| | | __月__日前对集团和事业部财务管理体系的调整到位 | 总经理、主管副总经理 | 项目 |
| | | __月__日前完成集中账户的建立 | 计财部 | 项目 |
| | | __月__日前建立针对投资公司的法人治理结构 | 战略发展部 | 项目 |
| | 建立公开公平的绩效管理体系 | __月__日前制定出集团绩效管理体系 | 人力资源部 | 项目 |
| | | __月__日前制定出与绩效管理体系配套的职级体系与薪酬体系 | 人力资源部 | 项目 |
| | | __月__日前制定出与绩效管理体系配套的人才选拔机制 | 人力资源部 | 项目 |
| | 建立完善的员工发展体系 | __月__日前制定出培养公司“复合型”能力的培训计划 | 人力资源部 | 项目 |
| | | __月__日前制定出公司的招聘计划和流程 | 人力资源部 | 项目 |
| | 建立高效的信息管理系统 | __月__日前提交新的信息管理系统规划方案 | 战略发展部 | 项目 |
| | | __月__日前建立集团信息管理的制度和流程 | 战略发展部 | 项目 |
| | | __月__日前建立集团信息管理系统硬件环境的搭配 | 战略发展部 | 项目 |
| | | __月__日前建立集团信息管理系统的服务支持流程 | 战略发展部 | 项目 |

说明：项目考核指标是一次性考核指标，以上每个项目的完成时间根据公司制定的年度工作计划确定，同时确定应当达到的质量标准；该项目的完成情况只记入当期的考核指标，考核可以在项目完成时进行，也可以在考核期末进行。

## 三、将“实现经营目标的稳步增长”的目标分解到部门层面（见表1—9）

**表1—9　“实现经营目标的稳步增长”的目标分解表**

| 集团战略子目标 | 实现该目标的关键成功因素 | 各部门可能的关键业绩目标 | 责任人/责任部门 | 考核频度 |
|---|---|---|---|---|
| 实现经营目标的稳步增长 | 销售收入的稳步增长 | 实现营业额的稳步增长 | 工程事业部、进出口事业部 | 半年 |
| | | 提高汇款的效率 | 工程事业部、进出口事业部 | 半年 |
| | 投资收益的稳步增长 | 通过短期投资实现投资收益的增长 | 计财部 | 半年 |
| | | 提高长期投资的收益水平 | 计财部、战略发展部 | 年度 |
| | 利润的稳步增长 | 实现主业务净利润的稳步增长 | 工程事业部、进出口事业部 | 半年 |
| | 成本费用的有效控制 | 经营成本的控制管理 | 工程事业部、进出口事业部 | 半年 |
| | | 本部门管理成本的控制管理 | 所有部门 | 半年 |
| | | 财务成本的控制管理 | 计财部 | 半年 |

续表

| 集团战略子目标 | 实现该目标的关键成功因素 | 各部门可能的关键业绩目标 | 责任人/责任部门 | 考核频度 |
|---|---|---|---|---|
| 实现经营目标的稳步增长 | 新的业务方向的开拓 | 大力拓展新业务方向 | 工程事业部、进出口事业部 | 半年 |
| | | 大项目的开发 | 战略发展部 | 年度 |
| | 原有业务深挖 | 在现有领域中强力开拓新客户 | 工程事业部、进出口事业部 | 半年 |
| | | 在现有领域中深挖老客户的业务能力 | 工程事业部、进出口事业部 | 半年 |
| | 加强管理投资项目 | 保证良好的投资回报 | 战略发展部 | 年度 |
| | | 对分红率进行有效管理 | 公司高层/战略发展部 | 年度 |
| | 清理原有不良投资 | 对不良投资进行成功管理 | 战略发展部、计财部 | 半年 |
| | 发展公共关系与客户关系，提升集团的品牌 | 重要公共关系的建立与日常维护 | 所有部门 | 年度 |
| | | 重要的客户管理的建立和日常维护 | 工程事业部、进出口事业部 | 年度 |
| | | 提高对危机及时和妥善处理的能力 | 总经理、副总经理/工程事业部、进出口事业部 | 年度 |
| | | 及时和妥善处理企业有关法律纠纷 | 战略发展部 | 年度 |
| | | 加强与政府、主管部门之间的关系 | 总经理、副总经理/工程事业部、进出口事业部、党群工作部 | 年度 |
| | | 加强与海外当地政府、驻外使馆的紧密联系 | 工程事业部 | 年度 |

## 四、将“成功降低经营风险”的目标分解到部门层面（见表 1—10）

表 1—10 “成功降低经营风险”的目标分解表

| 集团战略子目标 | 实现该目标的关键成功因素 | 各部门可能的关键业绩目标 | 责任人/责任部门 | 考核频度 |
|---|---|---|---|---|
| 成功降低经营风险 | 降低市场信息风险 | 对行业和市场信息进行及时跟踪与准确预测 | 战略发展部、工程事业部、进出口事业部 | 半年 |
| | | 对客户信息、项目信息进行及时跟踪和反馈 | 工程事业部、进出口事业部 | 半年 |
| | 提高项目决策的准确度 | 严格执行投资项目决策流程 | 战略发展部 | 半年 |

续表

| 集团战略子目标 | 实现该目标的关键成功因素 | 各部门可能的关键业绩目标 | 责任人/责任部门 | 考核频度 |
|---|---|---|---|---|
| 成功降低经营风险 | 有效控制实施风险 | 提高部门计划、预算制定的准确性 | 工程事业部、进出口事业部、计财部 | 半年 |
| | | 严格控制过程中的资金使用 | 工程事业部、进出口事业部、计财部 | 年度 |
| | | 严格控制项目的执行进程 | 工程事业部、进出口事业部 | 年度 |
| | | 加强对项目质量的控制 | 工程事业部、进出口事业部 | 半年 |
| | 加强对经济纠纷的处理能力 | 增强与客户协调处理经济纠纷的能力 | 工程事业部、进出口事业部 | 年度 |
| | | 增强索赔能力 | 工程事业部、进出口事业部 | 年度 |
| | 提升集团的资信水平 | 提升利息支付能力 | 计财部 | 半年 |
| | | 提高保函能力 | 计财部 | 年度 |
| | | 开辟新的借贷、融资渠道 | 计财部 | 半年 |
| | | 国际信用等级提升 | 计财部 | 年度 |
| | 加强财务控制体系 | 提高财务分析预测能力 | 计财部 | 半年 |
| | | 提高对总公司的资产和产权的管理能力 | 计财部 | 半年 |

## 五、将“提升组织运营能力”的目标分解到部门层面（见表1—11）

表1—11　“提升组织运营能力”的目标分解表

| 集团战略子目标 | 实现该目标的关键成功因素 | 各部门可能的关键业绩目标 | 责任人/责任部门 | 考核频度 |
|---|---|---|---|---|
| 提升组织运营能力 | 加强战略规划功能 | 准确地对行业和市场进行宏观预测 | 战略发展部 | 年度 |
| | | 准确把握企业内部运营状况 | 战略发展部 | 年度 |
| | | 妥善地利用和管理外部咨询机构 | 战略发展部 | 年度 |
| | 提高人力资源规划和管理能力 | 加强对人才的开发、储备和管理 | 人力资源部 | 半年 |
| | | 保证绩效管理体系的落实 | 人力资源部 | 半年 |
| | | 有效地进行员工培训，提高员工素质和能力 | 人力资源部、工程事业部、进出口事业部 | 半年 |
| | | 及时周到地完成其他人事职能 | 人力资源部 | 半年 |

续表

| 集团战略子目标 | 实现该目标的关键成功因素 | 各部门可能的关键业绩目标 | 责任人/责任部门 | 考核频度 |
| --- | --- | --- | --- | --- |
| 提升组织运营能力 | 加强财务部门的财务管理能力 | 降低融资成本 | 计财部 | 半年 |
| | | 保证财务报告的准确性和及时性 | 计财部 | 半年 |
| | | 有力地执行财务制度 | 计财部 | 半年 |
| | | 加强对计划、预算的管理 | 计财部 | 半年 |
| | | 提高合理避税的能力 | 计财部 | 半年 |
| | | 提高现金流控制能力 | 计财部 | 半年 |
| | 保证信息管理系统的有效使用 | 严格执行信息管理流程 | 战略发展部 | 半年 |
| | | 严格执行信息管理系统的服务支持流程，确保员工对公司硬软件及网络系统满意 | 战略发展部 | 半年 |
| | 准确全面地完成审计工作 | 保证内部审计机构的管理和支持 | 审计部 | 半年 |
| | | 加强对外审计机构的管理和支持 | 审计部 | 半年 |
| | 保证高效的行政服务 | 保证后勤服务的质量 | 总经理工作部、党群工作部 | 半年 |
| | 创造和维护有凝聚力的企业文化 | 提高部门间的协调和配合能力 | 所有部门 | 半年 |
| | | 增加员工的非正式的交流和沟通 | 党群工作部 | 半年 |

## 六、指标筛选

将各部门可能的关键业绩目标再根据重要性、可衡量性和可控性、考核频度等标准进行选择。

### (一) 以五分制对各目标评分

关键业绩目标应当是重要性为 5 分、可衡量性和可控性均大于 3 分（含 3 分）的目标，如果符合此标准的指标过多，再进一步讨论确定。

1. 重要性：从公司角度看，该目标对于实现其对应的公司目标的重要程度。

2. 可衡量性：从考核角度看，该目标实现与否，超过或低于目标的程度是否可以清晰、准确、定量地进行描述。

3. 可控性：从执行角度来讲，考核对象（相对其他部门）对实现这个目标负有主要的责任，并且基本上可以通过自己的努力达到目标。

### （二）考核频度

考核频度分为“项目”“半年”和“年度”。

1. 项目：该频度的指标考核内容是一次性事件，按照该任务完成的时间确定指标考核的时期。

2. 半年：该频度的指标是常规考核指标，每个考核期都应当进行考核。

3. 年度：该频度的指标每年只考核一次，一般在年终进行。

### （三）人力资源部指标筛选

以下以人力资源部为例进行说明，在过渡期组织结构调整的基础上，将公司总体目标分解到人力资源部并进行初步筛选。

1. 人力资源部可能的关键业绩目标及初步筛选，见表 1—12。

**表 1—12　　人力资源部可能的关键业绩目标表**

<table>
<tr><th rowspan="2">关键业绩目标</th><th colspan="2">建议权重</th><th rowspan="2">考核时期</th><th rowspan="2">说明</th></tr>
<tr><th>2004 年上半年</th><th>2004 年下半年</th></tr>
<tr><td>__月__日前制定出与绩效管理体系配套的职级体系与薪酬体系</td><td>25%</td><td>—</td><td>上半年</td><td rowspan="4">按项目考核，重点考核项目完成的质量，估计应在上半年之前完成，今后将不再考核，所以放人上半年业绩考核指标中</td></tr>
<tr><td>__月__日前制定出培养公司“复合型”能力的培训计划</td><td>20%</td><td>—</td><td>上半年</td></tr>
<tr><td>__月__日前制定出公司的招聘计划和流程</td><td>5%</td><td>—</td><td>上半年</td></tr>
<tr><td>__月日前制定出与绩效管理体系配套的人才选拔机制</td><td>5%</td><td>—</td><td>上半年</td></tr>
<tr><td>保证绩效管理体系的落实</td><td>—</td><td>35%</td><td>下半年</td><td rowspan="2">长期考核指标，但由于上半年重点考核点是前四个项目的完成情况，这两项暂只记入下半年的业绩考核指标</td></tr>
<tr><td>有效地进行员工培训，提高员工素质和能力</td><td>—</td><td>20%</td><td>下半年</td></tr>
<tr><td>加强对公司关键人才的管理和开发</td><td>20%</td><td>25%</td><td>全年</td><td rowspan="3">长期考核指标，属于全年都很重要的业绩考核指标；在上半年已将人才管理和开发制度建立好的前提下，下半年应加大“对公司关键人才的管理和开发”职能的考核力度</td></tr>
<tr><td>及时周到地完成出国人员管理、社会保险等工作及其他人事职能</td><td>15%</td><td>10%</td><td>全年</td></tr>
<tr><td>本部门管理成本的控制管理</td><td>10%</td><td>10%</td><td>全年</td></tr>
</table>

2. 在初步筛选的基础上，对人力资源部的关键业绩目标进行适当合并或调整，得到 2004 年人力资源部的关键业绩目标（建议）表（见表 1—13）。

表1—13　　2004年人力资源部的关键业绩目标（建议）表

| 集团战略子目标 | 关键成功因素 | 可能的关键业绩目标 | 建议考核频度 | 重要性评价 | 可衡量性评价 | 可控性评价 | 部门KPI |
|---|---|---|---|---|---|---|---|
| 实现公司的组织变革 | 建立公开公平的绩效管理体系 | __月__日前制定出集团绩效管理体系 | 项目 | 5 | 4 | 2 | √ |
| | | __月__日前制定出与绩效管理体系配套的职级体系与薪酬体系 | 项目 | 5 | 4 | 3 | √ |
| | | __月__日前制定出与绩效管理体系配套的人才选拔机制 | 项目 | 5 | 4 | 4 | √ |
| | 建立完善的员工发展体系 | __月__日前制定出培养公司“复合型”能力的培训计划 | 项目 | 5 | 3 | 3 | √ |
| | | __月__日前制定出公司的招聘计划和流程 | 半年 | 5 | 4 | 4 | √ |
| 提升组织运营能力 | 提高人力资源规划和管理能力 | 加强对人才的开发、储备和管理 | 半年 | 5 | 4 | 3 | √ |
| | | 保证绩效管理体系的落实 | 半年 | 5 | 4 | 4 | √ |
| | | 有效地进行员工培训，提高员工素质和能力 | 半年 | 5 | 4 | 3 | √ |
| | | 有效地完成出国人员管理工作 | 半年 | 5 | 4 | 4 | √ |
| | | 及时周到地完成出国人员管理工作 | 半年 | 5 | 4 | 4 | √ |
| | 创造和维护有凝聚力的企业文化 | 提高部门间的协调和配合能力 | 半年 | 5 | 3 | 2 | — |
| 实现经营目标的稳步增长 | 成本费用的有效控制 | 本部门管理成本的控制管理 | 半年 | 5 | 5 | 5 | √ |

3. 通过和人力资源部经理的沟通，删除了三项不重要的考核指标，对两个重要指标进行进一步分解和调整，得到基本可行的KPI，如图1—14所示。

4. 通过人力资源部经理和其上级主管的沟通，进一步落实考核指标和权重，并确定了业绩标准，见表1—4。

表 1—14　　人力资源部 KPI 表

| KPI | 考评角度 | 资料/数据来源 | 权重 | 远低于目标（1） | 低于目标（2） | 达到目标（3） | 超出目标（4） | 远超目标（5） |
|---|---|---|---|---|---|---|---|---|
| 定编定岗和岗位描述工作完成进度 | 计划用 2 个月时间，于 2004 年 4 月 30 日前完成集团定编定岗工作并在确定各岗位职责的基础上制定岗位描述说明。对该项工作实际获得通过的进度与预定进度偏差进行考核 | 总经理<br>工作部 | 30% | 规划比规定时间晚 10 个工作日完成 | 规划比规定时间晚 4 个工作日完成 | 规划按照规定时间完成 | 规划比规定时间提前 4 个工作日完成 | 规划比规定时间提前 10 个工作日完成 |
| 职级薪资体系规划工作完成进度 | 计划用 1 个月时间完成，于 2004 年 5 月 31 日前完成对集团职级薪资体系的规划，对该项工作实际获得通过的进度与预定进度偏差进行考核 | 总经理<br>工作部 | 25% | 规划比规定时间晚 5 个工作日完成 | 规划比规定时间晚 2 个工作日完成 | 规划按照规定时间完成 | 规划比规定时间提前 2 个工作日完成 | 规划比规定时间提前 5 个工作日完成 |
| 出国手续办理工作员工满意度 | 人力资源部应保证出国人员手续办理的及时性，每半年在集团发放员工满意度调查表，通过统计满意度结果对该项工作进行考评 | 总经理<br>工作部 | 20% | 员工普遍感到非常不满意，统计的满意度仅为 2 分 | 员工普遍感到不满意，统计的满意度为 2 分 | 员工基本感到满意，统计的满意度为 3 分 | 员工感到比较满意，统计的满意度为 3 分 | 员工普遍感到非常满意，统计的满意度为 5 分 |
| 关键岗位人才储备情况调查和人才储备计划制定工作完成进度 | 计划用 1 个月时间，于 2004 年 6 月 30 日前完成集团关键岗位人才储备情况调查和人才储备计划制定工作，对该项工作实际获得通过的进度与预定进度偏差进行考核 | 总经理<br>工作部 | 15% | 规划比规定时间晚 5 个工作日完成 | 规划比规定时间晚 2 个工作日完成 | 规划按照规定时间完成 | 规划比规定时间提前 2 个工作日完成 | 规划比规定时间提前 5 个工作日完成 |
| 培训体系建立工作完成进度 | 计划用半个月时间，于 2004 年 3 月 15 日前完成对集团培训体系的建设，对该项工作实际获得通过的进度与预定进度偏差进行考核 | 总经理<br>工作部 | 10% | 规划比规定时间晚 3 个工作日完成 | 规划比规定时间晚 1 个工作日完成 | 规划按照规定时间完成 | 规划比规定时间提前 1 个工作日完成 | 规划比规定时间提前 3 个工作日完成 |

**• 删除的考核指标**

- 部门管理费用 / 部门弹性管理费用控制率
- 招聘计划流程制定工作完成进度
- 人才选拔机制制定工作完成进度

**• 调整的考核指标**

- 职级薪资体系规划工作完成进度
- 关键岗位后备人才储备达标率

**• 保留的考核指标**

- 培训体系建立工作完成进度
- 出国手续办理工作投诉率

**• 删除和调整的原因**

- 人力资源部门的管理费用占公司总体成本的比例很小，弹性不大，过去几年基本没有变动，没有控制的必要
- 招聘计划流程和人才选拔机制的制定工作量较小，复杂程度较低，可纳入部门基本工作，而且设计考核权重很低，为突出工作重点也可不予考核
- 职级薪资体系的规划工作量较大，是 KPI 体系实施的前提，建议分解为定编定岗和岗位职责的确定、职级薪资体系规划两个考核指标
- 关键岗位后备人才储备达标率需要以关键岗位的确定和人员能力评估为前提，该项工作可以在岗位职责确定之后进行，预计最快下半年才可能开始着手后备人才储备。建议将该指标调整为关键岗位人才储备情况调查和人才储备计划的制定

**• 沟通后的考核指标**

- 职级薪资体系规划工作完成进度
- 定编定岗和岗位职责确定工作完成进度
- 关键岗位人才储备情况调查和人才储备计划制定工作完成进度
- 培训体系建立工作完成进度
- 出国手续办理工作投诉率

图 1—4 人力资源部指标调整图

# 案例六：某公司基于业务“价值树”的 KPI 体系建立

## 一、KPI 的制定方式（如图 1—5 所示）

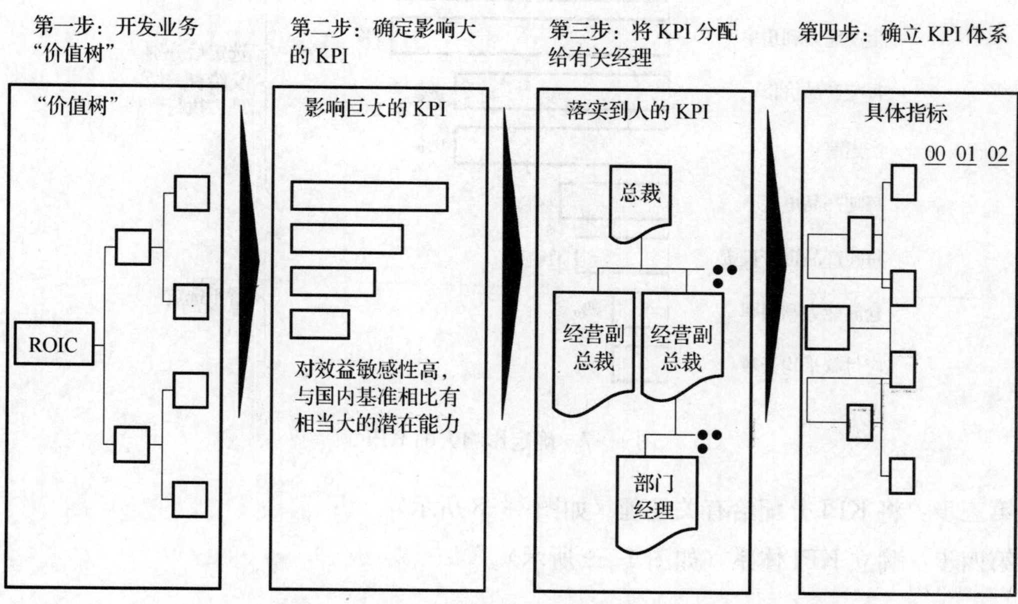


图 1—5 KPI 制定流程

第一步：开发业务“价值树”（如图 1—6 所示）

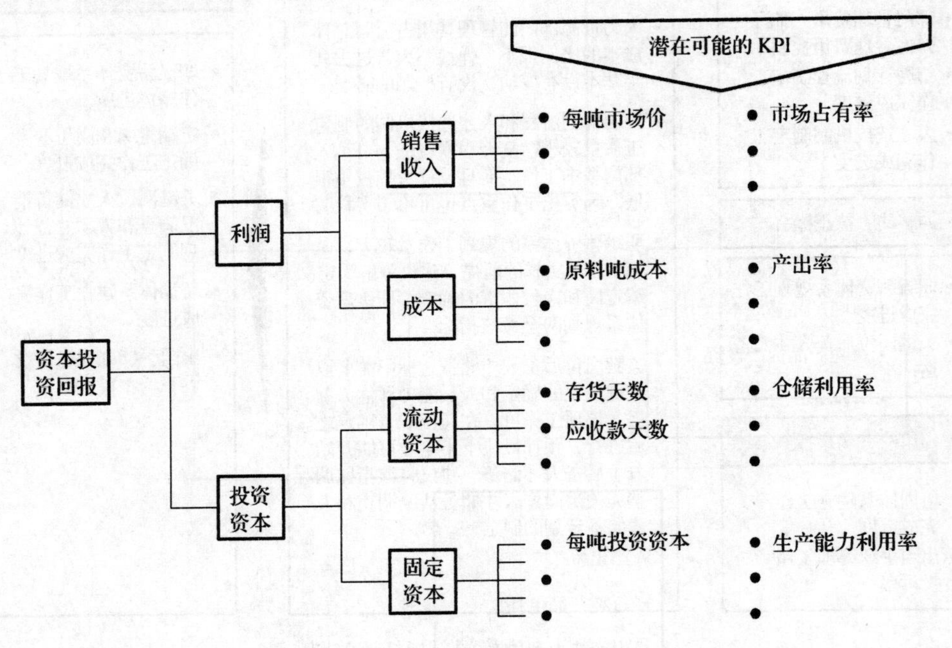


图 1—6 业务“价值树”

第二步：确定影响大的 KPI（如图 1—7 所示）

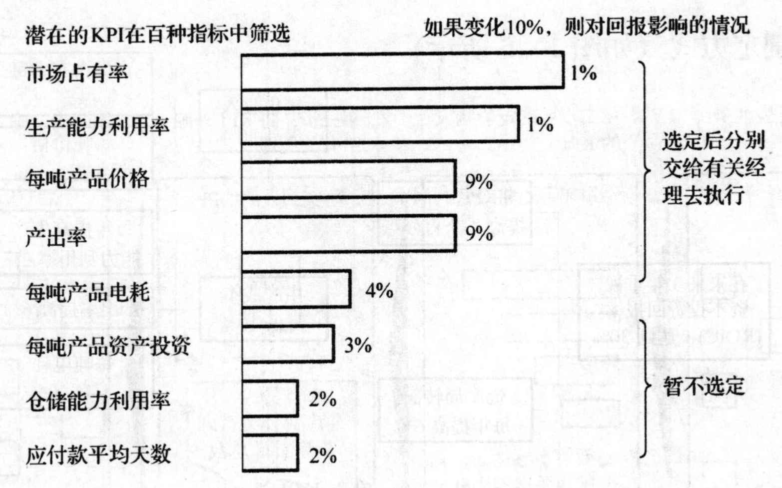


图 1—7 确定影响大的 KPI

第三步：将 KPI 分配给有关经理（如图 1—8 所示）

第四步：确立 KPI 体系（如图 1—9 所示）

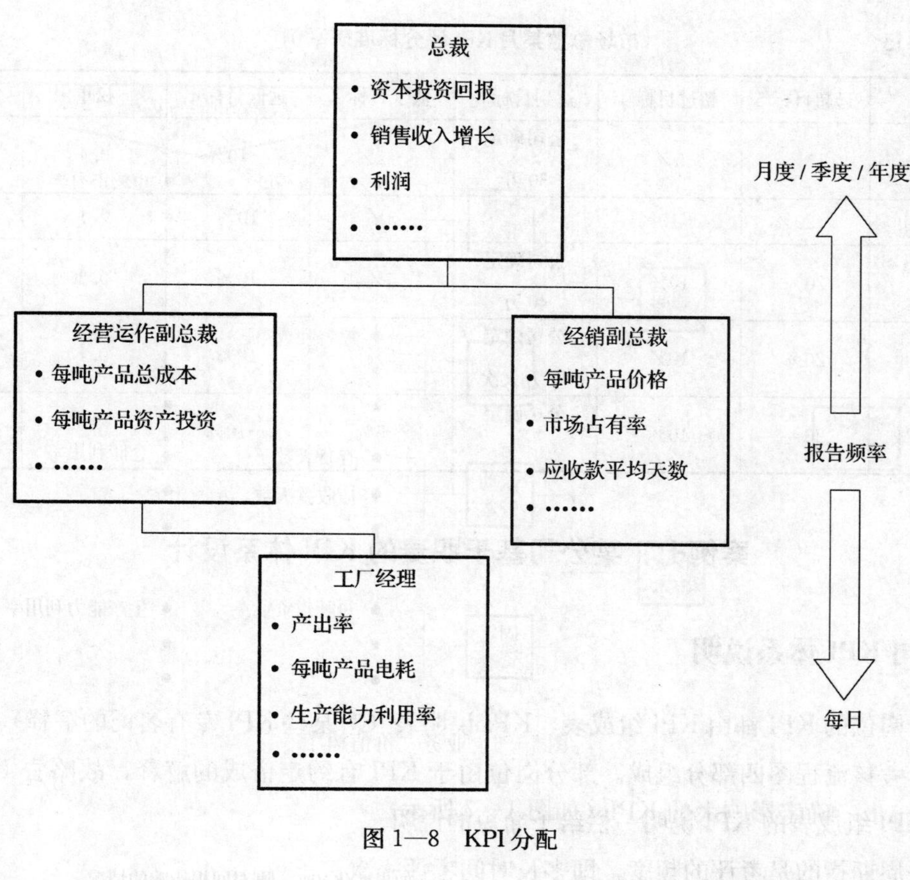


图 1—8　KPI 分配

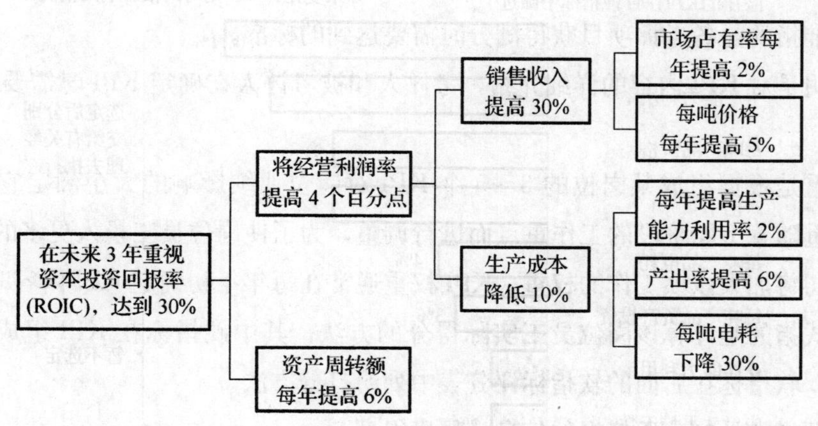


图 1—9　确立 KPI

## 二、具体岗位 KPI 示例

结合岗位职责和公司 KPI 得出的市场总监某月 KPI 评分标准表，见表 1—15。

表 1—15　　市场总监某月 KPI 评分标准表举例

| 指标 | 远超目标 5 | 超过目标 4 | 达到目标 3 | 低于目标 2 | 远低目标 1 | 权重 | 资料来源 |
|---|---|---|---|---|---|---|---|
| 销售收入 | 15% | 5% | 公司确定 30 万 | −5% | −10% | 0.4 | 财务 |
| 预算费用 | −20% | −10% | | 5% | 10% | 0.1 | 财务 |
| E−CAMPUS 用户数 | 20% | 10% | 公司确定 40 万 | 5% | 10% | 0.2 | 网站 |
| 首页访问量 | 20% | 10% | 公司确定 15 万人次 | 5% | 10% | 0.1 | 网站 |
| 正面报道数 | 20% | 10% | 公司确定 40 万 | −5% | −10% | 0.2 | 市场统计 |

## 案例七：某公司基于职责的 KPI 体系设计

### 一、公司 KPI 体系说明

每个岗位的 KPI 都由 KPI 组成表、KPI 说明表（对某些 KPI 专有名词的解释）、软指标评分表、考核流程图四部分组成。部分岗位由于 KPI 有约定俗成的解释，故略去 KPI 说明表，在 KPI 组成表的 KPI 说明一栏给予简短的说明。

考评周期指的是考评的频度，即多长时间考评一次。

考评标准指的是各考评项目获得满分时需要达到的标准。

KPI 说明是对 KPI 内容的详细介绍，考评人和被考评人在确定 KPI 时需要就 KPI 内容达成共识。

KPI 权重是根据组成某岗位的 3～5 个 KPI 对岗位业绩影响的大小确定它们各自的权重。KPI 权重随着不同阶段的工作重点而进行调整，为了使岗位员工投入更多的资源开展某项工作，公司将加大该项工作的权重。KPI 权重通常在每年年初确定 KPI 内容时确定。

计算方式指的是计算该岗位员工实际得分的方法，其中硬指标在 KPI 组成表中直接列出计算方法，软指标在后面的软指标评分表中列明打分方法。

信息来源指的是打分所依据的信息从哪里得到。

考评目的一栏明示考评该指标使公司或部门在哪方面获益。

软指标评分表通常由被考评人的直接上级填写，部分情况下由协调人员填写，在表头有明确的填写人注释。

## 二、提炼 KPI 的方法（如图 1—10 所示）

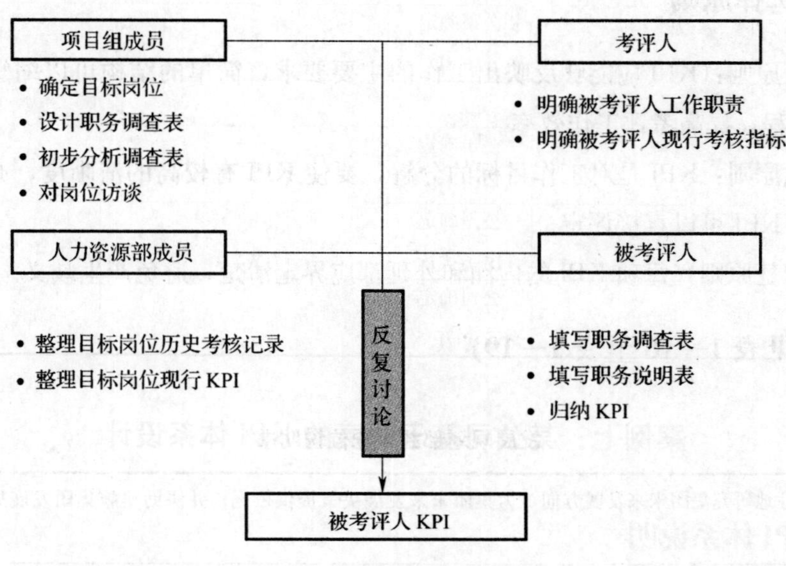


图 1—10　提炼 KPI 的方法

## 三、KPI 确定方法

1. 确定 KPI 应以岗位职务说明书为基础，详细了解该岗位工作内容并找出主要工作。

2. 在能够反映被考评人的所有评价指标中，选择最重要的 3～5 个最能反映出被考评人业绩的评价指标作为 KPI。

3. 制定 KPI 应兼顾公司长期目标和短期利益的结合。

4. 选择的 KPI 应包括对工作业绩产生重大影响的工作内容和占用大量工作时间的工作内容。

## 四、硬指标与软指标

1. 在制定岗位 KPI 时应该采取硬指标和软指标相结合的方式，对被考评人进行全面考评，有助于衡量被考评人的全面绩效。

2. 硬指标是以统计数据为基础，把统计数据作为主要评价信息，通过硬指标计算公式，最终获得数量结果的业绩考评指标。

3. 软指标是由考评人对被考评人业绩做主观的分析，直接给被考评人打分或做出模糊评判的业绩考评指标。软指标评价完全是利用评价者的知识和经验作出判断和评价，容易受各种主观因素影响。

4. 应该根据不同的被考评人调节硬指标和软指标在整个工作业绩考评体系中的权重，

制定出适合被考评人的考核指标。

## 五、KPI的选择原则

1. 少而精原则：KPI应能够反映出工作的主要要求，简单的结构可以缩短考核信息的处理和评估过程，提高考评工作效率。

2. 细分化原则：KPI是对工作目标的分解，要使KPI有较高的清晰度，必须对考评内容细分，直到KPI可以直接评定。

3. 界限清楚原则：每项KPI的内涵和外延都应界定清楚，避免产生歧义。

## 六、实例（见表1—16至表1—19）

表1—16　　发展规划部经理职位说明书

| | | | |
|---|---|---|---|
| 岗位目的 | 前瞻性地研究集团未来发展方向，为集团未来发展决策提供依据；并协助实施集团发展战略项目的规划项目 | | |
| 岗位职责 | 1. 负责集团公司相关的行业研究、政策研究<br>2. 负责集团发展战略的制定和具体发展目标的规划<br>3. 协助设定集团年度的经营目标<br>4. 负责重大投资、资产重组决策论证与参与谈判<br>5. 集团资产结构、产业结构、产品结构评价及调整优化方案的制订<br>6. 负责参与财务管理部制定中长期财务规划与资金预算、业务计划<br>7. 负责参与集团资本运作、资产经营的分析与评估<br>8. 制定对所属业务领域内业务人员的专业培训要求，提交人力资源部门备案<br>9. 协调与有关外部管理部门、各子公司的关系<br>10. 全面负责部门的日常管理工作，并协调部门内各岗位人员的分工合作 | | |
| 关键业绩指标 | 指标项目 | 量化目标 | 指标权重 |
| | | | |
| | | | |
| 岗位技能要求 | 1. 深厚的专业技术基础<br>2. 丰富的财务、金融、税法等政策法规方面的知识<br>3. 丰富的企业管理、战略规划方面的知识及管理能力<br>4. 较强的沟通能力和写作能力<br>5. 团队协作精神 | | |
| 岗位资格要求 | 1. 经济管理类本科以上学历，MBA尤佳<br>2. 5年以上工作经验 | | |

表 1—17　　发展规划部经理 KPI 组成表

| KPI | 考评周期 | 考评标准 | KPI 说明 | KPI 权重 | 计算方式 | 信息来源 | 考评目的 |
|---|---|---|---|---|---|---|---|
| 投资绩效 | 半年 | 100 分 | 实际净资产回报率/计划净资产回报率（用 $A$ 表示） | 40% | $A$<90%，0 分；<br>90%≤$A$≤105%，每增加 1%加 10 分；<br>$A$>105%，150 分 | 财务报告 | 建立资产投资回报制度，控制投资决策风险 |
| 集团公司战略规划报告 | 一年 | 100 分 | 见表 1—18 | 30% | 见表 1—19 | 提交战略报告 | 强化集团战略目标，使战略规划具有指导意义 |
| 费用指标控制率 | 半年 | 100 分 | 实际费用/费用额度 | 10% | 控制率≤100%，100 分；<br>每超支 1%，分值减少 10 分 | 财务部财务报表 | 有效控制费用的使用，保证各部门职能的正常发挥 |
| 部门年度运作报告 | 半年 | 100 分 | 完成率 100% | 10% | 完成率 $A$=100%，100 分；<br>70%≤$A$<100%，60 分；<br>$A$<70%，0 分 | 本部门的报告 | 加强对公司管理流程的规范化运作 |
| 员工培训及管理 | 半年 | 100 分 | 考核本部门员工培训计划的实施情况 | 10% | 完成计划培训次数，100 分；<br>缺少一次，90 分；<br>缺少两次，70 分；<br>缺少三次，50 分；<br>缺少四次，0 分 | 人力资源部门 | 保障满足各岗位的基本要求，提高员工的素质能力 |

表 1—18　　集团公司战略规划报告主要内容

| 战略规划报告 | 报告内容 |
|---|---|
| 环境分析 | 国内外经济环境、行业竞争环境分析；集团内部优劣势分析 |
| 愿景规划 | 公司愿景使命及战略目标设定 |
| 集团发展 5 年规划 | 主要的市场定位、产业的选择及业务的重组目标 |
| 集团财务目标预测 | 主要的销售收入、投资回报率的设定 |
| 集团主要资源分配预测 | 主要人力资源、资金需求及安排方案的设计 |

表 1—19　　集团公司战略规划报告评分表

| 软指标评分项目 | 分数分布 | 考评得分 |
|---|---|---|
| 报告上交及时性 | 10 | |
| 对公司经营决策的指导性 | 50 | |
| 报告内容的全面性 | 20 | |
| 报告内容论证的充分性 | 20 | |
| 总计 | 100 | |

## 第二节 指标体系

### 案例八：某机关德、能、勤、绩、廉考核指标体系（见表1—20、表1—21）

表1—20 某机关年度考核内容量化测评表（一）

| 考核内容 | 要素 | 观察、测评、对照标准 |
| --- | --- | --- |
| 德 | 思想政治 | 政治理论学习认真，理解、执行党的路线、方针、政策正确，讲政治、顾大局、作风正派 |
| | 道德品质 | 遵守职业道德，忠于职守，遵守社会公德，处事公道，诚实守信，乐于助人 |
| 能 | 业务能力 | 工作有计划、有预见，思路清晰，管理有方，操作有序，文字、口头表达准确、条理清楚 |
| | 开拓创新 | 工作有创新精神，工作思路符合运行规律 |
| | 学习提高 | 按时完成组织安排的培训、学习任务，考试成绩合格 |
| | 组织协调 | 能妥善协调各种工作、人际关系，发挥下属积极性 |
| 勤 | 出勤情况 | 遵守考勤制度、请销假制度，自觉参加集体（公益）活动 |
| | 工作态度 | 工作主动踏实、团结协作、尽职尽责 |
| 绩 | 工作目标 | 按时完成年度工作任务和领导交办的事项 |
| | 行为规范 | 遵守工作纪律，办事符合制度规范，无群众有效投诉 |
| | 办事效率 | 工作求真务实，履行职责快捷、稳妥、及时，无群众有效投诉 |
| | 工作效果 | 年度工作饱和，业务熟悉，效率高，质量符合要求，无群众有效投诉 |
| 廉 | 廉洁自律 | 遵守党风廉政建设规定和组织工作纪律，无群众有效投诉 |

备注：1. 本表中“观察、测评、对照标准”栏中所描述的，是按评分意见栏中的C等次选择项设计的。

2. 年度考核时，测评人员可根据对被考核人的了解，进行恰当的等次选择（√）。

3. 测评结果可由计算机自动汇总，等次掌握的标准：优秀87分以上，称职66～86分，基本称职55～65分，不称职54分及以下。

表1—21 某机关年度考核内容量化测评表（二）

| 被测评人姓名 | | 处室 | | 测评人身份 | | 主管领导 | | | 其他人员 | | |
| --- | --- | --- | --- | --- | --- | --- | --- | --- | --- | --- | --- |
| 考核内容 | 要素 | 评分意见 | | | | | | | | | 测评结果 |
| | | 领导职务公务员评价等次 | | | | | 非领导职务公务员评价等次 | | | | |
| | | A | B | C | D | E | A | B | C | D | E |
| 德 | 思想政治 | 9 | 8 | 7 | 6 | 5 | 9 | 8 | 7 | 6 | 5 |
| | 道德品质 | 9 | 8 | 7 | 6 | 5 | 9 | 8 | 7 | 6 | 5 |

续表

| 被测评人姓名 | | 处室 | | 测评人身份 | | 主管领导 | | 其他人员 | | | |
|---|---|---|---|---|---|---|---|---|---|---|---|
| 考核内容 | 要素 | 评分意见 | | | | | | | | | 测评结果 |
| | | 领导职务公务员评价等次 | | | | | 非领导职务公务员评价等次 | | | | |
| | | A | B | C | D | E | A | B | C | D | E | |
| 能 | 业务能力 | 5 | 4 | 3 | 2 | 1 | 8 | 7 | 6 | 5 | 4 | |
| | 开拓创新 | 5 | 4 | 3 | 2 | 1 | 6 | 5 | 4 | 3 | 2 | |
| | 学习提高 | 5 | 4 | 3 | 2 | 1 | 6 | 5 | 4 | 3 | 2 | |
| | 组织协调 | 5 | 4 | 3 | 2 | 1 | — | — | — | — | — | |
| 勤 | 出勤情况 | 7 | 6 | 5 | 4 | 3 | 7 | 6 | 5 | 4 | 3 | |
| | 工作态度 | 6 | 5 | 4 | 3 | 2 | 6 | 5 | 4 | 3 | 2 | |
| 绩 | 工作目标 | 10 | 9 | 8 | 7 | 6 | 10 | 9 | 8 | 7 | 6 | |
| | 行为规范 | 8 | 7 | 6 | 5 | 4 | 8 | 7 | 6 | 5 | 4 | |
| | 办事效率 | 8 | 7 | 6 | 5 | 4 | 8 | 7 | 6 | 5 | 4 | |
| | 工作效果 | 14 | 13 | 12 | 11 | 10 | 14 | 12 | 10 | 8 | 6 | |
| 廉 | 廉洁自律 | 9 | 8 | 7 | 6 | 5 | 9 | 8 | 7 | 6 | 5 | |
| 总分值 | | | | | | | | | | | | |

## 案例九：某公司绩效指标辞典（人力资源部，节选，见表 1—22 至表 1—24）

表 1—22　员工自然流动率

| 指标名称 | 员工自然流动率 |
|---|---|
| 指标定义 | 一定时期内公司员工流动的比率 |
| 设立目的 | 借该指标考察部门的稳定性和人员代谢 |
| 计算公式 | 员工自然流动率＝离职人数÷在编的平均人数×100％ |
| 相关说明 | ·员工应有一定的新陈代谢。流动率一般在 5％或以下较好<br>·员工在试用期满前离职不列入统计<br>·该指标为人力资源的管理参考指标，建议作为政策参考用 |
| 数据收集 | 人力资源部 |
| 数据来源 | 离职单 |

续表

| 指标名称 | 员工自然流动率 |
|---|---|
| 数据核对 | 人力资源部 |
| 统计周期 | 每月一次 |
| 统计方式 | 数据和趋势图 |

表 1—23　人员需求达成率

| 指标名称 | 人员需求达成率 |
|---|---|
| 指标定义 | 一定时期内各部门于编制内提出人员增补需求的完成状况 |
| 设立目的 | 显示人力资源部门对各部门服务的绩效 |
| 计算公式 | 人员需求达成率＝报到人数÷需求人数×100％ |
| 相关说明 | ·报到员工要满足用人部门的人才需求规格<br>·人员是否录用应由需求部门面试决定 |
| 数据收集 | 人力资源部 |
| 数据来源 | 人员需求申请单 |
| 数据核对 | 各部门 |
| 统计周期 | 每月一次 |
| 统计方式 | 数据和趋势图 |

表 1—24　培训计划达成率

| 指标名称 | 培训计划达成率 |
|---|---|
| 指标定义 | 在一定时期内培训计划的执行状况 |
| 设立目的 | 考察员工受培训及人才培养的执行 |
| 计算公式 | 培训计划达成率＝培训计划执行总时数÷培训计划总时数×100％ |
| 相关说明 | ·培训指对员工进行有关公司文化、专业技能、外部培训、委托培养等方面正式的有组织的培训<br>·培训计划总时数＝$\Sigma$计划课时数×计划人数<br>·培训课程要以满足各单位的培训需求为原则 |
| 数据收集 | 人力资源部 |
| 数据来源 | 培训通知或记录 |
| 数据核对 | 各部门 |
| 统计周期 | 每月一次 |
| 统计方式 | 数据和趋势图 |

## 案例十：某发电公司业绩考核指标体系（见表 1—25）

表 1—25 业绩考核指标体系表

| 序号 | 业绩考核指标 | 考核权重（%） | 考核责任部门 | 考核配合部门 | 指标类型 |
|---|---|---|---|---|---|
| 1 | 利润总额 | 25 | 财务产权部 | 人力资源部<br>生产技术部<br>营销部<br>监察审计部 | 资产经营指标 |
| 2 | 净利润 | | | | |
| 3 | 主营业务收入 | | | | |
| 4 | 现金净流量 | | | | |
| 5 | 可控费用 | | | | |
| 6 | 净资产 | | | | |
| 7 | 资产负债率 | | | | |
| 8 | 全员劳动生产率 | 5 | 人力资源部 | 财务产权部 | |
| 9 | 发电单位燃料成本 | 15 | 营销部 | 财务产权部<br>生产技术部 | |
| 10 | 应收电费余额 | | | | |
| 11 | 发电量 | | | | |
| 12 | 供电煤耗（发电水耗） | 30 | 生产技术部 | 基建工程部 | 安全及生产指标 |
| 13 | 综合厂用电率 | | | | |
| 14 | 非停台次（启动成功率） | | | | |
| 15 | 大修后运行天数 | | | | |
| 16 | 安全百日个数 | | | | |
| 17 | 不发生一般设备事故 | | | | |
| 18 | 不发生人身死亡事故 | | | | |
| 19 | 不发生人员责任的重大电网事故 | | | | |
| 20 | 不发生人员责任的重大设备事故 | | | | |
| 21 | 不发生人员责任的重大火灾事故 | | | | |
| 22 | 不发生人员责任的重大交通事故 | | | | |
| 23 | 不发生恶性误操作事故 | | | | |
| 24 | 不发生垮坝和水淹厂房事故 | | | | |
| 25 | 不发生电厂原因的全厂停电事故 | | | | |
| 26 | 不发生重大环境污染事故 | | | | |
| 27 | 招投标及合同符合规定 | 5 | 基建工程部 | 生产技术部 | |
| 28 | 不发生影响社会稳定的事件 | 4 | 总经理工作部 | 人力资源部<br>工会 | 党风廉政和精神文明建设指标 |
| 29 | 不发生影响、损害公司形象的重大事件 | | | | |
| 30 | 反腐体制和工作机制健全 | 11 | 监察审计部 | 党群工作部 | |
| 31 | 不发生领导班子成员违法或严重违纪 | | | | |
| 32 | 不发生重大违规违纪瞒案不报、压案不查事件 | | | | |
| 33 | 精神文明建设运行和保障机制健全 | 5 | 党群工作部 | 工会 | |

# 案例十一：某机械制造企业副总经理、中层管理岗位绩效指标（见表1—26、表1—27）

表1—26　　企业副总经理、中层管理岗位绩效指标表（一）

| 考核指标 / 岗位 | 考核指标分类 | 具体指标 |
|---|---|---|
| 销售副总经理 | KPI、岗位职责指标 | 1. 销售收入<br>2. 销售收入增长率<br>3. 回款率<br>4. 销售价格<br>5. 新增客户<br>6. 管理创新<br>7. 对下属的训练培养 |
| 总工程师 | KPI、岗位职责指标 | 1. 开发计划完成情况<br>2. 设计周期实现率<br>3. 设计造成的返修率<br>4. 材料费用率<br>5. 技术创新<br>6. 管理创新<br>7. 对下属的训练培养 |
| 生产副总经理 | KPI、岗位职责指标 | 1. 物料损耗率<br>2. 生产周期实现率<br>3. 生产计划完成率<br>4. 内部验收一次合格率<br>5. 管理创新<br>6. 对下属的训练培养 |
| 营销部部长 | KPI、岗位职责指标 | 1. 销售收入<br>2. 销售收入增长率<br>3. 回款率<br>4. 新增客户<br>5. 服务及时性<br>6. 客户投诉<br>7. 客户档案管理<br>8. 企业宣传工作<br>9. 管理创新<br>10. 对下属的训练培养 |
| 机加部部长 | KPI、岗位职责指标 | 1. 物料损耗率<br>2. 加工良品率<br>3. 精密设备开机率<br>4. 机加周期实现率<br>5. 设备利用率<br>6. 管理创新<br>7. 对下属的训练培养 |

续表

| 岗位 \ 考核指标 | 考核指标分类 | 具体指标 |
| --- | --- | --- |
| 装配部部长 | KPI、岗位职责指标 | 1. 物料损耗率<br>2. 内部验收一次合格率<br>3. 装配周期实现率<br>4. 管理创新<br>5. 对下属的训练培养 |
| 采购部部长 | KPI、岗位职责指标 | 1. 外购件合格率<br>2. 外协加工件合格率<br>3. 外协件价格<br>4. 外协件加工档案管理<br>5. 管理创新<br>6. 对下属的训练培养 |
| CNC 部长 | KPI、岗位职责指标 | 1. 内部验收一次合格率<br>2. 生产计划完成率<br>3. 管理创新<br>4. 对下属的训练培养 |

**表 1—27　企业副总经理、中层管理岗位绩效指标表（二）**

| 岗位 \ 考核指标 | 考核指标分类 | 具体指标 |
| --- | --- | --- |
| 行政部部长 | KPI、岗位职责指标、重点工作 | 1. 工作计划执行情况<br>2. 办公费用控制<br>3. 部门满意度<br>4. 管理创新<br>5. 对下属的训练培养 |
| 人力资源部部长 | KPI、岗位职责指标、重点工作 | 1. 工作计划执行情况<br>2. 人工费率<br>3. 员工满意度<br>4. 关键岗位人员离职率<br>5. 试用期员工不合格率<br>6. 管理创新<br>7. 对下属的训练培养 |
| 质量部部长 | KPI、岗位职责指标 | 1. 内部验收一次合格率<br>2. 加工良品率<br>3. 质量检验报告<br>4. 管理创新<br>5. 对下属的训练培养 |
| 设计部部长 | KPI、岗位职责指标 | 1. 材料费用率<br>2. 设计造成的返修率<br>3. 产品设计合理性<br>4. 设计周期实现率<br>5. 技术档案管理<br>6. 技术创新<br>7. 管理创新<br>8. 对下属的训练培养 |

续表

| 岗位 \ 考核指标 | 考核指标分类 | 具体指标 |
| --- | --- | --- |
| 开发部部长 | KPI、岗位职责指标 | 1. 开发成果运用情况<br>2. 开发计划执行情况<br>3. 管理创新<br>4. 对下属的训练培养 |
| 财务部部长 | KPI、岗位职责指标、重点工作 | 1. 工作计划执行情况<br>2. 财务报表的及时准确性<br>3. 财务预算执行情况<br>4. 财务分析<br>5. 管理创新<br>6. 对下属的训练培养 |
| 生产管理中心部长 | KPI、岗位职责指标 | 1. 生产计划合理性<br>2. 生产计划完成率<br>3. 零部件库存量<br>4. 管理创新<br>5. 对下属的训练培养 |

## 案例十二：某公司贸易部总监、销售员月度绩效考核指标体系表（见表 1—28、表 1—29）

表 1—28　　贸易部总监月度绩效考核表

姓名：　　部门：　　岗位：

| 内容 | 权重 | 计划目标/指标 | 分值 | 完成系数 0～1.25 | 得分 | 业绩得分 |
| --- | --- | --- | --- | --- | --- | --- |
| 任务绩效 | 60% | 1. 当期销售收入计划完成率 | | | | |
| | | 2. 当期销售回款实现率 | | | | |
| | | 3. 销售成本比率 | | | | |
| | | 4. 采购计划完成率 | | | | |
| | | 5. 采购成本比率 | | | | |
| | | 6. 交验不合格率 | | | | |
| | | 7. 当期部门管理费用预算控制率 | | | | |
| 内容 | 权重 | 周边绩效指标 | 分值 | 表现系数 0～1.25 | 得分 | 周边得分 |
| 周边绩效 | 15% | 1. 主动性 | 3 | | | |
| | | 2. 响应时间 | 3 | | | |
| | | 3. 解决问题时间 | 3 | | | |
| | | 4. 信息反馈时间 | 3 | | | |
| | | 5. 服务质量 | 3 | | | |

续表

| 内容 | 权重 | 管理绩效指标 | 分值 | 表现系数<br>0～1.25 | 得分 | 管理得分 |
|---|---|---|---|---|---|---|
| 管理绩效 | 15% | 1. 沟通效果 | 4 | | | |
| | | 2. 工作分配 | 4 | | | |
| | | 3. 下属发展 | 4 | | | |
| | | 4. 管理力度 | 3 | | | |
| 内容 | 权重 | 工作态度指标 | 分值 | 表现系数<br>0～1.25 | 得分 | 态度得分 |
| 工作态度 | 10% | 1. 工作责任心 | 2 | | | |
| | | 2. 公平公正意识 | 2 | | | |
| | | 3. 团队建设 | 2 | | | |
| | | 4. 员工培养意识 | 2 | | | |
| | | 5. 学习意识 | 2 | | | |

| 综合考核等级评定标准 | | | | 签名 | | 综合得分 | |
|---|---|---|---|---|---|---|---|
| A+ | A | B | C | 本人签字 | | 综合考核等级 | A+　A　B　C |
| ≥100 | ≥80 | ≥60 | <60 | 执考签字 | | | |

| 备注 | 1. 任务绩效内容除了以上给定的KPI，直接上级和本人根据《月度目标/任务责任书》增加月度目标/任务完成情况考核指标，标准通过上下级沟通确定。<br>2.《月度目标/任务责任书》附后。 |
|---|---|

**表 1—29　　贸易部销售员月度绩效考核表**

姓名：　　部门：　　岗位：

| 内容 | 权重 | 计划（目标）指标 | 分值 | 完成系数<br>0～1.25 | 得分<br>自评 | <br>上级评 | 业绩得分 |
|---|---|---|---|---|---|---|---|
| 工作业绩 | 80% | 1. 销售目标达成率 | | | | | |
| | | 2. 当期销售回款实现率 | | | | | |
| | | 3. 当期费用预算控制率 | | | | | |
| | | 4. 新客户开发率 | | | | | |
| | | 5. 老客户保持率 | | | | | |
| 内容 | 权重 | 工作态度指标 | 分值 | 表现系数<br>0～1.25 | 得分<br>自评 | <br>上级评 | 态度得分 |
| 工作态度 | 20% | 1. 工作责任心 | 4 | | | | |
| | | 2. 工作积极性 | 4 | | | | |
| | | 3. 团队意识 | 4 | | | | |
| | | 4. 服从意识 | 4 | | | | |
| | | 5. 学习意识 | 4 | | | | |

续表

| 内容 | 权重 | 计划（目标）指标 | 分值 | 完成系数<br>0～1.25 | 得分 | | 业绩得分 |
|---|---|---|---|---|---|---|---|
| | | | | | 自评 | 上级评 | |
| 综合考核等级评定标准 | | | | 签名 | | 综合得分 | |
| A+ | A | B | C | 本人签字 | | 综合考核等级 | A+　A　B　C |
| ≥100 | ≥80 | ≥60 | <60 | 执考签字 | | | |
| 备注 | “上级评”指直接上级主管评价，“自评”指被考核者自我评价，自我评价的结果只作为考核者评分和沟通的参考，不参与考核结果的记分。 | | | | | | |

## 案例点评

### 一、案例分析

本章共 12 个案例，前 7 个案例介绍了指标体系设计，后 5 个案例介绍了具体的指标。在指标体系设计案例中，分别介绍了不同的指标体系设计方法，如基于目标分解的指标体系设计（案例二）、基于平衡计分卡的指标体系设计（案例四）、基于关键成功因素的指标体系设计（案例五）、基于业务“价值树”的指标体系设计（案例六）、基于职责的指标体系设计（案例七）。在具体的指标案例中分别介绍了某机关基于德、能、勤、绩、廉的考核指标（案例八）、某发电公司业绩考核指标体系（案例十）、某机械制造企业副总经理、中层管理岗位绩效指标（案例十一）、某公司贸易部总监和销售员月度绩效考核指标体系表（案例十二），还介绍了某公司绩效指标辞典节选。

（一）个例分析

1. 案例一：某集团公司绩效考评指标体系建立

本案例的优点主要体现在：

（1）考核指标具有全面性

案例中集团公司把各级下属公司和部门的绩效指标分为 KPI 和管理要项，把员工的绩效指标分为 KPI、行为指标和工作要项，设计的指标体系无论从层次上，还是从类别上都很全面。评价指标既确保了对企业战略的有效分解，又体现了岗位主要职责，达到了战略导向和责任监控的作用。

（2）指标具有针对性

指标设计很有针对性，根据不同部门、不同职位工作要求的不同，子公司及其各部门负责人的 KPI 考核各有侧重。

（3）绩效改进计划

每个考核期要由上级绩效管理部门确定企业下一考核期的改进计划，并提出相对应的 KPI 作为改进 KPI，经双方沟通之后确定。绩效改进指标的设置体现了绩效管理的核心所在，对绩效持续提升、改进提供了制度保证。

案例的不足主要体现在指标的多样性弱化了指标的一致性。案例设置的指标包括 KPI、管理要项、行为指标和工作要项，考核项目繁多，容易导致指标缺乏一致性。考核指标最终都要体现在企业战略上，为实现企业战略作保障。考核内容如此复杂，可能给绩效考核的实施带来一定困难。

2. 案例二：某集团基于目标分解的 KPI 体系设计

（1）考核内容

岗位指标包括工作业绩指标、工作态度指标、工作能力指标和防范性指标，工作业绩指标中包括量化指标和非量化指标。“业绩＋态度＋能力”是目前比较盛行的考核模型，这三者具有不同的内涵，而又相互联系构成内在的统一体。工作能力是工作业绩的基础与潜在的条件，工作态度是影响工作能力发挥的个性因素。一般来说，工作业绩体现工作成果，决定员工的报酬；工作态度是形成企业文化的要素，是工作过程的一种体现，决定员工的去留；工作能力反映员工的基本素质和潜能，决定员工绩效水平可能的空间。防范性指标可有效预防给集团造成巨大损失事件的发生，为战略的实现提供保障。

案例中的各类指标的比例设置存在一定问题，不同层次员工不一定都要进行工作态度和工作能力的考核。即使都考核工作态度和工作能力，各部分比重也应根据需要有所区别。一般来说，工作能力只对管理人员进行考核，而不对基层工作人员进行考核，即使考核也只作为参考指标，不计入总成绩。

（2）指标设计思路

案例在进行具体指标分解时，将集团级 KPI 分为财务类 KPI、客户类 KPI、运营类 KPI、学习与创新类 KPI。运用了平衡计分卡方法设计的指标，有助于全面考虑企业关键成功因素，把目标聚焦到组织战略上。

（3）指标动态管理

指标体系修正机制是案例的一大亮点，案例中制定了完善的指标动态管理操作制度。指标动态管理机制在“总体评价”中还要作详细说明，在此不再赘述。

3. 案例三：某通信规划设计院有限公司的指标体系设计

本案例基于战略关键驱动因素，按照平衡计分卡将指标分为财务、客户、内部管理、学习成长 4 个方面进行绩效指标体系设计。首先把公司战略关键驱动因素分为领先 KPI 和滞后 KPI，然后再把指标分为公司级 KPI 和部门级 KPI，最后把部门级 KPI 分解到对应部门。运用领先 KPI 和滞后 KPI 进行 KPI 指标体系设计是指标体系设计经常采用的方法，对公司的优势和劣势进行深入分析，在一定程度上起到标杆基准法的作用。

案例中部分指标没有进行具体分解，并不是指标设计不全面，而是因为这些指标是不可控指标。如人工费用率，没有具体的责任部门，对部门来说就是不可控指标，只能列为公司级指标。

4. 案例四：××工程材料有限公司基于平衡计分卡的指标体系设计

本案例是一个很成功的基于平衡计分卡的指标设计流程，根据公司战略目标，设计公司战略地图，通过会议将战略目标分解至部门，并通过鱼骨图的方式确定部门的 KPI，制定各部门年度规划识别表。分解部门 KPI 时利用鱼骨图法既保证部门 KPI 与部门策略性目标之间的因果关系，又确保了指标分解的全面性。同时鱼骨图法避免了在 KPI 分解时的很多主观性因素，确保指标更具有客观性，具有较强的参考价值。此外，还可以用头脑风暴法对战略进行分解。

在一个结构合理的平衡计分卡中，四个方面的目标和衡量指标既要保持一致又要相互加强，彼此之间存在紧密的因果关系，系统地传达企业的战略。在利用平衡计分卡设计指标时，应该给出四类指标间的内在因果关系，这也是平衡计分卡的一大特点，这点在案例中没有给出。

5. 案例五：××公司基于关键成功因素的 KPI 体系设计

关键成功因素法的基本思想是通过分析企业获得成功或取得市场领先地位的关键，提炼出关键成功领域，再把关键成功领域分解为关键因素，最后细分为各项指标。关键成功因素是保证企业组织目标实现的重要保障，也是企业保持市场竞争力的关键。

本案例最突出的优点是指标体系分解的思路清晰，指标筛选过程详细。依据公司目标得到关键成功因素，再分解得到部门可能的关键业绩目标，最后每个部门再对目标进行筛选，得出最终部门 KPI。

案例中指标筛选分为四个过程。首先，是从重要性、可衡量和可控性三个方面对关键业绩目标本身的特点进行评价，该阶段利用打分得到结果，相对比较客观、科学；其次，根据前一阶段评价得出来的结果对关键业绩目标进行适当合并或调整；再次，通过和部门经理沟通，删除不重要的考核指标，对重要指标进行进一步分解和调整，得到基本可行的 KPI；最后，部门经理和其上级主管沟通，进一步落实考核指标和权重，并确定了绩效标准。通过指标筛选过程去掉对岗位影响不大的指标、无法控制的指标、不可衡量的指标，整合了相互重复的指标，并且通过沟通最后确定了指标及其权重和标准。

但本案例也存在严重的不足，即没有影响企业战略的关键成功因素的分解步骤。企业关键成功因素分解是利用本方法进行指标分解能否成功的关键，不能仅仅依靠“拍脑袋”得出，可以通过鱼骨图等方法进行具体分析。

6. 案例七：某公司基于职责的 KPI 体系设计

基于职责的指标体系设计，强调从部门或岗位职责出发，通过对职责的提炼，形成评价指标体系。这种指标体系设计方式的优势是突出对部门责任的监控，但是有可能导致忽视战略现象的发生，指标可能更多的是对部门责任的体现，而忽略了流程责任的体现。

案例中，KPI 的确定是以岗位职务说明书为基础，显然这种指标设计流程没有对战略给予足够的重视，企业设计目标应以企业战略为主线。基于职责的指标体系设计比较适用于最基层的部分岗位，或是作为对其他指标体系设计方法的补充。越是基层的岗位越难与企业战略建立联系，有些岗位甚至根本无法与企业战略联系，对于这些岗位比较适合用基于职责的指标设计方法。案例将指标分为硬指标和软指标是值得推广和应用的，但是软指标的比重不宜太大。

7. 案例八：某机关德、能、勤、绩、廉考核指标体系

德、能、勤、绩、廉考核指标体系的优点有两个：一是设计简单，便于操作。采用这一思路设计指标体系，省去了依据战略分解指标和依据岗位职责提取指标的工作量，回避了其中的难题；由于指标体系简单明了，考核者和被考核者易于理解和掌握。二是应用范围广，适用性强。该指标体系采用通用指标，可以用于所有岗位的考核。其缺点是，与组织的战略目标和岗位职责联系不紧密，相对应的考核标准比较模糊。目前，这类指标体系在国家机关和事业单位的人员考核中使用比较广泛。

8. 案例九：某公司绩效指标辞典

通常所说的绩效指标辞典指的是基于战略的 KPI 和基于部门职能的基础业绩指标的一系列指标及其相关资料的总和。绩效指标辞典是指标设计的一个重要组成部分，是企业在绩效考核实施过程中的重要依据，增强了指标考核的操作性。本案例选取的是某公司绩效指标辞典中的人力资源部指标，设计内容全面，基本包括了指标辞典的相关知识点，值得参考。

9. 案例十：某发电公司业绩考核指标体系

某发电公司业绩考核指标体系属于典型的“三项责任制指标体系”，用于对直属单位的考核。三项责任制考核一般包括经营目标考核、安全生产考核、党风廉政和精神文明建设考核。从该公司的指标体系看，资产经营指标主要由财务指标组成，安全及生产指标、党风廉政和精神文明建设指标大都采用了否决指标的形式。除电力企业外，煤炭、石油等资源生产企业和具有类似特点的企业也适合采用“三项责任制指标体系”。

10. 案例十一：某机械制造企业副总经理、中层管理岗位绩效指标

如果说德、能、勤、绩、廉考核指标的特点是通用性，某机械制造企业副总经理、中层管理岗位绩效指标的特点则是“个性化”，反映了指标体系设计上截然不同的思路。业务岗位的考核指标由 KPI 和岗位职责指标组成，前者体现企业战略的分解和在岗位上的“分配”，后者体现岗位职责的重点。非业务岗位除了前两项指标外，增加了“重点工作”指标，考核动态的、非常规性的工作。

11. 案例十二：某公司贸易部总监、销售员月度绩效考核指标体系表

某公司贸易部总监的考核指标，采用了“任务绩效＋管理绩效＋周边绩效”的结构，属于结果考核与过程考核兼顾的一种形式。周边绩效的提法来源于鲍曼和莫托维德罗的绩效模型，该模型将绩效分为任务绩效和周边绩效。任务绩效是从工作目标的完成角度来衡量的，反映的是短期的绩效水平和工作的最终结果；周边绩效是一种从心理和社会关系出发的人际和意志行为，涉及职责范围外自愿从事的有利于组织和他人的活动，主要分为人际促进和工作奉献两个核心因素。

依据周边绩效的含义，贸易部总监考核表中的工作态度的考核内容可以并入周边绩效中。

（二）总体评价——案例中绩效指标设计存在的问题

通过对以上案例的研究分析，可以发现绩效指标设计过程中存在的主要问题有：

1. 指标体系与企业战略相脱节

指标体系是战略目标分解的落实工具，战略能否落地最终体现在目标能否层层分解落实到每位员工身上，促使每位员工都为企业战略目标的实现承担责任。指标体系可以起到战略导向作用。绩效指标体系要能够正确引导员工努力的方向，首先得确保所选择的指标与组织战略目标相一致，并且能够促进组织目标的实现。企业有了战略，如果不能将其转化成一套科学的绩效指标体系，结果必然是各个部门自行建立自己的指标体系，导致战略无法落实。所以有很多企业出现这样一种现象，每个员工都能完成自己的绩效合同，但企业的总体战略没有实现。案例七（某公司基于职责的 KPI 体系设计）中的指标是以职务说明书为基础的，没有把企业战略进行有效分解，得到的指标体系就有可能脱离企业战略，不能保证战略的实现。案例八（某机关德、能、勤、绩、廉考核指标体系）是过去我国政府机关、事业单位和国有企业普遍采用的一种考核方法，实践证明这种考核方法不仅不能为企业的发展、战略实现提供保障，而且很容易流于形式，达不到考核的目的。

2. 指标体系缺乏动态管理机制

绩效指标与企业战略目标保持一致，并不等于维持不变。指标设计出来后，由于环境不断变化，企业的战略、目标和组织结构等都要发生变化，绩效指标也应作出相应的调整。究竟如何推进指标，在这个过程中会发生一些什么样的变化，需要一套指标跟踪与修正机制。否则，企业的 KPI 就不能对战略的实现起到推动作用，只能被束之高阁，失去其设计的意义。企业应建立一套完整的指标动态管理体系，对指标进行定期管理，作出相应修正。只有案例二（某集团基于目标分解的 KPI 体系设计）有具体的 KPI 追踪与修正流程，而在其他企业指标设计案例中要么没有考虑到指标的动态管理，要么只是象征性地提到一些原则，没有具体操作制度。

3. 指标体系缺乏完整性

缺乏完整性的指标体系会使员工不能完整地认识到自身决策和行动的影响，从而导致次优化的决策。绩效指标缺乏完整性也可能导致员工专注于局部指标而牺牲企业全局发展，专注于在短期内容易改进的指标而牺牲长期绩效。指标体系从层次上可以分为企业绩效指标、部门绩效指标和岗位绩效指标，一套完整的绩效指标体系应该包含各个层次指标。从类别上设计的指标体系应包括行为指标和结果指标，相应权重应根据指标层次进行设置。案例七（某公司基于职责的 KPI 体系设计）设计的指标体系只有岗位绩效指标，在指标层次上是不完整的。

4. 缺少指标筛选过程，指标重点不突出

为保证绩效标准的有效性和科学性，依据各种指标设计方法设计出来的指标还需要进行筛选，避免指标出现相关联、不可控、难以量化等缺点。在实践中发现，很多企业一味追求指标的全面性，把能考核的方面都纳入考核体系，导致考核没有重点。应该抓住 KPI 进行管理，使员工的绩效行为与企业的战略目标保持一致。在所选取的案例中，只有案例五（××公司基于关键成功因素的 KPI 体系设计）采用科学的方法对指标进行了系统的筛选，而在其余的案例中有的只是提到了一些指标的设计原则，有的根本就没有考虑。指标筛选是指标体系设计的重要一环，如果没有对指标进行科学的筛选，会导致指标体系设计前功尽弃。

## 二、案例启示及相关知识链接

（一）指标体系设计方法比较与存在问题分析

1. 指标体系的设计方法比较分析

对于考核指标的设计，管理学界有三类主流方法：

（1）基于战略目标的“自上而下”的分解法。

（2）基于职责的“自下而上”的搭建法。

（3）基于均衡发展的“自左至右”的推演法。

三种方法各有利弊：

（1）分解法强调了部门或岗位职责与企业战略目标的协同性，但往往忽略了常规部门的非增值性工作的必要性。

（2）搭建法从职责和流程出发，强调了当前应负的责任，却往往忽视了战略的牵引。

（3）推演法往往是从某些设定为关键的因素出发，其用意是强调关键，但难免挂一漏万，在系统性和全面性方面欠佳。

许多企业或顾问公司开始考虑将两种或三种方法混合使用，如“十字对标、职责修正”等，但至今尚没有一种成熟的、工具化的方法能系统地解决上述问题。

2. 指标体系设计中普遍存在的问题

(1) 职能部门指标设计难

企业业务部门［分（子）公司、事业部、地区平台、销售部］的指标设计相对容易，最简单的方法是将企业的总体经营指标按照某种规则进行切分。而许多企业的职能部门没有考核指标，有的虽然有，也是从其他企业“借鉴”来的，有的则形同虚设。我们曾经诊断的某个企业，职能部门的平均考核分数是99.5分。指标来的随意，大家分数打得也随意，根本起不到作用。而翻遍绩效管理的书籍，要找一个系统的职能部门考核方法确实比较困难。

(2) 平衡计分卡被滥用

平衡计分卡的引入为中国企业系统思考业绩问题、避免单一财务导向起到了很大作用，但是平衡计分卡不可能包办一切。作为快速成长的企业，其资源的配置与行为特点一定是偏置的，只有偏置才能“集中优势兵力打歼灭战”，而平衡计分卡强调系统平衡的思想对于这一阶段的企业未必适用。

(3) 绩效指标的设计过多地依赖个人经验

为数不少的企业，考核指标是管理者们坐在一起“想”出来的，这种拍脑袋的方法更多地依赖于管理者的个人经验，或者行业内可资借鉴的标杆企业。而管理者的从业经验、所掌握的信息量、对企业管理的感悟差异很大，这就导致企业的考核体系参差不齐，在相当程度上，个人的经验决定了绩效管理的成败。

不同类型企业的指标体系设计方式可能不同，即使是同一企业处在不同的发展阶段也有可能需要选择不同的指标设计方法，因此，企业应该依据实际情况选择不同的指标设计方法。

(4) 唯指标主义，认为指标可以解决一切问题

指标体系被证明是一种实用、有效的绩效考核工具，但并不代表指标可以解决一切考核问题。很多企业认为指标是万能的，一切考核都可以用指标来完成，这是典型的唯指标主义。如职能部门的考核，由于所从事工作很难定量，也就无法实现指标化，所以，现实中，对于职能部门一般采取目标计划书考核加指标考核，以目标计划书考核为主的方法。

(二) 平衡计分卡的应用

平衡计分卡是20世纪90年代的研究成果，它完善了业绩评价体系，弥补了传统评价指标的缺陷。平衡计分卡不仅强调短期目标与长期目标间的平衡、内部因素与外部因素间的平衡，也强调结果的驱动因素。因此，平衡计分卡是一个十分复杂的系统，在其实施的过程中一定会遇到困难，国外平衡计分卡的实践也证实了这一点。从整体上来看，对平衡计分卡的应用仍在探索之中，应用效果好的案例并不多，因此，在选择平衡计分卡前一定要慎重。

1. 运用平衡计分卡的前提

通过理论探索与实践检验，要运用平衡计分卡，一般应具备以下五个前提条件：

(1) 对平衡计分卡本质的正确认识。平衡计分卡的核心思想是通过财务、客户、内部经营过程、学习与成长四个方面指标之间相互驱动的因果关系实现绩效考核、绩效改进，最终达到战略目标的实现。如果连平衡计分卡的本质都没有弄清楚，应用平衡计分卡的结果就可想而知了。

(2) 组织的战略目标能够层层分解，并能够与组织内部的部门、个人的目标达成一致，其中个人利益能够服从组织的整体利益，这是平衡计分卡研究的一个重要前提。

(3) 平衡计分卡所揭示的四个方面指标——财务、客户、内部经营过程、学习与成长之间存在明确的因果驱动关系。但是这种严密的因果关系链在一个战略业务单位内部针对不同类别的职位系列却不易找到，或者说根本不存在明确的因果关系，因此在应用平衡计分卡之前一定要确定四个方面存在明确的因果关系。

(4) 组织内部与实施平衡计分卡相配套的其他制度是健全的，包括财务核算体系的运作、内部信息平台的建设、岗位权责划分、业务流程管理以及与绩效考核相配套的人力资源管理的其他环节等。

(5) 组织内部每个岗位的员工都是胜任各自工作的，在此基础上研究一个战略业务单位的组织绩效才有意义。否则，员工连自己责任范围内的工作都完成不了，企业战略研究就失去了意义，更不用谈平衡计分卡的应用了。

2. 制定平衡计分卡的步骤

(1) 确定计划目标

选择设计人员，在企业高层就制定平衡计分卡达成共识并获得支持。企业高层应明确实行平衡计分卡的主要目的并在认识上取得一致。企业高层应该确定一个能够担当起平衡计分卡总体设计重任的人选。

(2) 选择适宜部门

设计人员必须确定适宜实行平衡计分卡的业务部门。最初的平衡计分卡过程最好从一个具有战略意义的业务部门开始，这个业务部门的活动最好贯穿企业的整个工作流程——创新、经营、营销、销售和服务。这样一个下属业务部门应有自己的产品和客户、销售和流通渠道及生产设施。同时，该部门应容易制定出全面的业绩评估手段，且不涉及同企业其他部门的开支和产品、劳务转让价格问题。确定该部门同其他业务部门的关系，使该部门面临的机遇和受到的限制明朗化。

(3) 明确企业战略

在对企业的愿景达成共识的基础上，设计人员通过对企业的全面了解，帮助部门管理人员理解企业的战略目标并了解他们对平衡计分卡的评估手段的建议，解答他们提出的问题。在充分交流的基础上，确定企业的战略目标。确定战略目标是一个重复的过程，通常需要经过反复的讨论才能最终确定。

(4) 设计评估手段

该阶段主要包括以下要点：对于每个目标，设计出能够最佳实现和传达这种目标意图的评估手段；对每一种评估手段，找到必要的信息源和为获得这种信息而采取必要的行动；对每一目标的评价体系之间的相互影响以及与其他目标的评价体系的影响进行评估。

(5) 制定实施计划

以实施平衡计分卡目标部门的下属部门为单位，成立实施小组。各实施小组确定平衡计分卡的目标并制定实施计划。该计划包括如何把评估手段同数据库和信息系统联系起来，负责在企业内部传播平衡计分卡，并帮助下级部门制定实施计划，直至完全建立一个全新的执行信息制度。

(6) 反馈、修正、提高

通过最终的实施计划，把平衡计分卡融入企业的管理制度并发挥作用。制定平衡计分卡一般需持续 3 个月的时间。在制定过程中，主管人员可以有充分的时间考虑平衡计分卡和战略、信息制度以及最重要的管理过程之间的衔接。制定平衡计分卡的过程，也就是企业目标在组织中进行传播的过程，如果能够让企业的各级员工参与到平衡计分卡的制定上来，将有助于战略目标的推广和得到员工的认同。

3. 平衡计分卡适用的企业

(1) 面临竞争压力较大的企业且这一压力为企业所感知

竞争的压力是企业谋求发展的内在动力，这正好是平衡计分卡得以实施的内在原因。但采取行动必须以竞争被企业所感知为前提条件。如果竞争压力较大，但企业尚未感知，这种竞争也不会形成发展动力。对于这样的企业，如果为了赶时髦而引入平衡计分卡，则如同给马车装上飞机用的轮胎，不会起到应有的积极作用。

(2) 以目标、战略作为导向的企业

当为企业的长远发展树立了目标之后，战略的作用就是为解决“如何才能达到这个目标”的问题提供思路。平衡计分卡的成功之处就是将企业战略置于管理的中心，所以企业要应用平衡计分卡，须以战略作为企业的导向。即使企业还没有制定出有效的战略，引入平衡计分卡，也可以帮助企业重新认识和制定企业的战略。

(3) 具有协商式或民主式领导体制的企业

在激烈的竞争中，采用平衡计分卡要求企业必须采取“四轮驱动”（前轮是员工的积极参与，后轮是管理者的管理）模式，唯有这样，才能使企业机动灵活、反应快速地运行于市场经济之中，而不会陷入经营管理失败的泥潭之中。平衡计分卡必须在民主式管理风格的企业平台上运行，使员工能够充分参与企业战略的制定与实施。如果一个企业尚不是民主式管理风格，则在实施平衡计分卡的过程中，随着员工参与度的提高，可以将其转变为民主式的管理风格。从这一意义上来说，平衡计分卡不仅具有业绩评价功能，还具有改变企业文化的作用。

具体的平衡计分卡应用步骤在此不再赘述，读者可自行查阅相关书籍。

4. 企业在平衡计分卡的建立和实施中常常会出现的问题

（1）在实施的成本方面

平衡计分卡要求企业从财务、客户、内部流程、学习与成长四个方面考虑战略目标的实施，并为每个方面制定详细而明确的目标和指标。它需要全体成员参加，理论上要求每个部门、每个人都有自己的平衡计分卡，企业要付出较大代价。

（2）在信息交流方面

平衡计分卡系统也是一个信息系统，是传递企业战略目标并考评管理的信息系统。在实施过程中，企业的业绩考评指标往往涉及企业的财务数据，企业生产运作过程中的成本、质量以及计划时间数据，各个考评指标评价结果指标大都是在大量基础数据的统计之上得到的，需要与企业现有的信息系统集成并实现数据的共享，这是一个非常复杂的过程。企业信息管理及信息基础设施的完善，是企业实施平衡计分卡的基础。当前，国内企业的管理层已经意识到信息的重要性，并对此给予了充分的重视，但在实施的过程中，信息基础设施的建设受到部门的制约，部门间的信息难以共享，只是在信息的海洋中建起了座座岛屿。这不仅影响到了业务流程，也是实施平衡计分卡的障碍。

（3）在沟通与共识方面

根据 Renaissance 与 CFO Magazine 的合作调查，企业中只有不足 1/10 的员工了解企业的战略及战略与其自身工作的关系。尽管高层管理者清楚地认识到达成战略共识的重要性，但却很少有企业将战略有效地转化为易被基层员工理解的内涵，并使其成为员工的最高指导原则。

（4）在组织与管理系统方面

据调查，企业的管理层在例行的管理会议上花费近 85%的时间，以处理业务运作的改善问题，却以少于 15%的时间关注战略及其执行问题。过于关注各部门的职能，却没能使组织的运作、业务流程及资源的分配围绕着战略而进行。

（5）在绩效考核认识方面

如果企业的管理层没有意识到现行的绩效考核在观念、方式上的问题，平衡计分卡就很难被接纳。长期以来企业的管理层已习惯于仅从财务的角度来测评企业的绩效，并没有思考这样的测评方式是否与企业的发展战略联系在一起，是否能有效地测评企业战略的实施情况。

最后，需要明确指出的是，平衡计分卡作为企业的一种战略管理模式，是对欧美先进企业管理经验的高度概括和总结，是 20 世纪末、21 世纪初现代企业战略管理模式上的一种创新和进步。但并不等于说它可以包治百病，可以解决现代企业管理中遇到的一切问题。因此，实施平衡计分卡时应当注意处理好以下几个问题：

第一，必须量身定做。平衡记分卡不是一张简单的卡片，而是一个“包罗万象”的母版，任何组织要应用它，都必须针对企业自身的情况量体裁衣，平衡计分卡只能借鉴，不可能照搬。

第二，坚持全员参与。平衡计分卡关系到企业的方方面面，涉及企业的各个子系统和分支系统，要设计出科学可行的平衡计分卡，并得到很好的实施，离不开企业全员参与，因为平衡计分卡的应用不但涉及企业未来发展和整体利益，而且也涉及每一个岗位、每一个部门，乃至每一个员工的工作和切身利益。

第三，做到反复沟通。平衡计分卡不是一个单薄的平面，而是一个分层次的立体网络，不管是设计还是运用实施平衡计分卡，均需要组织上下的反复沟通与磨合，只有这样才能减少组织中的摩擦和内耗，实现最佳的协调与平衡。

第四，及时进行调整。平衡计分卡形成后并非一成不变，在实施的过程中，可能会出现一些不合理、不完善的地方，需要及时进行修正和调整。

（三）KPI 体系

KPI 是对公司及组织运作过程中关键成功因素的提炼和归纳，是把企业战略目标分解为可运作的操作目标的工具。

1. KPI 的类型

通常来说，可量化的 KPI 主要有 4 种类型：数量、质量、成本、时限。

在建立 KPI 时，可以试图回答这样一些问题（如果这些问题得到回答，那么 KPI 也就得出来了）：

（1）通常在评估工作产出时关心什么（数量、质量、成本、时限）？

（2）怎么来衡量这些工作产出的数量、质量、成本和时限？

（3）是否存在可以追踪的数量或百分比？如果存在这样的数量指标，就把它们列出来。

2. 确立 KPI 应把握的要点

（1）把个人和部门的目标与公司的整体战略目标联系起来，以全局的观念来思考问题。

（2）KPI 一般应当比较稳定，即如果业务流程基本未变，则 KPI 的项目也不应有较大的变动。

（3）KPI 应该可控制，可以达到。

（4）KPI 应当简单明了，容易被执行，被评估双方所接受和理解。

（5）对 KPI 要进行规范定义，可以对每一 KPI 建立“KPI 定义指标表”或绩效指标辞典。

（6）确定 KPI 以科学性、针对性为前提。

鉴于不同职位、不同部门的工作要求有所不同，对各部门负责人的 KPI 考核有不同的侧重点，需区别对待。

3. 建立 KPI 的前提

（1）建立以绩效为导向的企业文化

建立以绩效为导向的企业文化，有利于形成追求优异绩效的核心价值观，约束员工的绩效行为，营造绩效导向的组织氛围；同时，通过企业文化可以化解绩效考核过程中的矛盾与冲突。正如 GE 的韦尔奇所说的：“我们的活力曲线之所以能有效发挥作用，是因为我们花了十年的时间在我们企业里建立起一种绩效文化。”

（2）明确各级管理人员的绩效考核责任

各级管理人员是绩效考核实施的主体，必须明确其在绩效考核中的相应责任，具体负责、参与 KPI 的分解与制定，而人力资源部门则负责提供专业咨询与服务。

（3）实现绩效沟通制度化

KPI 既是自上而下分解制定的指标体系，也是自下而上承诺的责任体系。在 KPI 的分解与制定过程中，制度化的沟通是重要一环，只有如此才能保证绩效考核双方对指标的认同度，避免考核中出现不必要的纠纷。

4. 建立 KPI 的方法

KPI 的建立方法有关键成功因素法、职责分析法、业务“价值树”法、平衡计分卡法等，各种方法在本章中都有相关的案例。目前流行的考核方法很多，但流行的考核方法不一定是最适合的方法，最适合的方法对企业来说才是最好的。企业需要结合实际选择进行 KPI 体系设计的方法，必要时需要多种方法相结合或对各个部门采用不同的方法。

（四）CRT 法

CRT 法是一种平衡即期目标与长期发展的业绩管理方法。

C 即 Critical Successful Factors（关键成功因素）的简称，R 即 Responsibilities（职责）的简称，T 即 Targets（战略目标）的简称。

CRT 法的指导思想是利用系统化的方法采集关键成功因素、部门关键职责。企业战略目标中所包含的与部门相关的业绩信息，经过合并、筛选，形成针对部门的业绩指标。

CRT 法实现了“两个结合”：

1. 部门目标、企业目标、资本目标的结合

部门的关键职责，更多地体现了部门存在的意义与价值；关键成功因素，更多地反映了

如何引导一个企业实现经营的成功；而战略目标，则从投资者、董事会的角度思考，如何让企业实现长久的成功。从这个意义上讲，CRT 法实现了部门目标、企业目标、资本目标三个层面的结合。

2. 即期、中期、远期的结合

关键职责反映了部门基本的、所必须达成的任务，立足现在；关键成功因素反映了部门为今后企业经营成功所必须承担的任务，立足今后；而战略目标则反映了为实现企业的长远战略，所必须承担的任务，立足未来。从这个意义上说，CRT 法实现了即期、中期、远期三个时点的结合。

CRT 法对于解决当前绩效指标设计中存在的问题具有积极的作用。

首先，它是一种系统化的方法，兼顾了企业战略、成功要素、关键职责三大维度，解决了指标来源单一、不全面的问题，避免了指标设计中的“拍脑袋”。

其次，它是一种程序化的方法，按照 CRT 工作流程，可以同步产生业务部门与职能（支持）部门的业绩指标，有效解决了“职能部门指标设计难”的问题。

最后，它是一种工具化的方法，有一整套的表单、控制程序、支持方法的实现，使得业绩指标的设计成为一种常规性的工作，降低了对于设计者的要求，提高了指标体系的质量。

CRT 法的工作流程如图 1—11 所示。

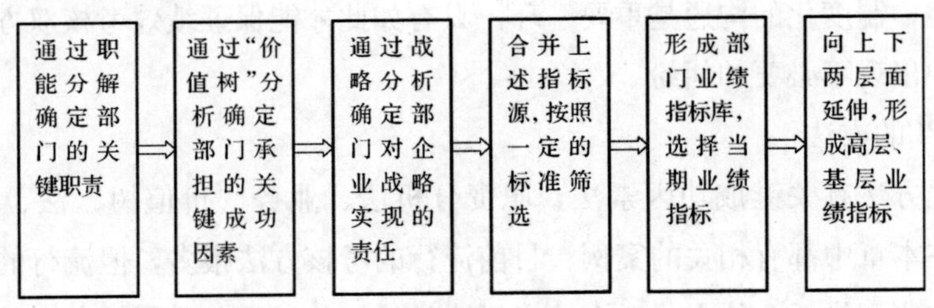


图 1—11　CRT 法的工作流程

# 第 2 章

# 各类考核表

# 第一节 工作能力、工作态度及周边绩效考核表

工作能力、工作态度及周边绩效考核表见表 2—1 至表 2—7。

表 2—1　　经理人员工作能力考核表

| 考核项目 | 行为表现 | 标准分 | 考评得分 | | | 平均得分 |
|---|---|---|---|---|---|---|
| | | | 自我评分 | 员工评分 | 业主评分 | |
| 专业知识与经验 | 具有丰富的本岗位专业理论知识和业务（含计算机操作和公文写作）知识 | 6 | | | | |
| | 具有一定的其他岗位专业知识和工作技能 | 4 | | | | |
| | 能够制定科学合理的岗位工作程序、管理制度，并能帮助下属员工理解、执行 | 5 | | | | |
| | 精通本职工作，能够指导操作层（员工）操作 | 3 | | | | |
| 专业技术水平 | 能够处理本岗位所遇到的各类技术难题 | 6 | | | | |
| | 能够设计出具有指导意义的本岗位工作方法 | 4 | | | | |
| | 能够指导下属员工顺利达成工作目标 | 4 | | | | |
| | 具有传授技术、培养下属员工成长的能力 | 3 | | | | |
| 沟通协调能力 | 与业主（上下级、横向部门之间）关系融洽 | 5 | | | | |
| | 妥善处理工作纠纷，获得员工尊敬和信任 | 4 | | | | |
| | 经常与员工谈心，及时向公司反馈员工意见 | 3 | | | | |
| 风险成本控制能力 | 节约使用各类资源 | 5 | | | | |
| | 积极关注外部环境变化，制定科学有效的风险控制措施 | 6 | | | | |
| | 工作上经常超前思考，及时预见工作风险 | 5 | | | | |
| 组织领导能力 | 遇突发事件临危不惧、科学指挥 | 6 | | | | |
| | 各项决策深受员工拥护，号召力强 | 5 | | | | |
| | 所在单位（部门）团队意识浓厚 | 5 | | | | |
| 创新能力 | 经常提出改进工作的意见 | 6 | | | | |
| | 积极参与 QC、科技（管理）革新活动 | 4 | | | | |
| | 积极吸取、应用新技术和新的管理模式 | 4 | | | | |
| 自我启发能力 | 密切关注公司外部经营环境的变化 | 4 | | | | |
| | 关注国际变革，经常站在国际视野上自我革新 | 3 | | | | |
| 合计得分： | | | | | | |

表 2—2　　经理人员工作态度考核表

| 考核项目 | 行为表现 | 标准分 | 考评得分 | | | 平均得分 |
|---|---|---|---|---|---|---|
| | | | 自我评分 | 员工评分 | 业主评分 | |
| 责任心 | 敬业爱岗、忠于职守，工作中全身心投入 | 5 | | | | |
| | 经常为完成临时工作而加班加点 | 3 | | | | |
| | 经常对公司生产经营提出合理化建议 | 3 | | | | |
| | 能够准确掌握下属员工的优、缺点 | 3 | | | | |
| | 热心传授技术、培养下属员工 | 3 | | | | |
| | 发现有损公司利益的事件，能够及时向上级汇报或阻止 | 3 | | | | |
| 主动性 | 执行工作时有高度使命感，能够主动超前思考 | 4 | | | | |
| | 能够清楚划分工作中的“轻、重、缓、急” | 3 | | | | |
| | 能够主动协助其他项目（总部各部门）开展工作 | 4 | | | | |
| | 能够主动承担其他员工不愿担负的工作 | 3 | | | | |
| | 对下属的过失敢于承担责任 | 3 | | | | |
| | 主动征求工作意见，并积极做出回应 | 3 | | | | |
| 团队意识 | 顾全大局，时刻以公司利益为重，维护企业形象 | 5 | | | | |
| | 勇于听取不同意见，工作方式科学民主 | 4 | | | | |
| | 班子团结，上下级之间关系融洽 | 3 | | | | |
| | 关注企业文化建设，积极参与公司举办的团体活动 | 3 | | | | |
| | 严格执行公司员工调配指令，按时报送上级所需资料 | 4 | | | | |
| | 不以个人（部门、项目）身份对内、外散布（印发）不利公司的言论或传单 | 5 | | | | |
| | 乐于协助同事解决工作中的难题 | 3 | | | | |
| 劳动纪律 | 严格执行公司各项劳动纪律、规章制度 | 5 | | | | |
| | 按时上下班，工作时间不干私事，严格按照工作程序、规范进行操作 | 3 | | | | |
| | 会议、学习期间不无故缺席 | 3 | | | | |
| 职业道德 | 保守公司内部和本职工作机密 | 4 | | | | |
| | 时刻从工作角度出发对待问题和处理问题 | 4 | | | | |
| | 对待业主（甲方）、外部人员热情有礼 | 4 | | | | |
| | 工作不提无理条件，工作中无怨言 | 3 | | | | |
| 廉洁自律 | 合理使用公司所提供的交通工具、资源 | 3 | | | | |
| | 工程劳务分包（工作）程序公开、民主 | 2 | | | | |
| | 不利用职务之便为亲属在公司牟取私利 | 2 | | | | |
| 合计得分： | | | | | | |

表 2—3　　员工能力绩效指标评估表

| 被评估人： | | | | 评估人： | | |
|---|---|---|---|---|---|---|
| 能力绩效指标评估内容 | | | | | | |
| 序号 | 指标因素 | 优秀 | 称职 | 基本称职 | 不称职 | 评价得分 |
| | | 100～120 | 80～99 | 60～79 | 60 以下 | |
| 1 | 知识技能 | 具有丰富的专业知识、技能，业务熟练，经验丰富 | 具备较强的本岗位要求的知识、技能，业务熟练，经验较多 | 基本具备本岗位要求的知识、技能，熟悉业务，有一定的经验 | 距离本岗位要求的知识、技能有相当的欠缺 | |
| 2 | 理解判断能力 | 善于发现问题，具有较强的预见性，并能判断原因，提出对策并很好地处理 | 发现问题，能进行多方面分析，判断原因，提出对策并正确处理 | 能很好地理解、判断领导的意图，正确处理问题 | 对问题的认识经常存在错误，不能很好地完成工作 | |
| 3 | 协调能力 | 善于沟通、平衡协调，利用多种资源，出色完成任务 | 能调动相关人员的积极性，很好地完成工作任务 | 能和他人合作，维护良好的同事关系，贯彻执行工作要求，完成工作任务 | 与人合作存在问题，不能按工作要求执行 | |
| 4 | 执行能力 | 时间和资源的利用达到最佳，工作效率高，完成任务速度快、质量高、效益好 | 工作效率尚可，能分清主次，能按时完成工作，基本保证质量 | 工作效率较低，需要别人帮助才能完成任务 | 工作不分主次、效率低，经常完不成任务 | |
| 5 | 应变能力 | 沟通能力和顾客应付能力极强，能满足顾客的需求 | 有极好的交际和口头沟通能力，善于引导顾客的需求 | 能随机应变，有一定的口头沟通能力，能应付顾客的需求 | 待人处世刻板，适应性差 | |
| 最终得分 | | | | | | |
| 综合评价：<br><br>评估人签名：　　　　　日期：　年　月　日 | | | | | | |

表 2—4　　员工态度绩效指标评估表

| 被评估人： | | | | 评估人： | | |
|---|---|---|---|---|---|---|
| 态度绩效指标评估内容 | | | | | | |
| 序号 | 指标因素 | 优秀 | 称职 | 基本称职 | 不称职 | 评价得分 |
| | | 100～120 | 80～99 | 60～79 | 60 以下 | |
| 1 | 积极性 | 长期坚持学习业务知识；对于额外任务能主动请求并且能高质量完成；工作中善于发现问题，并经常提出新思路和建议 | 主动学习业务知识，主动承担一般的额外任务，工作中能提出新的思路和建议 | 偶尔主动学习业务知识，有时主动完成一般额外任务，有时能提出个别的新思路和建议 | 基本上不主动学习业务知识，很少主动请求承担额外任务，不能提出新思路和建议 | |
| 2 | 协作性 | 能主动协助同事出色地完成工作 | 能与同事保持良好的合作关系，协助完成工作 | 根据同事的请求能提供一般协助 | 不能积极响应同事的请求或者协作任务的完成质量较差 | |
| 3 | 责任心 | 工作有很强的责任心 | 工作有较强的责任心 | 工作有一定的责任心 | 工作责任心不强 | |
| 4 | 纪律性 | 能长期严格遵守工作规定与标准，有非常强的自觉性和纪律性 | 能遵守工作的规定和标准，有较强的自觉性和纪律性 | 基本能遵守工作规定和标准，基本能遵守纪律，但有时出现自我要求不严的情况 | 不能遵守工作规定和标准，经常发生违规情况，自觉性和纪律性差 | |
| 最终得分 | | | | | | |
| 综合评价：<br><br>评估人签名：　　　　日期：　　年　　月　　日 | | | | | | |

表 2—5　　某公司员工工作态度考核表

年度：　　年　　部门：　　岗位：　　姓名：

| 考核要素 | 重要程度 | 权重 | 考核标准与考核等级 | | | | 自我评价 | 上级评价 | 审核 |
|---|---|---|---|---|---|---|---|---|---|
| | | | A | B | C | D | | | |
| 团队精神 | A | 35 | 在多部门协作或与他人协作的工作中抱积极、主动的态度，并且以大局为重，必要时主动放弃一些部门利益或个人利益（35分） | 在多部门协作或与他人协作的工作中抱积极、主动的态度，并且经协调能放弃一些部门利益或个人利益（28分） | 在多部门协作或与他人协作的工作中抱合作的态度，不以工作忙为由推诿、逃避（22分） | 在多部门协作或与他人协作的工作中只考虑部门或个人利益，缺乏全局观念，态度消极，以各种理由推诿、逃避（16分） | | | |
| 敬业精神 | B | 25 | 1. 工作的关键时刻能以工作为重，主动牺牲个人利益<br>2. 工作上遭受挫折时，仍能一如既往地努力工作（25分） | 1. 工作的关键时刻缺乏主动的牺牲精神，但领导将工作安排下来时也能顾全大局，牺牲个人利益<br>2. 工作上遭受挫折后工作热情下降，但仍能保持一定的主动性（20分） | 1. 工作的关键时刻缺乏主动的牺牲精神，虽服从领导的安排，但对个人利益的牺牲不太情愿<br>2. 工作上遭受挫折后工作热情下降，缺乏主动性，但分内的工作能照常完成（15分） | 1. 工作的关键时刻需要牺牲一定个人利益时，寻找各种借口逃避工作<br>2. 工作上遭受挫折后工作热情下降，工作态度消极，工作敷衍了事（10分） | | | |
| 责任心 | B | 25 | 1. 工作中积极思考，经常主动与领导沟通，工作中出现问题时主动、及时向领导汇报<br>2. 当工作出现失误时，首先从自身找原因，不以客观原因推卸责任（25分） | 1. 工作中有时主动与领导沟通，工作中出现问题时主动向领导汇报<br>2. 当工作出现失误时，强调客观原因，但能主动承认自身原因，承担责任（20分） | 1. 不主动与领导沟通，但工作中出现问题时，能向领导汇报<br>2. 当工作出现失误时，强调客观原因，不主动承认自身原因，但最后能认识自身的问题（15分） | 1. 不主动与领导沟通，工作中出现问题时，也不主动向领导汇报<br>2. 当工作出现失误时，极力以客观原因推卸责任（10分） | | | |
| 组织纪律 | C | 15 | 遵守规章制度的自觉性强，无须上级强调和监督，服从上级管理（15分） | 严格遵守规章制度，从无违章违纪行为，服从上级管理（12分） | 基本能遵守规章制度，服从上级管理（8分） | 组织纪律性差，有严重的违章违纪行为（5分） | | | |
| 合计 | — | | — | | | | | | |

表 2—6

## 部门周边绩效考核表

考核部门：　　　　被考核部门：　　　　考核时间：

| 考核项目 | 考核指标 | 评价标准 | 权重 | 评分（√） | | | | | 评价说明（列举事实或实例） | 备注 |
|---|---|---|---|---|---|---|---|---|---|---|
| | | | | 5 | 4 | 3 | 2 | 1 | | |
| 内部客户意识与服务（80%） | 服务的主动性 | 见部门周边绩效考核表填写说明（表 2—7） | 10% | | | | | | | |
| | 响应时间 | | 10% | | | | | | | |
| | 解决问题的时间 | | 15% | | | | | | | |
| | 信息反馈及时性 | | 15% | | | | | | | |
| | 服务结果与质量 | | 30% | | | | | | | |
| 部门内部管理（20%） | 工作流程与方法规范性 | 见部门周边绩效考核表填写说明（表 2—7） | 10% | | | | | | | |
| | 部门专业技能水平 | | 5% | | | | | | | |
| | 工作改进与提升程度 | | 5% | | | | | | | |
| 合计 | | | 100% | | | | | | | |

| 周边绩效反馈与综合评估 | |
|---|---|
| 本考核期内该部门表现较好的方面（举实例说明） | |
| 本考核期内该部门还应重点加强的方面（举实例说明） | |

考核人/日期：　　　　人事行政部存查/日期：

**表 2—7　　部门周边绩效考核表填写说明**

1. 考核指标评分标准说明见下表：

| 考核指标 | 权重 | 超出期望（4～5 分） | 达到期望（3 分） | 接近期望（2 分） | 远低于期望（1 分） |
|---|---|---|---|---|---|
| 服务的主动性 | 10% | 经常主动与其他部门沟通是否有工作协作需要 | 有时主动与其他部门沟通是否有工作协作需要 | 几乎不去与其他部门沟通是否有工作协作需要 | 从来不与其他部门沟通是否有工作协作需要 |
| 响应时间 | 10% | 其他部门或人员提出合理工作协助要求时，每次都能迅速响应 | 其他部门或人员提出合理工作协助要求时，多数能及时响应 | 其他部门或人员提出合理工作协助要求时，少数及时响应 | 其他部门或人员提出合理工作协助要求时，从不及时响应 |
| 解决问题的时间 | 15% | 对其他部门提出的合理工作协助能迅速落实，解决问题时间远低于预期 | 对其他部门提出的合理工作协助能尽快落实，解决问题在预期时间内 | 对其他部门提出的合理工作协助能尽快落实，解决问题超出预期时间 | 对于其他部门提出需协助解决的问题根本不处理 |
| 信息反馈及时性 | 15% | 协助工作进行过程中及完成后，每次都及时将情况反馈到要求协助的部门或人员 | 协助工作进行过程中及完成后，多数能及时将情况反馈到要求协助的部门或人员 | 协助工作进行过程中及完成后，偶尔能及时将情况反馈到要求协助的部门或人员 | 协助工作进行过程中及完成后，从来没有及时将情况反馈到要求协助的部门或人员 |
| 服务结果与质量 | 30% | 其他部门对协助工作结果和服务质量非常满意 | 其他部门对协助工作结果和服务质量比较满意 | 其他部门对协助工作结果和服务质量不太满意 | 其他部门对协助工作结果和服务质量很不满意 |
| 工作流程与方法规范性 | 10% | 部门内部各项工作流程非常完整、清晰和顺畅，工作方法科学规范 | 部门内部各项工作流程比较完整、清晰和顺畅，工作方法比较科学规范 | 部门内部缺乏部分清晰的工作流程，工作方法不够科学规范 | 部门内部工作流程严重缺乏或效率不高，工作方法不规范 |
| 部门专业技能水平 | 5% | 部门专业技能水平能满足提出的各项须协助的服务和支持 | 部门专业技能水平能满足提出的多数须协助的服务和支持 | 部门专业技能水平只能满足提出的少数须协助的服务和支持 | 部门专业技能水平较低，不足以为其他部门提供服务和支持 |
| 工作改进与提升程度 | 5% | 部门整体工作表现与上个考核期相比有明显的进步和提升 | 部门整体工作表现与上个考核期相比有一定的进步和提升 | 部门整体工作表现与上个考核期相比有较小的进步和提升 | 部门整体工作表现与上个考核期相比没有任何进步和提升 |

2. 部门周边绩效考核采用 5 分制评分系统，4～5 分代表超出期望，3 分代表达到期望，2 分代表接近期望，1 分代表远低于期望。

3. 考核部门在对各项考核指标评分时，应在评价说明项描述评分理由，并尽量以实例说明。

4. 部门周边绩效考核周期为每季度考核一次，由办公会进行周边绩效考核结果的反馈。

**案例点评**

**一、案例分析**

本节共 7 个考核表，首先是同一公司的经理人员工作能力和工作态度考核表（表 2—1、表 2—2），然后是一个员工工作能力考核表（表 2—3）和两个不同特点的工作态度考核表（表 2—4、表 2—5），最后一个是周边绩效考核表（表 2—6、表 2—7）。

**二、本节考核表特点分析**

（一）能力、态度和周边绩效考核表具有通用性

通用性是本节考核表最大的特点，这是由能力指标、态度指标和周边绩效指标本身具有一定的通用性所决定的。如态度考核表，同一企业不同岗位的态度考核表可能相同，即使是不同企业的态度考核表也可能相同。

（二）考核标准以行为化为主

由于能力指标、态度指标和周边绩效指标具体表现为员工的工作行为，故进行考核指标标准设计时要突出工作的行为化特征，考核标准尽量行为化。

**三、案例中存在问题分析**

（一）语言描述不够准确

能力考核指标、态度考核指标和周边绩效考核指标本身主观性大，应尽量用行为方式来定义和描述，需要通过对不同层次的定义和相应层次具体行为的描述，确定完成特定工作所要求的能力和工作态度。能力考核指标、态度考核指标和周边绩效考核指标多为主观定性评价，必须保证指标内涵清楚、用词准确，减少主观原因（非绩效因素）对考核结果的干扰和影响。表 2—1、表 2—2 语言的描述过于笼统，没有将考核指标进行具体的行为化，也没有分层次进行描述。如对表 2—2“主动性”中的“执行工作时有高度使命感，能够主动超前思考”没有进行进一步描述，无法达到考核目的。将此类指标行为化和分级描述是进行考核的前提，表 2—3、表 2—4 和表 2—5 在这一点是比较好的模板。

（二）考核主体不合理

考核主体是根据考核的内容确定的，不同的考核内容决定不同的考核者。工作能力和工作态度更适合进行全方位考核，即进行 360 度考核。进行 360 度考核并不意味着所有角度的人员都参加评分，可以选择必要的进行评分。同时由于考核主体所站的角度不同，评分所占的权重应有所区别，上级考核应占主导地位。表 2—1 和表 2—2 中自我评分、员工评分和业主评分三者的地位是等同的，这显然是不合理的，自评分只能作为参考或是占有较少的比重，而业主评分应该作为重点。

（三）考核表设计不完整

考核表的设计应既能满足考核需求，又能做到尽量简化。表 2—1 和表 2—2 的设计很不完整，缺少考核日期、被考核者所在部门和岗位等。缺少这些信息会给考核信息的汇总、考核资料的存档和查询等带来一定的困难，不利于公司规范化建设。表 2—3、表 2—4 的设计是比较完整的，如考核表中的被评估人、评估人签字是其他几个考核表所不具有的。为了使考核表更加人性化，可以加上一栏备注项，把打分无法表达或是需要特殊说明的在备注中注明。

# 第二节　业绩考核表、综合考核表

业绩考核表、综合考核表见表 2—8 至表 2—18。

表 2—8　　财务部考核评分表

| 考核内容 | 着眼点 | 标准分 | 完成质量 | | |
|---|---|---|---|---|---|
| | | | 95%～100% | 90%～95% | 90%以下 |
| | | | 好 | 较好 | 一般 |
| 划分固定资产界限，及时做好固定资产的账务处理；公司财产和商品的保险和索赔 | 及时性<br>账物相符<br>准确性 | 10 | 8～10 | 5～7 | 4 |
| 审核会计凭证，编制科目汇总表及各项资金、费用支出审核；商品进出流转单据的账务处理 | 及时性<br>准确性 | 5 | 4～5 | 2～3 | 1 |
| 门店收银主管的使用、培训和指导，门店工效挂钩的核算 | 及时性<br>准确性 | 10 | 8～10 | 5～7 | 4 |
| 正确填写、申报税务等各种财务报表和统计报表，编制财务报表分析报告；及时统计门店销售日报表 | 及时性<br>准确性 | 15 | 11～15 | 6～10 | 5 |
| 核算物料物品、低值易耗品的消耗 | 准确性 | 5 | 4～5 | 2～3 | 1 |
| 审核生鲜部各类进货发票与订单，收集发货单，按单据号抽单并汇总入账 | 及时性 | 5 | 4～5 | 2～3 | 1 |
| 审核门店销售日报表、现金、收银条、解款单并及时入账 | 及时性<br>准确性 | 10 | 8～10 | 5～7 | 4 |
| 供应商资料的更改和输入，编制供应商到期应付款明细表及凭证、商品账扣、年终扣等账务处理，每周进行供应商对账；对账物不符的单据汇总登记后及时通知采购 | 准确性<br>及时反馈<br>服务态度 | 15 | 11～15 | 6～10 | 5 |
| 处理门店和总部有关应付款往来账及坏品仓、总仓退货单据与退货清单核对 | 及时性<br>准确性 | 5 | 4～5 | 2～3 | 1 |
| 进行财务商品账与门店商品账的核对及总仓和门店商品盘点 | 及时性<br>准确性 | 5 | 4～5 | 2～3 | 1 |
| 根据增值税发票与订单入账，打印凭证，抽出抵扣联核对 | 准确性 | 5 | 4～5 | 2～3 | 1 |
| 审核原始单据，并根据审批无误的单据给予报销或签发支票；将收入支票及时解交银行 | 及时性<br>准确性 | 5 | 4～5 | 2～3 | 1 |
| 严格遵守劳动纪律，提高出勤率 | 出勤率<br>劳动纪律 | 5 | 4～5 | 2～3 | 1 |

表 2—9 某公司工程部绩效考核表

| 1 | 2 | 3 | 4 | 5 | 6 | 7 | 8 | 9＝8÷6 | 10＝5×9 |
|---|---|---|---|---|---|---|---|---|---|
| 一级绩效指标 | 重要程度 | 权重与配分 | 二级绩效指标 | 配分 | 绩效标准 | 计分尺度 | 实际完成数 | 实际完成程度 | 考核计分 |
| 工程施工财务指标 | A | 50 | 1. 创造产值 | 25 | 6 000万元 | 按完成百分比计分 | 1亿元 | 167% | 41.75 |
| | | | 2. 实现利润 | 25 | 1 200万元 | 按完成百分比计分 | 2 000万元 | 167% | 41.75 |
| 客户指标 | B | 20 | 1. 项目验收 | 5 | 一次通过 | 一次未通过，为 0%，一次通过为 100% | 一次通过 | 100% | 5 |
| | | | 2. 苗木成活率 | 5 | 98% | 未达标为 0%，达标为 100% | 达标 | 100% | 5 |
| | | | 3. 保存率 | 5 | 98% | 未达标为 0%，达标为 100% | 达标 | 100% | 5 |
| | | | 4. 分项工程合格率 | 5 | 98% | 未达标为 0%，达标为 100% | 达标 | 100% | 5 |
| 内部经营过程 | C | 18 | 1. 成本控制 | 2 | 降低 5%以上 | 按完成百分比计分 | 降低 3% | 60% | 1.2 |
| | | | 2. 质量 | 2 | 符合 ISO 9001（2000版）质量认证标准 | 未达标为 0%，达标为 100% | 达标 | 100% | 2 |
| | | | 3. 工程资料 | 2 | 完整、准确、规范，归档率 100% | 未达标为 0%，达标为 100% | 80% | 80% | 1.6 |
| | | | 4. 工作记录 | 2 | 记录率 100% | 按记录百分比计分 | 80% | 80% | 1.6 |
| | | | 5. 报表 | 2 | 及时准确，差错率 1%以下 | 超过 1%不计分 | 超过 1% | 0% | 0 |
| | | | 6. 制度落实 | 2 | 落实率 100% | 按落实率计分 | 90% | 90% | 1.8 |
| | | | 7. 工伤发生率 | 2 | 3‰以下 | 超标为 0%，不超标为 100% | 不超标 | 100% | 2 |
| | | | 8. 责任亡人事故 | 2 | 0 | 发生为 0%，不发生为 100% | 未发生 | 100% | 2 |
| | | | 9. 目标管理与考核 | 2 | 所有岗位签订责任书，明确绩效标准 | 按落实百分比计分 | 100% | 100% | 2 |
| 员工学习与成长 | D | 12 | 员工培训 | 6 | 内外平均脱产培训 7 天以上 | 按实现程度计分 | 平均 5 天 | 71% | 4.3 |
| | | | 企业文化建设 | 6 | 团结、坦诚、务实、高效、廉洁 | 按实现程度计分 | 良好，有待改进 | 90% | 5.4 |
| 合计 | | 100 | — | 100 | — | — | — | — | 127.4 |

自评人签字：________ 岗位直接上级签字：________ 公司考核领导小组审核人签字：________ 日期： 年 月 日

表 2—10

## 某公司机关部室绩效考核量表

年度：　　　半年/年度　　　被考核部门：

| 内容 | 考核指标 | 配分 | 考核标准 | | | | 自评分 | 相关人员评分 | 主管领导评分 | 考核委员评分 | 总考核分 | 委员会审核分 |
|---|---|---|---|---|---|---|---|---|---|---|---|---|
| | | | A | B | C | D | | | | | | |
| 部室工作计划 | 工作计划完成程度 | 70 | 对考核期内计划的各项工作任务和其他非确定性工作，在质量、数量、时限等方面，全部超出预定计划 (56～70) | 对考核期内计划的各项工作任务和其他非确定性工作，在质量、数量、时限等方面，全部实现了预定计划 (37～55) | 对考核期内计划的各项工作任务和其他非确定性工作，在质量、数量、时限等方面，基本实现预定计划 (19～36) | 对考核期内计划的各项工作任务和其他非确定性工作，在质量、数量、时限等方面，没有实现预定计划 (1～18) | | | | | | |
| 部室内部管理 | 内部管理制度健全 | 8 | 部室内部管理制度健全，并具有很高的实用性和针对性 (7～8) | 部室内部管理制度健全，并具有较高的实用性和针对性 (5～6) | 部室内部管理制度基本健全，具有一定的实用性和针对性 (3～4) | 部室内部管理制度不健全，实用性和针对性较差，漏洞较多 (1～2) | | | | | | |
| | 管理制度执行效果 | 8 | 能有效激励和约束任职人员行为，明显提高工作效率，实施效果显著 (7～8) | 能较有效地激励和约束任职人员行为，提高工作效率，实施效果较好 (5～6) | 对任职人员激励与约束一般，任职人员行为没有大的改善 (3～4) | 缺乏激励与约束机制，任职人员行为没有改善，急需加强此项工作 (1～2) | | | | | | |
| | 管理创新 | 8 | 采取新的方法改进本部室管理并落实到书面，明显推进本部室和公司的管理工作 (7～8) | 采取新的方法改进本部室管理并落实到书面，推进本部室管理工作，效果明显 (5～6) | 力求采取新的方法改进本部室管理，但效果不明显 (3～4) | 对部室管理没有新措施，因循守旧，顺其自然 (1～2) | | | | | | |
| | 客户满意度 | 6 | 总是主动承担本部室义务，经常主动与相关部室协调关系，从不需催办；对内、外部客户服务质量好，满意度高 (4.6～6) | 主动承担本部室义务，主动协调与相关部室关系，很少需催办；对内、外部客户服务质量较好，满意度较高 (3.1～4.5) | 较少主动承担义务，经常等待催办；对内、外部客户服务质量一般，但还说得过去 (1.6～3) | 从来不主动承担义务，从不主动协调其他部室，总是等待催办；对内、外部客户服务质量较差，口碑不好 (0～1.5) | | | | | | |
| 合计 | | 100 | — | — | — | — | | | | | | |

考核者（签字）：　　　日期：　　年　　月　　日

说明：自评分、相关人员评分、主管领导评分、考核委员评分、总考核分按照 1∶2∶2∶5 的比例计算。

表 2—11　　高级职员考核表

［考核对象：主管/（副）部长/经理（含）以上管理人员］

姓名：________ 岗位名称：____________________ 总得分：________

| 项目及考核内容 | | 配分 | 自评 | 上级审核 |
|---|---|---|---|---|
| 领导能力（15%） | 善于领导下属提高工作效率，积极达成工作计划和目标 | 15 | | |
| | 灵活调配下属顺利达成工作计划和目标 | 13～14 | | |
| | 尚能领导下属勉强达成工作计划和目标 | 11～12 | | |
| | 不得下属信赖，工作意志消沉 | 7～10 | | |
| | 领导方式不佳，常使下属不服或反抗 | 7 以下 | | |
| 策划能力（15%） | 策划有系统，能力求精进 | 15 | | |
| | 有策划能力，工作能力求改善 | 13～14 | | |
| | 称职，工作上有表现 | 11～12 | | |
| | 只能做交办事项，不知策划改进 | 7～10 | | |
| | 缺乏策划能力，须依赖他人 | 7 以下 | | |
| 工作任务及效率（15%） | 能出色完成工作任务，工作效率高，具有卓越创意 | 15 | | |
| | 能胜任工作，效率较高 | 13～14 | | |
| | 工作不误期，表现符合标准 | 11～12 | | |
| | 勉强胜任工作，没有突出表现 | 7～10 | | |
| | 工作效率低，时有差错 | 7 以下 | | |
| 责任感（15%） | 有积极责任心，能彻底完成任务，可放心交代工作 | 15 | | |
| | 具有责任心，能完成任务，可交付工作 | 13～14 | | |
| | 尚有责任心，能如期完成任务 | 11～12 | | |
| | 责任心不强，需有人督导，也不能如期完成任务 | 7～10 | | |
| | 无责任心，时时需督导，也不能完成任务 | 7 以下 | | |
| 沟通协调（10%） | 善于上下沟通平衡协调，能主动与人合作 | 10 | | |
| | 乐意与人沟通协调，顺利完成任务 | 8～9 | | |
| | 尚能与人合作，完成工作要求 | 7 | | |
| | 协调不善，致使工作较难开展 | 5～6 | | |
| | 无法与人协调，致使工作无法开展 | 5 以下 | | |
| 授权指导（10%） | 善于分配权力，积极传授工作知识，引导下属完成任务 | 10 | | |
| | 灵活分配工作或权力，有效传授工作知识指导下属完成任务 | 8～9 | | |
| | 尚能顺利分配工作与权力，指导下属完成任务 | 7 | | |
| | 欠缺分配工作权力及指导下属的方法，任务进行偶有困难 | 5～6 | | |
| | 不善分配权力及指导下属，内部时有不服及怨言 | 5 以下 | | |
| 工作态度（10%） | 品德廉洁，言行诚信，立场坚定，足为楷模 | 10 | | |
| | 品行诚实，言行规矩，平易近人 | 8～9 | | |
| | 言行尚属正常，无越轨行为 | 7 | | |
| | 固执己见，不易与人相处 | 5～6 | | |
| | 私事多，经常利用上班时间处理私事，或擅离岗位 | 5 以下 | | |
| 成本意识（10%） | 成本意识强烈，能积极节省，避免浪费 | 10 | | |
| | 具备成本意识，并能节约 | 8～9 | | |
| | 尚有成本意识，尚能节约 | 7 | | |
| | 缺乏成本意识，稍有浪费 | 5～6 | | |
| | 无成本意识，经常浪费 | 5 以下 | | |

备注：关于“工作任务及效率”这个项目，必须另附上工作计划及工作总结供参考和审核。

| 考核人签名 | | （副）总经理确认 | | 考核日期 | |
|---|---|---|---|---|---|

表 2—12　　**投资部经理业绩考核表**

年　　半年/年度　　部门：　　姓名：

| 考核指标 | 分值 | 数据来源 | 基本目标值（$O$） | 实际完成值（$R$） | 完成值百分比（$R/O$） | 评价等级 | | | | 考核分 | 审核分 |
|---|---|---|---|---|---|---|---|---|---|---|---|
| | | | | | | A | B | C | D | | |
| 营业收入 | 30 | | | | | 营业收入超过目标值10%（30） | 营业收入超过目标值5%，低于10%　（24） | 营业收入达到目标值的95%～105%　（18） | 营业收入未达到目标值的95%　（12） | | |
| 部门重要工作 | 30 | | | | | 所有工作都按时按质量完成，其中一项以上A类工作超过标准　（30） | 所有工作都按时按质量完成，其中有一项工作超过标准　（24） | 所有工作都按时按质量完成　（18） | 有一项以上工作没有按时完成　（12） | | |
| 新项目数量 | 20 | | | | | 至少有一个新项目已经签约　（20） | 至少有两个新项目签订意向协议　（16） | 至少有三个新项目目标　（12） | 没有新项目（8） | | |
| 营业费用 | 20 | | | | | 营业费用与目标值之比低于90%　（20） | 营业费用与目标值之比在90%～96%之间　（16） | 营业费用与目标值之比在95%～105%之间　（12） | 营业费用与目标值之比超过105%　（8） | | |
| 合计 | 100 | | | | | | | | | | |

被考核者：　　考核者：　　审核者：　　日期：　　年　　月　　日

表 2—13　　某公司市场经理（主管）绩效考核表

| 姓名 | | 岗位 | 市场经理（主管） | 负责产品 | |
|---|---|---|---|---|---|
| 直接主管 | 公司副总经理 | 考核期 | 年　月　日至　年　月　日 | | |
| 隔级主管 | 公司总经理 | | | | |
| 考核原因 | □月度考核　□季度考核　□临时考核 | | | | |

| 项目 | 细分 | 考核要点 | 权重 | 备注/目的 | 考核者评分 | | 调整 |
|---|---|---|---|---|---|---|---|
| | | | | | 直接 | 隔级 | |
| 促销管理（30分） | 该产品促销销量计划完成率 | 实际完成促销量/计划促销销量×100%×20 | 20 | 完成促销任务 | | | |
| | 促销计划完成情况 | 未完成计划/目标促销商数×100%×10 | 10 | 平衡发展 | | | |
| | | | | | 扣分 | 得分 | |
| 终端表现（50分） | 产品上柜情况 | 检查发现一家/一次未按要求上柜，扣考核分1分，扣完为止 | 10 | 提高上柜率 | | | |
| | POP覆盖情况 | 检查发现一家/一次未按要求覆盖，扣考核分1分，扣完为止 | 10 | 追求吸引消费者眼球的效果 | | | |
| | 店内沟通情况 | 检查发现促销员一人/一次不会介绍产品、促销政策，扣考核分1分，扣完为止 | 10 | 提高客户的销售能力 | | | |
| | 市场占有率 | 该产品销量/当地最大竞争对手销量×10 | 10 | 提高竞争力 | | | |
| | 信息收集反馈准确性与及时性 | 检查每发现一次/一个报表不准确或不及时，扣考核分1分，扣完为止 | 10 | 收集了解市场信息和竞争对手情况 | | | |
| 计划管理（20分） | 计划达成率 | 该产品实际销量/计划销量×10 | 10 | 合理制订计划 | | | |
| | 促销费用控制完成率 | 实际促销费用/计划促销费用×10 | 10 | 争取市场资源/合理控制促销费用 | | | |
| 评分小计 | | | 100 | | | | |
| 奖励 | 记大功一次加5分，小功一次加3分，嘉奖一次加2分 | | | 加　分 | | | |
| 处罚 | 记大过一次减5分，小过一次减3分，处分一次减2分 | | | 减　分 | | | |
| 合计 | | | | | | | |

| 考核结果 | 转正（　）　晋级（　）　奖金（　）　奖励（　）　降级（　）　处罚（　） | | | | |
|---|---|---|---|---|---|
| 本人签字 | | 直接主管签字 | | 隔级主管签字 | |

表 2—14

## 某公司岗位月度考核表

部门：生产部　　岗位名称：干燥员　　姓名：______　　月度：______

| 考核要项 | 重要程度 | 权重及配分 | 工作标准 | 计分标准 | 考核减分项 | 岗位直接上级评分 | 人力资源部审核分 |
|---|---|---|---|---|---|---|---|
| 试剂浸液与烘干 | A | 30%<br>30分 | 1. 按工艺文件完成半成品的浸液及烘干<br>2. 及时对烘干后的半成品进行标志<br>3. 按工艺要求裁切试纸 | 1. 未完成扣10分<br>2. 不及时扣10分<br>3. 未达工艺要求扣10分 | | | |
| 检查干燥剂与密封情况 | B | 25%<br>25分 | 1. 半成品容器密封严密、不透气<br>2. 及时更换变色的干燥剂<br>3. 及时更换漏气的手套<br>4. 每周在干燥器边沿涂一次凡士林油 | 1. 出现透气扣10分<br>2. 不及时扣5分<br>3. 不及时扣5分<br>4. 不按时间要求扣5分 | | | |
| 配合原材料验收实验和试生产实验 | C | 15%<br>15分 | 1. 实验工作在2个工作日内完成<br>2. 及时对实验的半成品作标志，标志清楚<br>3. 按要求将半成品放到指定位置 | 1. 延误1天扣2分，最多10分<br>2. 不及时或不清晰扣3分<br>3. 未按要求扣2分 | | | |
| 对所使用设备及器具进行维护和保养 | C | 10%<br>10分 | 1. 所用设备及器具无人为损坏<br>2. 及时填写清洁记录<br>3. 设备到检定周期的及时报检 | 1. 有人为损坏扣4分<br>2. 不及时扣3分<br>3. 不及时扣3分 | | | |
| 清理生产现场 | B | 20%<br>20分 | 1. 药品及器具放到指定位置<br>2. 生产现场物品摆放整洁、有序 | 1. 未放指定位置扣10分<br>2. 未达要求扣10分 | | | |
| 合计 | | 100% | — | | | | |

自评人签字：　　岗位直接上级签字：　　审核人签字：　　日期：　年　月　日

表 2—15　　研发部资料员绩效考核计划表

| ××机械公司 | | | | | 文件编号 | | | | | |
|---|---|---|---|---|---|---|---|---|---|---|
| | | | | | 版本 | | | | | |
| 岗位名称 | | 资料员 | 所属部门 | 研发部 | 生效日期 | | | | | 起 |
| 考核项目 | | | | | 考核指标 | | | 配分 | 数据来源 | 考核周期 |
| 项目名称 | | | 计算方式 | 项目界定 | 最高指标 | 考核指标 | 最低指标 | | | |
| 1 | 工作任务 | 完成及时性 | 抽本部门内5位员工评分的平均得分为准 | 以研发部的打字、整理文件、画简单图纸等在规定的时间内完成为准 | 总是及时（21～30分） | 偶尔不及时（6～20分） | 经常不及时（0～5分） | 30 | 评分人 | 月 |
| | | 完成准确性 | 抽本部门内5位员工评分的平均得分为准 | 以任务下达人员发现错误为准 | 总是准确（21～30分） | 偶尔不准确（6～20分） | 经常不准确（0～5分） | 30 | 评分人 | 月 |
| 2 | 技术资料 | 保存完整性 | 每发现一次遗漏扣2分，最多扣5分 | 以工程师提交的资料签收单和公共技术书籍目录为准 | — | 完整 | — | 5 | 研发部部长 | 月 |
| | | 发放及时性 | 抽本部门内5位员工评分的平均得分为准 | 接到发放通知后，在要求的时间内发放到相关部门 | 总是及时（11～15分） | 偶尔不及时（6～10分） | 经常不及时（0～5分） | 15 | 评分人 | 月 |
| | | 发放准确性 | 每投诉一次扣5～10分，最多扣15分 | 按照制定的范围发放文件 | — | 准确 | — | 15 | 研发部部长 | 月 |
| | | 旧版回收及时性 | 抽查发现一次没及时回收，扣2分，最多扣5分 | 发放新文件时，同时回收旧版文件 | — | 及时 | — | 5 | 研发部部长 | 月 |
| 3 | 技术建议 | | 每提出一次建议被采纳，奖5分，最高奖20分 | 合理化的书面建议被责任人采纳 | — | 采纳 | — | | 责任人、研发部部长 | 月 |
| 确认/日期 | | | 审核/日期 | | 批准/日期 | | | | 页码 | |

表 2—16　　××公司员工季度绩效考核表

年　季度

| 员工姓名 | | 部门 | | 岗位 | | | |
|---|---|---|---|---|---|---|---|
| 项目 | 内容 | 分数 | | | | | 直接上级评分 | 隔级上级评分 |
| | | 5分 | 4分 | 3分 | 2分 | 1分 | | |
| 业绩（20%） | 目标达成度 | 超过目标 | 达到要求目标 | 尚可 | 欠佳 | 落后 | | |
| | 工作品质 | 上乘 | 良好 | 尚可 | 欠佳 | 很差 | | |
| | 工作方法 | 很得要领 | 得要领 | 尚可 | 欠佳 | 不得要领 | | |
| | 进度检查 | 追根究底 | 较好 | 尚可 | 欠佳 | 太差 | | |
| 能力（35%） | 管理统率能力 | 统率得力 | 稍强一些 | 尚可 | 欠佳 | 较差 | | |
| | 洞察交际能力 | 运作自如 | 较好 | 尚可 | 欠佳 | 较差 | | |
| | 指导协调能力 | 指导得力 | 较好 | 尚可 | 欠佳 | 很差 | | |
| | 企划创新能力 | 极强 | 稍强 | 尚可 | 欠佳 | 不愿用头脑 | | |
| | 应变表达能力 | 表现出色 | 较好 | 尚可 | 欠佳 | 反应慢 | | |
| | 培训激励能力 | 水平极佳 | 稍高一些 | 尚可 | 欠佳 | 很差 | | |
| | 判断决断能力 | 极强 | 正确 | 尚可 | 欠佳 | 很差 | | |
| 品性（20%） | 人际关系 | 很受欢迎 | 受欢迎 | 尚可 | 欠佳 | 很差 | | |
| | 协作性 | 配合较好 | 稍好 | 尚可 | 差 | 太差 | | |
| | 个人修养 | 很有修养 | 有修养 | 尚可 | 差 | 太差 | | |
| | 受职员尊重度 | 很受敬重 | 受敬重 | 尚可 | 欠佳 | 不受尊重 | | |
| 学识（25%） | 管理技能 | 很丰富 | 丰富 | 普通 | 不足 | 太差 | | |
| | 专业知识 | 很丰富 | 丰富 | 普通 | 不足 | 太差 | | |
| | 行业知识 | 很丰富 | 丰富 | 普通 | 不足 | 太差 | | |
| | 发展潜力 | 极富潜力 | 有潜力 | 普通 | 不足 | 不可造就 | | |
| | 一般知识 | 很丰富 | 丰富 | 普通 | 不足 | 太差 | | |
| 汇总得分 | 直接上级评分汇总：　（业绩）＋　（能力）＋　（品性）＋　（学识）＝　签字/日期： | | | | | | | |
| | 隔级上级评分汇总：　（业绩）＋　（能力）＋　（品性）＋　（学识）＝　签字/日期： | | | | | | | |

员工本季度绩效考核得分＝直接上级评分×70%＋隔级上级评分×30%
员工本季度绩效考核得分＝

人事部签字/日期：

说明：直接上级依据日常工作记录及被考核者的日常表现给予评分，隔级上级依据日常检查结果及被考核者的日常表现给予评分。

表 2—17　　**绩效考核表格（作业人员使用）**

| 姓名 | | 职称（职位） | | 部门 | | 考核日期 | |
|---|---|---|---|---|---|---|---|
| 评价内容 | | | 满分 | 1次 | 2次 | 调整 | 决定 |
| 岗位工作（35%） | 1. 能充分理解上级指示，有效地完成本职工作，不需要上级反复监督或指导 | | 7 | | | | |
| | 2. 工作方法合理，总能完成预期目标和计划进度，并能很快地适应新任务要求 | | 7 | | | | |
| | 3. 做事敏捷、效率高，工作过程中极少出现数量或质量上的错误 | | 7 | | | | |
| | 4. 正确认识岗位工作的重要性，能根据具体情况、条件分析原因，通过调查、研究、推理总结归纳出方法，完成工作任务 | | 7 | | | | |
| | 5. 除很好地完成本职工作外，还能协助或帮助其他同事完成工作，并能提出好的建议 | | 7 | | | | |
| 工作效果（50%） | 1. 工作成果达到期望目的或计划要求 | | 10 | | | | |
| | 2. 能有效地改进工作方法，并能提出适合组织发展的方案 | | 10 | | | | |
| | 3. 能全心全意地工作，且能提出适合组织发展的方案 | | 10 | | | | |
| | 4. 经常保持良好成绩，工作熟练程度和技能提高较快 | | 10 | | | | |
| | 5. 能根据组织长期发展目标及时整理工作成果，为以后的工作目标创造条件 | | 10 | | | | |
| 工作态度（15%） | 1. 能严格遵守规章制度和规定，很少无故迟到和早退 | | 3 | | | | |
| | 2. 工作中能主动协助上级和配合同事，对上级意见能虚心接受 | | 3 | | | | |
| | 3. 忠于职守，从不无故离开工作岗位，很少有时间或经费上的浪费 | | 3 | | | | |
| | 4. 对分配的工作很少讲条件，能及时反馈工作进展情况并详细、准确地汇报工作 | | 3 | | | | |
| | 5. 对待难度大的工作也积极接受，努力去做，主动进行改良改进，向困难挑战 | | 3 | | | | |
| 考核分数合计 | | | | | | | |
| 考核结果等级 | | | | | | | |
| 被考核人签名： | | | 考核人签名： | | | | |

表2—18　　某厂副主任绩效考核表

| 被考核者 | | 所属分厂 | 烧结厂 | 所属部门 | | 竖炉车间 |
|---|---|---|---|---|---|---|
| 职位名称 | 副主任 | 考核者 | | 考核期 | | |
| 考核指标 | 指标定义 | 权重 | 量化标准 | | 得分 | 得分依据 |
| | | | 打分标准 | 区间 | | |
| 产量指标完成率 $A$ | $A$＝实际产量/计划产量 | 20％ | $A\geqslant100\%$ | 91～100 | | |
| | | | $95\%\leqslant A<100\%$ | 81～90 | | |
| | | | $90\%\leqslant A<95\%$ | 71～80 | | |
| | | | $80\%\leqslant A<90\%$ | 51～70 | | |
| | | | $A<80\%$ | 0～50 | | |
| 质量指标完成率 $B$ | $B$＝实际完成的质量指标/计划质量指标 | 20％ | $B\geqslant100\%$ | 91～100 | | |
| | | | $95\%\leqslant B<100\%$ | 81～90 | | |
| | | | $90\%\leqslant B<95\%$ | 71～80 | | |
| | | | $80\%\leqslant B<90\%$ | 51～70 | | |
| | | | $B<80\%$ | 0～50 | | |
| 安全生产 | 主要来自车间安全员及上级的直接观察 | 20％ | 没有生产事故，安全工作开展十分顺利 | 91～100 | | |
| | | | 基本没有生产事故，安全工作开展较好 | 81～90 | | |
| | | | 偶有生产事故，事故性质较轻，影响不大 | 71～80 | | |
| | | | 时有生产事故，事故对分厂整个生产影响较大 | 51～70 | | |
| | | | 出现重大生产事故，事故对分厂整个生产造成严重影响 | 0～50 | | |
| 部门管理 | 通过上级直接观察和员工投诉考核负责人管理能力以及成本控制意识 | 20％ | 员工积极性高，成本节约意识很强 | 91～100 | | |
| | | | 员工工作积极，成本节约意识强 | 81～90 | | |
| | | | 员工积极性一般，有成本节约意识 | 71～80 | | |
| | | | 不协调，存在浪费现象 | 51～70 | | |
| | | | 混乱，效率低下，浪费现象严重 | 0～50 | | |
| 工作态度 | 反映被考核者工作积极性及责任心等内容的指标，属于软性指标 | 20％ | 工作非常积极，责任心非常强 | 91～100 | | |
| | | | 工作积极，责任心强 | 81～90 | | |
| | | | 工作较为积极，责任心较强 | 71～80 | | |
| | | | 工作不太积极，责任心一般 | 51～70 | | |
| | | | 工作消极，缺乏基本的责任心 | 0～50 | | |
| 考核得分 | | 复核加（扣分） | | 最后得分 | | |
| 考核者评语 | | | | 时间： | 签名： | |
| 上级审核 | | | | 时间： | 签名： | |
| 人事专员审核 | | | | 时间： | 签名： | |
| 审批 | | | | 时间： | 签名： | |

## 案例点评

### 一、案例分析

本节共 11 个考核表，包括部门考核表（表 2—8、表 2—9、表 2—10）、中高层考核表（表 2—11、表 2—12、表 2—13、表 2—18）及一般员工考核表（表 2—14、表 2—15、表 2—16、表 2—17）。

（一）个例分析

1. 表 2—8

本表不是传统意义上的考核表，而是考核评分表，是进行评分的依据。案例中“考核内容”只是对职责的描述，过于复杂，重点不突出，不利于考核实施。可以通过分析“考核内容”，提炼出考核指标，便于被考核者和考核者快速、准确地把握考核内容。

案例存在另一个不足，即考核标准设置不合理。案例中所有“考核内容”的“完成质量”都是用百分比来表述的，需要收集数据过多，加大了考核数据的收集难度，增加了考核成本。如案例中所示，财务部指标很多是从及时、准确两个维度来考核，更适合从数量上进行考核，而不是转化成百分比进行考核，具体可参考表 2—10 进行设计。

2. 表 2—9

为了让读者更好地明白相关考核的计算方式，本表给出一个考核期的考核成绩。考核的指标是基于平衡计分卡设计而来，考核表的整体设计比较合理，但考核指标太多，本部门竟然有 19 个考核指标，结果可能导致部门工作没有重点和考核成本增加。考核指标应符合一个重要的管理原则即“二八原则”，指员工 80%的工作任务是 20%的关键行为完成的，因此在指标制定中要用 20%的 KPI 来反映员工所从事的 80%以上的工作。

另一个不足是计分方式设计不合理，从表中得出“考核计分＝配分×实际完成程度”。如“成本控制”，绩效标准是“降低 5%以上”，实际完成数是“降低 3%”，结果就是完成 60%，得 1.2 分；难道实际完成数是“降低 1%”，结果就是完成 20%，得 0.4 分吗？这显然是不合理的。每个指标都有自己的特点，不应当采用相同的计分方式。

3. 表 2—10

本考核表与表 2—9 一样，也是部门考核表，两者的不同之处在于，表 2—9 中工程部的考核指标是公司级指标分解的结果，是工程部职责的具体体现，属于“专用”指标；表 2—10 中的指标是根据集团公司本部各个部门的工作特点（工作繁杂、不易量化）而设计的，属于通用指标。它提供了集团公司本部考核指标设计的一个思路：从部门工作计划完成情况和部门内部管理两个维度对部门的工作业绩进行评价。

4. 表 2—11

本考核表的优点是考核内容比较全面和考核表格设计比较完整，但同时存在两个严重不足。一是不同岗位考核内容完全相同，此考核表设计适用对象有主管、（副）部长、经理（含）以上管理人员，这显然是不合理的。中高层考核中能力考核和态度考核可以是通用指标，但不同岗位的考核内容应该还包括依据所承担的战略分解目标和岗位职责进行设计的指标。另一个是考核标准过于笼统，给考核者打分带来很大困难，考核的主观性增大，最终导致考核结果不准确、考核流于形式。

5. 表2—12

本考核表的特点是将考核所需要的数据体现在考核表中，使考核者和审核者能快速得到所需要的信息，也便于以后查阅。考核数据是考核和审核的依据，只有了解到具体考核指标完成情况才能进行有效的考核。考核应该给被考核者一个展现自己在考核期所取得成果的机会，最了解被考核者业绩的是他们自己，但在考核表中只有考核者和审核者，没有给被考核者自评的机会。自评成绩可以按比例计入考核成绩，也可以只作为考核和审核的依据。

6. 表2—13

本考核表无论在格式上，还是在考核的具体安排上都是比较合理的，比较特殊的是加入了隔级领导的考核，弥补了没有审核环节的缺陷，修正了考核结果。和前面的考核表最大的不同是将考核结果应用体现在考核表中，这本身没有什么好坏之分，要根据具体的考核制度而定，就此考核表而言，加入考核结果应用使考核表更具完整性。

在考核表中还增加了“奖励”项和“处罚”项，加分项的设置能起到更好的激励作用，是对员工超额工作业绩的肯定。扣分项的增加解决了一些不能列入考核表的内容管理。对于不能列入考核表的内容的另一种处理方式是制定相应的奖惩办法。值得注意的是在考核表中单独列“处罚”项，可能导致考核的重复扣分。即在前面考核指标已经扣分，由于后果比较严重受了处分在此又被扣分，为避免这种情况的发生，需要对扣分内容做具体说明。

7. 表2—14

考核表内容设计完整，结构合理，存在的不足是考核标准有待商榷。在表格中所有考核要项的考核维度只要出现问题或仅出现一次就扣除该考核维度的所有分数，另外语言描述不够准确。在表中出现，“不及时扣×分”“未达要求扣×分”等，究竟是出现一次不及时就扣×分，还是根据出现不及时的次数由考核者来决定，描述不够准确。

8. 表2—15

长期以来，如何确保考核数据的客观性是绩效考核的难点之一，而有些重要指标不得不考核，但是考核数据收集又非常困难或是收集成本太高，本案例从另一种角度给出了如何考核此类指标。如“工作任务”的“完成及时性”，很难在平时收集、记录完整的考核数据，只有与该工作相关的人员比较了解具体情况，但也未必全面。案例的处理方式是“抽本部门内5位员工评分的平均得分为准”。这种处理方式解决了数据收集方面的困难，值得借鉴、学习。

9. 表2—16、表2—17和表2—18

表2—16设计上的问题除了存在表2—11中出现过的多个岗位考核内容相同外，另一个比较突出的问题是考核标准等级描述过于笼统。案例中考核等级的划分还是相对比较精细的，但等级定义基本相同，并且没有明确的界限，容易导致考核结果失真、考核流于形式。

表2—17存在最大的问题，就是在表2—11中出现的都是定性指标，缺少定量指标。另一个不足是考核表设计不完整，如考核者没有具体给出、缺少审核项。

表2—18是一个生产管理岗位考核表，表格设计比较完整，指标包括定量指标和定性指标（软指标），产量和质量指标采用量化标准。不足的方面有两个：一是“部门管理”“工作态度”两个指标没有再细化，造成相应的考核标准无法细化；二是指标的权重设置不合理，每个指标都是20%，没有突出重要指标。

（二）总体分析

从案例中可以看出考核表设计存在的诸多问题，主要体现在考核表设计不完整、不同岗位的考核内容相同、考核指标数目设计不合理和考核标准设计不科学。

1. 考核表设计不完整

考核表设计除了要具有考核表本身必备的内容外，还要依据相应的考核制度加入相关内容。考核表可分为表头、主体和附加部分。表头包括被考核者本身和考核者的相关信息，如文件编号、考核期、被考核者所在部门、岗位、姓名等，主体包括考核指标、指标定义、考核标准、考核主体、考核结果等，附加部分包括被考核者签字、考核者签字、审核者签字等。并不是每个考核表都要包括所有信息，当然也可以增加部门信息，应根据具体情况而定。在所选择的案例中，大部分考核表不完整，缺少部分信息，具体情况在前面已经指出，在此不再赘述。

2. 不同岗位的考核内容相同

现在企业中随着知识量的增加，工作的个性化越来越明显，由于不同劳动具有的特点，绩效结果的表现方式也必然不同。企业必须树立市场意识和客户意识，根据不同工作性质的岗位提供不同的考核指标。只有这样才能真正适应企业、员工的要求，达到考核的目的。如果苦苦追求一套适应所有工作岗位的评价办法和指标体系，结果必然达不到绩效改进和战略实现的目的。而在所选择的案例中，表2—11、表2—16、表2—17都出现了这样的问题，不同岗位使用同一考核表，具有相同的考核内容。但要注意，指标不同并不是所有指标都不可以相同，如工作能力和工作态度中很多都是通用指标。

3. 考核指标数目设计不合理

考核指标的数目不能太多也不能太少，太少了影响考核指标的完整性，太多了又会引发负效应。引发的负效应具体表现在：一是指标数据的收集与处理需要成本；二是，太多指标会分散员工的精力和注意力，导致抓不住重点，人们往往只能去注意几个指标。在案例中，表2—8和表2—9的考核指标都过多，在考核实施中可能导致上面所说的后果。

一般而言，公司层面的绩效指标不要超过20个，部门层面的绩效指标不要超过10个，而个人绩效指标控制在5个左右。

4. 考核标准设计不科学

考核标准是考核者打分的依据，如果考核标准设计得不够准确、具体，可能影响考核的顺利进行，最终导致绩效管理流产。从案例中可以看到，考核标准存在的主要问题是，没有实现定量或行为化，描述过于笼统、无法区分，目标值设计不合理等。只有解决了这些问题考核表设计才能满足考核需要。

## 二、案例启示及相关知识链接

### （一）指标标准的确定方法

KPI分为定性和定量两类分别进行标准设定，行为指标的标准则可以直接从任职资格的行为标准中抽取或转换得出。在设定标准的时候首先要确定基准值，如果考评体制是五个层次，那么处于重点层次的标准就应当视为基准，也就是在正常情况下多数人员都可以达到的水平。定量指标一般有三种制定考核标准的方法。

1. 加减法

采用加减法的方式确定标准，一般应用于目标任务比较明确，技术比较稳定，同时鼓励员工在一定范围内作出更多贡献的情况。

应该注意的是采用加减法的方式来计算指标值的时候，最大值应当以不超过权重规定值为限，最小值不要出现负数。如表2—9中“财务核算”的标准是“财务核算正确率100%，每发生一次差错扣5分”。

2. 规定范围法

经过数据分析和测算后，考核双方根据标准达成的范围约定来进行评价。如表2—18中指标“产量指标完成率”的考核标准就是规定当“$95\% \leqslant A < 100\%$”，得分区间为“81～90”，具体请详细阅读考核表。

3. 否决法

否决法是考核双方通过沟通确定考核的标准，未达到标准不得分，达到标准得到相应指标的分数。如“党风廉政与稳定”考核标准可定为，“党风廉政及稳定良好，未出现问题得10分，出现问题扣10分”。

### （二）指标标准应该注意的问题

设计指标标准要以SMART原则为主，下面就标准设计经常出现的问题进行说明。

1. 绩效标准应当明确

按照目标激励理论的解释，目标越明确，对员工的激励效果就越好，因此在确定绩效标准时应当具体清楚，不能含糊不清，这就要求尽可能使用量化的标准。为了便于读者理解，下面举例说明。

某公司对人力资源部招聘主管的绩效标准是这样规定的：

(1) 收到其他部门的人力资源需求后，能够迅速招聘到合适的人员。

(2) 员工的招聘成本比较低。

这样的绩效标准就非常不明确，“能够迅速招聘到合适的人员”，到底什么是迅速，一个星期还是两个星期，没有说清楚。“招聘成本比较低”，怎么样才算低，也没有具体规定。量化的绩效标准应当这样来规定：

(1) 收到其他部门的人力资源需求后，在5个工作日内招聘到合适的人员。

(2) 员工的招聘成本应控制在每人100～200元之间。

量化的绩效标准主要有以下三种类型：一是数值型的标准，如“销售利润为50万元”“成本平均每个20元”“投诉的次数不超过5人次”等；二是百分比型的标准，如“产品合格率为95%”“每次培训的满意率为90%”等；三是时间型的标准，如“接到任务后5天内按要求完成”“在1个工作日内回复应聘者的求职申请”等。

绩效标准量化的方式则分为两种，一种是以绝对值的方式进行量化，例如上面所举的几个例子；另一种是以相对值的方式进行量化，例如“销售额提高10%”“成本每个降低5元”。这两种方式的本质其实是一样的，只是表现形式不同而已。

此外，有些绩效指标不可能量化或者量化的成本比较高，主要是有关能力和态度这些工作行为的指标；对这些指标，明确绩效标准的方式就是给出行为的具体描述。

2. 绩效标准应当适度

适度是说制定的标准既要具有一定的难度，员工经过努力又是可以实现的，通俗地说就是“跳一跳可以摘到桃子”。这同样是源自于目标激励理论的解释，目标太容易或者太难，对员工的激励效果都会大大降低，因此，绩效标准应当在员工可以实现的范围内确定。

3. 绩效标准应当可变

这包括两个层次的含义。一是指对于同一个员工来说，在不同的绩效周期，随着外部环境的变化，绩效标准有可能也要变化。例如，对空调销售员来说，由于销售有淡季和旺季之分，因此在淡季的绩效标准就应当低于旺季。二是指对于不同的员工来说，即使在同样的绩效周期，由于工作环境的不同，绩效标准也有可能不同。仍以空调销售员为例，有两个销售员，一个在昆明工作，一个在广州工作。由于昆明的气候原因，人们对空调基本上没有需求，而广州的需求则比较大，因此这两个销售员的绩效标准就应当不同，在广州工作的销售员，其绩效标准就应当高于在昆明工作的销售员。

对于员工的考核，采用定量指标还是定性指标，一般来说需要针对员工的具体岗位，选用合适的定量指标与定性指标的组合。

对于管理层来说，对公司总体生产经营结果负有决策责任，其工作影响范围往往也是全局性的。因此，适宜采用量化成分较多、约束力较强、独立性较高、以最终结果为导向的考核指标，即以定量指标为主、定性指标为辅。

对于普通员工来说，工作基本由上级安排和设定，依赖性较强，工作内容单纯，对生产经营结果只有单一的、小范围的影响。因此，适宜采用量化成分少、需要上下级随时充分沟通、主要以工作过程为导向的考核指标，即以定性指标为主、定量指标为辅。

当然，也不能一概而论。例如，对于公司最高管理层来说，作为生产经营的间接管理者，主要从事政策制定、监督执行、协调管理及信息沟通等工作，工作结果将影响到公司的利润和公司整体运转状况，而无法通过工作过程来衡量其绩效。因此，可以全部采用与公司经营业绩相挂钩的定量指标进行考核。

# 第 3 章

# 绩效考核方法

# 第一节 目 标 管 理

## 案例一：A 公司的目标管理[①]

A 公司从 2002 年 7 月开始实行目标管理，当时属于试行阶段，后来人力资源部由于人员不断变动，这种试行也就作为不成文的规定执行至今。目标管理的基本步骤为：

### 一、目标的制定

#### （一）总目标的确定

前一财年末，A 公司总经理在职工大会上作总结报告，向全体职工阐述下一财年的工作目标。财年初的部门经理会议上，总经理和副总经理、各部门经理讨论协商确定该财年目标。

#### （二）部门目标的确定

各部门在每月 25 日前确定下个月的工作目标，并以目标管理卡的形式报告给总经理，总经理办公室留存一份，本部门留存一份。目标分别为各项工作的权重以及完成的质量与效率，由副总经理、部门经理和员工共同来决定。最后由总经理审批，经批阅后方可作为部门的工作目标。

#### （三）目标的分解

各部门目标确定后，由部门经理根据部门内部具体的岗位职责以及分工协作情况进行分配。

### 二、目标的实施

目标的实施过程主要采用监督、督促并协调的方式，每月月中由总经理办公室主任与人力资源部绩效主管共同或分别到各部门询问或了解目标完成情况，直接与各部门负责人沟通。在这个过程中了解哪些项目进行到什么程度，哪些项目没有按规定的时间、质量完成，为什么没有完成，并督促其完成项目。

① 何国玉．人力资源管理案例集．北京：中国人民大学出版社，2004

## 三、目标结果的评定与运用

1. 目标管理卡首先由各部门负责人自评，自评过程受人力资源部与总经理办公室的监督，最后报总经理审批。总经理根据每月各部门的工作情况，对目标管理卡及自评情况进行相应调整。

2. 目标管理卡最后以考评得分的形式作为部门负责人的月考评分数，部门员工的月考评分数一部分来源于部门目标管理卡。这些考评分数作为月工资发放的主要依据之一。

但是，执行过程并不是很顺利，最近大多数部门领导人反映每个月目标管理卡的填写似乎成了累赘，总感觉占了大部分时间。每个月都由办公室督促大家填写目标管理卡。除此之外，再如财务部门的工作常规项目占90%，目标管理卡内容重复性大；另外一些行政部门的临时性工作特别多，考核之前很难确定其目标管理卡的内容。

另外，有的部门员工反映对本部门的目标管理卡不是很明确，如果领导每个月不对本部门员工解释清楚，员工就不知道自己的工作目标是什么，只是每个月领导叫干什么就干什么，显得很被动。

### 案例二：某集团的目标管理考核体系①

某集团围绕“静态的职责＋动态的目标”两条主线展开，建立目标与职责协调一致的大岗位责任考核体系。该集团的具体考核实施框架包括职责分解、目标分解、目标实施和目标考评4个部分。这里着重介绍后3个部分。

## 一、动态目标分解

按照职责这条主线，从集团宗旨—部门职责—岗位职责进行了职责分解；同时以工作流程的方式，使各部门、岗位之间的职责和工作关系有机地协调起来。但是一个岗位知道“做什么”“怎么做”还不够，还要知道什么时间要做到什么程度、达成什么目标，要知道如何围绕集团中期发展战略与目标，按职责（横向）和时间（纵向）进行目标分解，最终落实到每个岗位，从而保证每个岗位的工作都是集团目标的有机组成部分，使每个人的工作都与集团发展密切相连。

### （一）分层进行战略规划

将集团目标具体化的首要过程是战略规划。集团战略更多关注的是在哪儿竞争的问题，

① http：//wenku. baidu. com，有改动

而不是如何竞争的问题。集团范围的战略分析可以导致增加业务、保持业务、强调业务、弱化业务和调整业务的决定。业务部门要将战略落实到组织每一单元的活动中去。

该集团的战略规划分为 3 个层次：集团战略发展纲要、子公司战略规划、业务部门战略规划。该集团的中长期战略目标及路线是集团最高层（执委会）定期沟通分析的结果。为了适应 IT 产业的快速变化，战略目标及路线每年视情况予以局部调整。集团战略目标及路线通过各种会议、发言等形式向集团内外传达。集团战略目标及路线对集团的各项活动起着重要的指导作用，为此集团规划部门制定了集团的规划管理大纲，对目的、原则、规划职责、阶段作了指导性的说明。

子公司层次的战略规划在集团中长期战略规划和路线的指导下，基本按“上—下—上—下”的方式展开。部门层次的业务规划受到全集团上下高度重视，该集团在 1998 年、1999 年两次召集全国各地的所有高级经理集中进行 1～3 天关于如何作业务规划和经营预算的培训。在集团内部评价成绩时，对于是“瞄着打”还是“蒙着打”或是“打了再瞄”，都作了清晰的区分。另外，集团业务规划的意义不仅限于规划结果，更重要的是业务规划过程本身，对推动各级经理人思考和总结、强化经营意识，树立“说到做到”的集团文化起到巨大作用。子公司层次的战略规划是部门年度业务规划的重要指导，业务规划的结果落实到每年的经营预算，各业务模块的预算都必须与业务规划相联系。在“能量化的量化、不能量化的细化”的原则指导下，业务规划按责任中心和时间进度，分解落实成具体的成本、利润、销量、时间、满意度等指标。

业务规划要求首先确立宗旨、职责，根据宗旨和职责，在非常详细的环境分析基础上得出全年的目标，之后进行经营预算、业务规划和管理规划。如该集团台式机事业部一个规划的五步酝酿过程为：第一步，启动点是干部的务虚研讨会，所有处级以上干部都要参与，任务是明确整年工作的指导思想，说出全年的工作目标，确定整个大预算的框架，分工作（明确谁负责哪一块），确定推进时间表。第二步，各个层次开会，分块多轮次研讨，提出每一块的规划草稿，要求全员参与，提高规划的准确性，减少阻力，建立沟通平台。第三步，分块汇报和修改，以事业部所有总经理级以上干部联系会的方式对每块的规划进行研讨、修整，之后变成分块和定稿。第四步，由事业部的经营管理部进行总体整合。第五步，向电脑公司的总经理室进行汇报，然后定出几大修改意见，确定规划结果。这一过程历时近 3 个月，几乎是全员参与。

规划制定以后的执行过程，也大致分成了五步：第一步是全员对整个事业部规划的宣传贯彻；第二步是分成各个部门，针对不同的详细规划进行宣传；第三步是根据相应的规划内容，制定一整套分季度的考核方案，来考核这个大预算的相应内容；第四步结合大预算写入目标任务书，整个集团都运用“推进目标任务书”方式进行管理；第五步是要求每个季度都要按照目标任务书进行总结。

### （二）目标分解到人

为保证各项规划的实施，各牵头部门在与相关部门进行沟通与交流的基础上，将目标按职责分解到相关部门，年初制定《年度发展规划与目标》，对本部门的年度目标按职责—时间分解为部门内各处的年度目标、各季度的工作目标和实施计划，形成《部门季度计划》；处级经理以上干部，要按季度（月）分解目标，并列入处级经理以上干部的考核之中，形成《处季度（月）工作计划》；重要干部或岗位，要按月分解，制定《月工作计划》与岗位责任书对应。集团采用了“目标任务书”进行目标管理，其要点是：针对部门目标和薄弱环节，重点抓关键环节和重要步骤，对重点工作制定改进措施和计划，并重点推进监控实施，以保证最终实现目标；确定最重要的又确实有能力解决的工作目标，一个部门或岗位一个季度确定重点工作 3～4 项，日常职责则不在“目标任务书”上体现；把集团宗旨和目标分解到个人的“岗位责任书”和“目标任务书”后，就为监控和考核打下扎实基础。

## 二、经营指标分解

在“能量化的量化、不能量化的细化”的思想指导下，一方面，业务规划的结果必须落实到每年的经营预算，各业务模块的预算财务标准都必须与业务规划建立联系；另一方面，为了达到设定目标，需要集团运作环节各方面能够得到持续改进。将这些目标落到实处首先需要在目标与职责之间建立清晰的分解和对应关系，为了建立这种联系，管理部门建立了各种运作和核算模型，最具特色的是“屋顶图”和“双链模型”。

### （一）屋顶图

屋顶图是集团根据管理会计原理，结合自己的产品成本结构，建立的一个量化的产品经营核算体系。

台式机事业部通过屋顶图，将所有的费用细分成广告费、部门费，成本项目具体分成材料、制造、运输、技服、积压、财务 6 部分，再把前两年的历史数据装进去，就得到清晰的产品成本结构图。这 6 部分成本都可以落实到一个最直接的部门，如广告费是由市场部负责，部门费是经营管理部负责等。这样就建立起一个架构，将开源节流的任务分解到每一个部门，将控制成本的任务分解到每一个岗位上去，这样就把每项费用变成最直接的部门考核指标。

这个体系非常类似于财务的损益表，但与一般损益表不同的是，这是一个管理者能够非常直观和清晰地看到某个产品的成本和费用的架构，每一阶段都有相应的部门来对它进行控制，每一个部门都可以非常容易地在这张图上找到自己的定位，找到它和整个利润指标的关系。屋顶图成为日常工作中沟通和考核的语言后还收到了更多的效果。例如，使经营者非常直观地了解到产品成本结构，使经营问题清晰化；强化了全员的经营意识；促使管理者抓主要问题，把事业部推上一个良性运作的轨道等。

### （二）双链模型

台式机有不断降价的趋势，在满足需求的情况下，库存越小风险越小，这就要求大大提高运作速度。为此，集团建立了一个双供应链模型。

从向供应商发出订单到产品能确认卖出为“确认周期”，然后从接到客户的订单到把货发到客户手里为“发货运输周期”，把整个流程一步一步地画出来，就形成“交付链”。

从向供应商发出订单到材料部生产领料是“材料周期”，从生产领料到输入成品部为“生产周期”，然后从输入成品部到产品被确认为成品为“库存周期”，这样一步步就形成“接收链”。

供应链中的接收链和交付链形成一个“Y”形。1998 年，销售供应链大约是 9 天，集团在年度规划中提出把销售链从 9 天压缩到 7 天的运作目标之后，首先是责任的划分。例如，确认周期由资财部负责，库存周期和发货运输周期由商务部负责，材料与生产周期由制造厂负责等，这样明确以后就会形成一个细化的目标。例如，库存周期要减少到 0.2 天，确认周期要从 3 天减少到 2 天，发货减少到 1.8 天，运输要从 3.5 天减少到 3 天等。这些都落实成为考核控制的目标。

目标确立之后，管理者发现各个部门都动起来了，除提高工作效率外，还推动了主观创造性；借助双链将各段工作效率指标落实到了相应环节的责任部门，也有利于相应的统计和监控。

屋顶图和双链模型或许不是复杂的理论，但能够切实帮助管理者规划经营和分解目标，推动各环节开源节流，并使信息及时得到反馈，这对集团建立“确定目标—考核评价—改进提高—确定新目标”的良性循环起到极大的支持作用。

## 三、目标的实施与实施结果考核

设定职责和目标后，该集团利用制度化的手段来保证“说到做到”，以实现预设目标。具体形式有以下几个方面：

### （一）目标实施过程的监督

1. 定期检查评议

首先是干部管理。集团干部每季度要撰写对照上月工作目标的述职报告、自我评价和下季度工作计划，述职报告和下季度工作计划都要与直接上级协商，双方认可。集团为了保证干部在位受控、目标过程监控到位及提高对干部考核的科学性和准确性，在办公网络系统上建立了一套干部目标管理的实时监控查询系统，基本内容包括各级干部对直接和间接上级主管的目标实施月（周）报告系统和各项规划的季度（月）实施情况通报系统。

2. 对业务的监控

业务单元的业绩报告每月都向集团汇报，总部业务管理部门每季都与预算对比，发现问题提示集团执委会，执委会随时听取汇报；每个季度，重要的业务部门要向子公司总经理室汇报总结；此外，还有其他季度、半年、全年的报告、汇报、总结形式等。制度化的业务汇报都形成了既定的程式，例如，集团几十个处的半年工作小结都遵循以下的程式安排：宗旨—职责—目标和策略回顾—目标完成情况—策略执行情况—原因分析和改进措施—下季度工作计划。这种规范有利于确立行为目标导向，提高沟通效率，发现问题和总结提高。

3. 业绩核实

集团总部的财务、审计部门每年都要对各子公司的经营业绩进行核实，以防范舞弊，公正透明地展示工作成绩。

### （二）部门与个人考核的内容和方式

量化考核，细化到人。集团的综合考核评价体系分部门业绩户值考核、员工绩效 Q 值考核两部分。部门业绩户值考核的目的是通过检查各部门中心工作和主要目标完成情况，加强对各部门工作的导向性，增强整体团队意识，促进员工业绩与部门业绩的有机结合。员工绩效 Q 值考核是为了帮助员工了解组织目标，对个人进行有效激励，也是组织进行人事决策的重要依据。

考核形式是多视角、全方位的，包括上级对下级的考核，平级之间、下级对上级的评议，以及部门互评等。部门互评的目的是对各部门在客户意识、沟通合作、工作效率等软性工作指标方面进行评价，评价结果作为对部门负责人年度绩效考核的参考依据。通过部门互评，发现组织在工作关系方面存在的问题。民主评议的目的是为考察干部管理业绩和干部选拔、干部培养及干部自我发展等提供参考，帮助干部清醒认识自我，建立透明、健康的干部提升发展机制。部门业绩户值考核每季度进行，员工绩效 Q 值考核、问卷形式的部门互评和民主评议则每年综合考评一次。

部门业绩户值考核的内容完全是结果导向：各部门均围绕“利润中心”进行考核，同时要体现各自的主题业务，如技服部的售后服务满意度、职能部门的内部客户满意度、软件事业部的网站建设满意度等。各指标尽可能实现量化考核，有些不能量化但反映部门中心工作同时对公司有重要影响的指标，如软件事业部的网站建设满意度考核，则采用打分的形式。

部门业绩户值考核可实行第三方考核部门以问卷形式互评，主要是客户意识、开放性、资源共享、工作效率等指标；对部门管理采用问卷形式民主评议，内容涉及核心文化认同、个人影响力、专业水准、管理技能、队伍形象、协调沟通能力等方面。

员工绩效Q值考核的内容分两部分：一是工作业绩结果导向，占80%，根据直接上级与员工预先商定的目标业绩工作计划或考核指标计划，以“激励指导、公正考评”为原则评价员工个人业绩效果；二是行为表现及能力，这部分为过程导向，共占20%。根据集团核心文化，按普通员工、各级管理人员分别制定不同的考核标准和权重。

## 案例三：某顾问公司的目标管理规程[①]

## 一、目标的制定

### （一）公司年度总目标、部门目标及分解

将公司年度总目标分解至部门，再分解到每一层、每个岗位。

### （二）个人岗位目标制定的原则及要点

1. 目标应尽可能具体，结果可评估，尽可能量化（如时间、日期、金额、数量等），综合目标可用阶段或期限表示。
2. 任务量适度，即经过努力能够达成。
3. 可对比，同一岗位、不同人有可比性，体现公平。
4. 具有挑战性，目标需要努力才能达成。
5. 必须促进工作的改善。
6. 上级目标必须在下级目标之前制定，上下目标保持一致性，避免目标重复或断层。

### （三）个人岗位目标制定的步骤

1. 上级向下级说明自己当月的目标。
2. 上级请下级设立自己的重点目标。
3. 上级请下级设定目标计划书。
4. 检查下级目标书。
5. 与下级谈话，决定其目标（此工作必须在每月5日之前完成）。

---

① 皇甫刚．绩效考核与管理案例．北京：电力工业出版社，2005

### （四）目标内容

每项目标应包括数量目标、质量目标、时限目标、成本目标四个方面的内容。

## 二、目标执行

### （一）目标执行过程中的注意事项

目标监督人应充分授权、及时跟进并提供帮助和指导，目标执行人员应主动汇报。

### （二）目标执行中问题的处理

列出可能出现的问题，并提出相应的解决办法。

## 三、目标完成情况评估

### （一）评估步骤

员工先作自我评估，并在目标书后附每项目标的完成情况报告；直接经理审核、谈话后确定。

### （二）评估要点

包括数量目标、质量目标、时限目标、成本目标四个方面，均有细则规定。

## 四、评估结果的兑现

奖金实得额＝基本工资×40％×目标完成率

## 五、对目标监督人的监督

如果目标监督人对下属的目标监管不力，则根据相应的处罚细则进行处罚。

## 案例四：某化工公司的目标管理①

某化工公司是一个地方中型企业，在实行目标管理之前，公司领导总感到职工的积极性没有最大限度发挥出来，上下级之间关系也比较紧张，管理很不顺畅，公司效益连续下滑。

---

① http：//wenku. baidu. com

为从根本上扭转这种被动的管理局面，从管理中要效益，公司领导班子达成共识，从新的一年开始在公司实行目标管理。

## 一、确定目标

公司根据五年规划的总体要求来确定年度总目标。总目标包含四个方面，并尽量用定量指标表达，目标又分期望和必达两种。分别如下：

### （一）社会贡献目标

公司作为一个地方化工企业，不仅要满足地区经济发展的物质要求，而且要满足人民群众对化工产品不断增长的需求。具体指标为：总产值7 914万元，期望8 644万元；净产值1 336万元，期望1 468万元；上缴税收 517 万元，期望 648 万元。

### （二）市场目标

随着市场经济的发展与深入，化工产品市场竞争越来越激烈。公司在本省是具有竞争力的企业，所以在力图巩固现有市场份额的基础上，强化市场营销策略，不断扩大销售量，并开拓外省（市）市场，从而提高市场占有率。销售指标：期望年增 8%～10%，必须达到年增 6%～7%。市场占有率指标：期望达到 38%，必须达到 34%。

### （三）公司发展目标

公司确定其发展目标为：销售收入6 287万元必达，期望达到7 100万元，且年增 6%～8%；资产总额 650 万元，且年增 10%～12%；必须开发 5 个新产品系列，期望开发 6 个新产品系列；职工人数年增长 3%，且实行全员培训，职工培训合格率必达 85%，期望 98%。

### （四）公司利益和效益目标

确定的具体表达指标如下：利润总额 480 万元，期望实现 540 万元；销售利润率 7.6%，期望达到 8.5%；劳动生产率年增 85%，期望年增 105%；成本降低率递减 5%；合格品率达到 92%，期望达到 95%；物质消耗率年下降 7%；一级品占全部合格品比重达 50%，期望达到 60%。

## 二、目标分解

公司对于总目标的每一个表达指标，都按纵横两个系统从上至下层层分解。从横向系统看，即公司每一个职能部门都细分到各自的目标，并且一直到科室人员。从纵向系统看，从公司总部到下属车间、段、班组直至每个岗位工人都要落实细分的目标。由此形成层层关联的目标连锁体系。

现以公司实现利润总额480万元为例，对其目标进行分解。经过分析，该目标的实现取决于成本的降低，而成本降低又分解为原材料成本、工时成本、废品损失和管理费用四个第三层次的目标，然后继续分解下去，共细分成96项具体目标，涉及降低物耗、提高劳动生产率、保证和提高产品质量以及管理部门节约高效的具体要求。最后按归口分级原则落实到责任单位和责任人。

## 三、执行目标

公司按照目标管理的要求，让各目标执行者“自主管理”，使其能在“自我控制”下充分发挥积极性和潜能。为职工实现自己的细分目标创造一个宽松的管理环境，不再强调上级对下级严密监督和下级任何事情都必须请示上级才行动的陈旧管理模式。

在此阶段，公司领导注重做到以下几点：

1. 对于大多数公司所属部门和岗位，都进行充分的委权和放权，提高自主管理和自我控制的水平。对于极少数下级部门和岗位，上级领导仍应实施一定的监督，以确保这些关键部门和岗位的目标得以实现。

2. 公司建立和健全了自身的管理信息系统，创造了执行目标所需的信息交流条件，使得上下级和平级之间的不同单位、部门、人员都能在执行各自目标时得到信息的支持。

3. 公司各级领导人员对下级部门和人员并不是完全放任、不管不问。他们的职责主要表现在以下方面：一是为下属创造良好的工作环境；二是对下级部门和人员做好必要的指导和协调工作；三是遇到例外事项时，上级要主动到下级中去协商研究解决，而不是简单下指令。

在上述成本降低的96项具体目标落实到有关部门和个人后，他们就按各自目标制定具体实施方案。实施方案包括执行目标所需的权限、工作环境、信息交流渠道、工作任务、计划进度、例外事项处理原则等。在每天的工作中，每个执行目标者都要自问：“我今天要做到些什么才能为完成自己的目标作出贡献?”然后对每天的工作和时间进行最佳组合的安排，尽可能取得最大工作效率。

## 四、评定成果

公司在进行目标管理时，很重视成果评定。当预定目标实施期限结束时（一般为一年），就大规模开展评定成果活动，借以总结成绩，鼓励先进，同时发现差距和问题，为更好地开展下一轮的目标管理打好基础。

公司强调评定成果要贯彻三项原则：一是以自我评定为主，上级评定与自我评定相结合；二是要考虑目标达到程度、目标的复杂程度和执行目标的努力程度，并对这三个主要因素进行综合评定；三是按综合评定成果进行奖励，体现公平、公正的激励原则。

例如，三车间聚丙乙烯产品成本目标是6 500元/吨，公司考核部门的标价标准是：达到6 500元/吨，得100分；降至6 400元/吨以下，得120分；超过6 600元/吨，得10分；处在6 500～6 600元/吨之间时，得50分。三车间全体职工经过一年奋斗，最终自评成绩是120分，成功使成本降至6 400元/吨以下，在达到目标程度这一因素上取得了最优级，并经过公司考核部门认可。

成本是一个综合项目，涉及企业管理的许多方面。三车间的成本目标定为6 500元/吨，属于比较复杂、困难、繁重的目标。公司考核部门在制定评价标准时，把6 500元/吨定为难度比较大的目标，记为100分；6 400元/吨以下为难度极大的目标，记为120分；6 600元/吨以上为较容易目标，记为10分。在评定时，影响成本的环境和条件没有大的改变。所以，三车间和公司考核部门一致确认，6 500元/吨的成本目标应记为100分。

在评定执行目标的努力程度时，公司考核部门也制定了很努力、比较努力、一般努力三个等级，分值分别是120分、100分和80分。三车间自评结论是全车间同心协力，努力奋斗一年，应该记120分。

当然，在确定目标的复杂程度和执行的努力程度时，公司考核部门都有更多的细分指标和因素来保证。例如，执行努力程度要看出勤率、工时利用率及提出合理化建议多少等。

对于不同层级的部门和岗位，三个因素在评定成果中所占的比例有所不同，一般越是上级职位和部门，第一要素所占比重越大。三车间属基层部门，可按5∶3∶2的比例，对其成果分值最终予以确定。

三车间综合评价分＝120×50%＋100×30%＋120×20%＝114（分）

由于三车间进行目标管理的成绩很突出，公司对其进行了表彰和奖励。三车间每个职工通过评定成果，进行了一次认真全面系统的总结。每个职工也有自己细分目标的评定结果，成绩并非一刀切、完全相同。后进职工认真总结教训和学习先进职工的经验，以便把下一轮目标管理搞好。

公司执行目标管理的第一年就取得了丰硕成果。公司总目标都超额实现，总产值达到8 953万元，净产值达1 534万元，上缴税收680万元。总目标中社会贡献的目标全部超过期望目标。在市场目标方面：销售量增长9%，市场占有率达到35%，都超过了必达目标。在公司发展目标方面：销售收入达到7 130万元，比上年增长85%；资产总额730万元，比上年增长15%；已开发出6个新产品系列；职工培训上岗合格率已达93%。在公司利益和效益目标上，已实现利润总额630万元，其他各项经济效益指标也全部达到、甚至超过预定目标。

同时，公司内部的上下级关系和人际关系开始变得融洽、和睦，职工群众的积极性、主动性、创造性得以真正发挥。全公司呈现一种同心协力、努力奋斗，力争实现公司目标的新景象。

## 案例五：某机床厂的目标管理①

某机床厂为了充分发挥各职能部门的作用，充分调动一千多名职能部门人员的积极性。该厂首先对厂部和科室实施了目标管理，经过一段时间的试点后，逐步推广到全厂各车间、工段和班组。多年的实践表明，目标管理改善了企业经营管理，挖掘了企业内部潜力，增强了企业的应变能力，提高了企业素质，取得了较好的经济效益。

按照目标管理的原则，该厂把目标管理分为三个阶段进行。

## 一、目标制定阶段

### （一）总目标的制定

该厂通过对国内外机床市场需求的调查，结合长远规划的要求，并根据企业的具体生产能力，提出了下一年度“三提高”“三突破”的总方针。“三提高”就是提高经济效益、提高管理水平和提高竞争能力，“三突破”是指在新产品数目、创汇和增收节支方面要有较大的突破。在此基础上，该厂把总方针具体化、数量化，初步制定出总目标方案，并发动全厂员工反复讨论、不断补充，送职工代表大会研究通过，正式制定出全厂年度的总目标。

### （二）部门目标的制定

企业总目标由厂长向全厂宣布后，全厂就对总目标进行层层分解，层层落实。各部门的分目标由各部门和厂企业管理委员会共同商定，先确定项目，再制定各项目的指标标准。其制定依据是厂总目标和有关部门负责拟定、经厂部批准下达的各项计划任务，原则是各部门的工作目标值只能高于总目标中的定量目标值，同时，为了集中精力抓好目标的完成，目标的数量不可太多。为此，各部门的目标分为必考目标和参考目标两种。必考目标包括厂部明确下达目标和部门主要的经济技术指标，参考目标包括部门的日常工作目标或主要协作项目。其中必考目标一般控制在 2～4 项，参考目标项目可以多一些。目标完成标准由各部门以目标卡片的形式填报厂部，通过协调和讨论最后由厂部批准。

① 刘爱君，霍丙森. 管理学基础导学. 北京：中央广播电视大学出版社，2009

### （三）目标的进一步分解和落实

部门的目标确定以后，接下来的工作就是目标的进一步分解和层层落实到每个人。

1. 部门内部小组（个人）目标管理，其形式和要求与部门目标制定相类似，拟定目标也采用目标卡片，由部门自行负责实施和考核。要求各个小组（个人）努力完成各自目标值，保证部门目标的如期完成。

2. 部门目标的分解是采用流程图的方式进行。具体方法是：先把部门目标分解落实到职能组，再分解落实到工段，工段再下达给个人。通过层层分解，全厂的总目标就落实到了每一个人身上。

## 二、目标实施阶段

该厂在目标实施过程中，主要抓了以下三项工作。

### （一）自我检查、自我控制和自我管理

目标卡片经主管副厂长批准后，一份存企业管理委员会，一份由制定单位自存。由于每一个部门、每一个人都有了具体的、定量的明确目标，所以在目标实施过程中，人们会自觉地、努力地实现这些目标，并对照目标进行自我检查、自我控制和自我管理。这种“自我管理”，能充分调动各部门及每一个人的主观能动性和工作热情，充分挖掘自己的潜力，因此，完全改变了过去那种上级只管下达任务、下级只管汇报完成情况，并由上级不断检查、监督的传统管理办法。

### （二）加强经济考核

虽然该厂目标管理的循环周期为一年，但为了进一步落实经济责任制，及时纠正目标实施过程中与原目标之间的偏差，该厂打破了目标管理的一个循环周期只能考核一次、评定一次的束缚，坚持每一季度考核一次和年终总评定。这种加强经济考核的做法进一步调动了广大职工的积极性，有力地促进了经济责任制的落实。

### （三）重视信息反馈工作

为了随时了解目标实施过程中的动态情况，以便采取措施、及时协调，使目标能顺利实现，该厂十分重视目标实施过程中的信息反馈工作，并采用了两种信息反馈方法。

1. 建立“工作质量联系单”来及时反映工作质量和服务协作方面的情况。尤其当两个部门发生工作纠纷时，厂管理部门就能从“工作质量联系单”中及时了解情况，经过

深入调查，尽快加以解决，这样就大大提高了工作效率，减少了部门之间的不协调现象。

2. 通过“修正目标方案”来调整目标，内容包括目标项目、原定目标、修正目标、修正原因等，并规定在工作条件发生重大变化需修改目标时，责任部门必须填写“修正目标方案”提交企业管理委员会，由该委员会提出意见交主管副厂长批准后方能修正目标。

该厂在实施过程中由于狠抓了以上三项工作，不仅大大加强了对目标实施动态的了解，更重要的是加强了各部门的责任心和主动性，从而使全厂各部门从过去等待问题找上门的被动局面，转变为积极寻找和解决问题的主动局面。

## 三、目标成果评定阶段

目标管理实际上就是根据成果来进行管理的，故成果评定阶段显得十分重要。该厂采用了自我评价和上级主管部门评价相结合的做法，即在下一个季度第一个月的 10 日之前，每一部门必须把一份季度工作目标完成情况表报送企业管理委员会（在这份报表上，要求每一部门自己对上一阶段的工作进行恰如其分的评价）；企业管理委员会核实后，也给予恰当的评分。如必考目标为 30 分，一般目标为 15 分。每一项目标超过指标 3%加 1 分，以后每增加 3%再加 1 分。一般目标有一项未完成而不影响其他部门目标完成的，扣一般项目中的 3 分，影响其他部门目标完成的则扣分增加到 5 分。加 1 分相当于增加该部门基本奖金的 1%，扣 1 分则扣该部门奖金的 1%，如果有一项必考目标未完成则扣至少 10%的奖金。

该厂在目标成果评定工作中深深体会到：目标管理的基础是经济责任制，目标管理只有同明确的责任划分结合起来，才能深入持久、具有生命力，达到最终的成功。

**案例点评**

目标管理是通过组织与员工的沟通，双方明确组织和个人的目标，促进工作任务完成的过程。目标管理作为一种重要的管理方法，在企业绩效管理中得到日益广泛的应用，并取得了较好的效果。

**一、案例分析**

（一）案例一：A 公司的目标管理

A 公司实施目标管理法的初衷是好的，也取到了一定的管理效果，其在实施过程中出现的问题是目标管理在企业绩效管理中普遍存在的问题。案例中反映的问题主要有：

首先，公司总目标的战略导向性不强。案例没有体现总目标与公司整体战略的关系。若目标与战略相脱节，可能会使目标不明确，或者使目标偏离企业的发展方向。所以，要实施目标管理，首先要正确把握本公司的战略方向，做到有的放矢。

其次，也是最主要的问题，A 公司的目标管理存在体制性缺陷，主要表现在：

1. 目标的下达和上报应是逐级协商进行。而 A 公司部门工作目标是由部门负责人越过主管副经理直接上报给总经理。这样一是弱化了主管副经理的权力；二是可能总经理对部门上报的目标并不完全了解，因为主管副经理主抓部门工作，对这些部门工作比较了解。部门目标上报主管副经理审批，更易确保目标的准确性和合理性。

2. 目标实施过程中，是由总经理办公室主任与人力资源部绩效主管共同或分别到各个部门了解目标完成情况，但是他们可能不了解相关工作，很有可能达不到跟踪修正目标的目的。

3. 有的员工反映对本部门的目标管理卡不明确，对自己要完成的目标也不是很清楚。这可能是员工没有充分参与目标制定的后果。

4. 目标管理日常化，即作为日常工作的一部分，需要管理人员的全心参与，而不应把每月的目标制定看成是负担。确定好要努力的方向，并沿着正确的方向努力工作，才可能达到高效率。

从总体上看，A 公司的目标管理存在许多不足，要想改进该公司的目标管理系统，需要完善层层落实的目标分解机制，保证各个层级上的管理者承担起相应的目标责任，并制定相关的跟进体制，保证目标管理方法的顺利实施。

（二）案例二：某集团的目标管理考核体系

某集团的目标管理体系是围绕静态职责和动态目标两条线展开的。从案例中可以看出，该集团的目标管理体系是比较完善的。

该集团的目标首先是从战略规划开始的，他们认为公司范围的战略分析可以决定业务的方向，如增加业务、保持业务、强调业务、弱化业务和调整业务。有了方向，才能制定出准确的目标。从战略的规划到部门业务的规划再到目标的确定，最后形成年（季、月）度的工作计划书，这是一个完整而紧密的过程。尤其在规划的制定过程中采用多次讨论、全员参与的方法，这样既保证了目标的准确性、科学性，也增强了员工对目标的认同度。目标分解后的考核，要侧重重点工作的完成情况，因为这些工作是影响经营业绩的主要因素。

（三）案例三：某顾问公司的目标管理规程

某顾问公司的目标管理规程中也包括了从目标制定到目标分解再到关于目标完成情况的评估过程。该规程的优点主要表现在三个方面：

1. 注意目标执行过程的控制，如规定了目标监督人应充分授权、及时跟进并提供帮助和指导；目标执行人员应主动汇报，另外，还要对制定目标时出现的问题分析原因并解决。

2. 在评估阶段，由员工先自己对目标完成情况做一个评价，再由直接领导审核。在实际中，可以将员工的自评作为直接领导评估的依据，而不给出任何分数。

3. 在目标的制定过程中上下级之间进行充分的沟通，使制定出的目标容易被接受。

（四）案例四：某化工公司的目标管理

某化工公司的目标管理有三个方面值得借鉴：

1. 采用因素分解法，将厂级目标逐级分解。目标分解的过程，是细化和微分化的过程。以成本为例，将成本分解为工时成本、原材料成本、废品损失、管理费用4个因素（目标），在此基础上，再细分为96项具体因素（目标）。目标的逐级细分，为目标落实到各个部门和岗位提供了前提和依据。

2. 在目标的实施过程中，实行自我控制、自我管理。该厂对目标管理的理解比较到位，不仅注重目标的分解和落实到人，而且适当放权，发挥各个部门和广大员工实现目标的主动性和积极性。

3. 对目标完成情况的评价，不仅考虑目标的完成情况，还考虑目标难度和努力程度。

该厂目标管理的不足在于，目标管理的范围仅限于经营目标，没有包括管理目标或非财务目标。

（五）案例五：某机床厂的目标管理

某机床厂的目标管理与某化工公司的案例有相似的地方，但也有不同之处。值得借鉴的地方有：

1. 目标设定的多元化，以“提高经济效益、提高管理水平、提高竞争能力”的总方针作为制定总目标的依据。

2. 在目标的制定上突出重点，将目标分为必考目标和参考目标，必考目标控制在2～4项，使每个员工明确工作重点，也降低了目标管理的实施难度和管理成本。

3. 季度考核与年度总评定相结合，可以发现和纠正目标实施中的问题，并实现对员工的及时激励。

**二、案例启示及相关知识链接**

（一）目标管理的优缺点

1. 优点

（1）目标管理通过专门设计的过程，将组织整体目标逐级分解，转换为部门、员工的分目标。在目标分解的过程中，权利和责任已经明确。这些目标方向一致、环环相扣、相互配合，形成协调统一的目标。只有每个人完成了自己的分目标，组织的总目标才能完成。这样就形成了一个完整的目标锁链和目标体系。

（2）通过目标管理可以改善上下级之间的关系。目标管理比较注重人的因素，在制定目标的过程中，让员工充分参与，尊重员工意见，这样上下级之间的关系是平等、尊重、互相信任和支持的，会提高员工的满意度，进而带来更高的效益。

（3）制定企业的长期战略目标以及为实现长期目标服务的短期目标，在目标的约束下，会使企业的所有经营活动围绕着目标进行，确保部门、员工绩效行为的战略一致性，而不至于偏离“轨道”。

2. 缺点

（1）目标管理如果实施得不好，会出现员工只注重短期利益的实现，而忽视长期利益的现象。

（2）目标管理最重要的是目标，然而，目标的制定往往会有一定的难度，因为企业内部的许多目标难以量化；许多团队工作在技术上不可分解；组织环境的可变因素越来越多，变化越来越快，使得组织活动的不确定性越来越大。这些因素都使企业很难制定量化的目标。

此外，企业尤其是小型企业的目标往往不是“好目标”，这里的“好目标”是看是否能反映企业当前阶段的发展要求。有的企业老板尤其是小型私企的老板，经常把自己的目标当成是公司的目标，老板的目标与个人的理想、抱负和兴趣有关，但它往往不能与公司目前的资源和能力状况相匹配。纯粹按照老板的意愿制定目标，很有可能导致目标的不现实性。

（3）目标管理强调结果导向，容易引起过程失控，出现投机主义倾向。目标管理以目标制定为起点，以目标完成情况的评价为终点。工作结果是评价目标完成情况的依据，但是目标完成的过程中上级不做过多干预。所以，对一些新员工来说，没有相应的“行动步骤”，很有可能使其不知道怎么去更好地完成任务。另外，如果不对过程加以控制，可能导致员工为了达到目标而采取不合法或者不合理的手段，这样不会给企业带来利润，相反只会带来不利的影响，从而损害企业的长远利益。

（二）制定目标需要注意的问题

目标的制定是实施目标管理最为重要的一个环节。在目标的制定中需要注意以下问题：

1. 企业目标的制定应该依据整体战略，以战略为导向的目标才能使企业更具有竞争力。如果目标偏离了战略，就会失去正确的方向，走得越远，就会偏离“轨道”越远。

2. 按照 SMART 原则制定目标。Specific，目标必须是具体明确的，不能笼统；Measurable，既然目标是需要达成的，那么目标就应该能衡量；Attainable，目标是可以达到的，最好的目标是需要员工经过一定的努力能够达到的目标，那些不太符合实际、员工无法实现的目标是不能给企业带来收益的；Relevant，目标必须和其他目标具有相关性，所有目标应该是一个完整的体系，而不应是相互独立的；Time-based，最后，目标必须要有明确的截止期限，在目前瞬息万变的社会中，时间是很可贵的，有的企业就是在时间上胜于他人，如尽早研发新产品，尽早占领市场。

3. 根据企业和自身现有的资源，分析在完成目标过程中可能会遇到的问题，并列出需要的相关资源。这里的资源包括工作环境、人员技能、约束条件等，另外，还需要上级的授权，这是很重要的。这样做到事先控制，可以减少实现目标过程中的阻力，为更快更好地完成目标打下基础。

4. 目标管理前期的难点在于上下级之间如何真正达成一致。在制定目标时，要积极地与相关部门进行沟通，通过相互协商与沟通，使各部门之间都了解彼此的“需求”，这样使目标更容易被接受，并且在实现目标的过程中会得到其他相关部门的支持。除此之外，也要让员工积极地参与到目标的制定过程中来，以利于目标的实现。

5. 确定目标的传导机制，防止目标滞留在中层分解不下去。企业的总体目标最终要分解到每个员工身上，只有每个员工都出色地完成了自身的目标，才能保证企业的目标得以出色地完成。

（三）目标管理的基本程序

1. 目标的设置

目标的设置是目标管理过程中最重要的阶段，这一阶段可以细分为4个步骤：

第一步，预定目标。这是一个暂时的、可以改变的预案。这个预定的目标，既可以由上级提出，再与下级讨论；也可以由下级提出，由上级批准。无论采用哪种方式，目标必须由上下级共同商量确定，而且，领导必须根据企业的使命和长远战略，估计客观环境带来的机遇和挑战。

第二步，重新审视组织结构和职责分工。目标管理要求每一个分目标都有确定的责任主体，因此预设目标之后需要重新审视现有的组织结构，根据新的分解目标进行调整，明确目标责任者和协调关系。

第三步，确立下级的目标。在确定下级的目标之前，首先上级要明确组织的规划和目标，然后才有可能商定下级的分目标。在讨论中上级需尊重下级，平等待人，耐心倾听下级的意见，帮助下级建立与组织目标相一致的支持性目标。分目标要具体、量化、便于评估；要分清轻重缓急，以免顾此失彼；既要有挑战性，又要有实现的可能。每个员工和团队的分目标要同组织中其他员工和团队的分目标协调一致，共同支持组织总体目标的实现。

第四步，上级和下级就实现各项目标所需的条件和目标实现后的奖惩达成协议。分目标制定后，要赋予下级相应的资源配置权力，实现责权利的统一。在设置目标的过程中，人们往往需要考虑的一个问题就是什么样的目标是好的目标。判断一个目标是否是好的目标，可以参照表 3—1 的标准。

表 3—1　　恰当的目标与不恰当的目标

| 不恰当的目标 | 恰当的目标 |
| --- | --- |
| 以过程或活动的形式来表达 | 以最终结果来表达 |
| 无法完全实现，没有具体的完成目标时限 | 在确定的时间内可以完成 |
| 对期望达到的目标的定义模棱两可 | 确定目标的完成形式 |
| 理论化或理想化 | 与公司的管理有关，从公司的管理出发 |
| 没有真正的结果或过于简练、不清楚、太长、太复杂 | 对公司的成功很重要，尽可能用数量最精确地说明 |
| 重复，一项陈述中包含两个或多个承诺 | 一项陈述只限于一个重要承诺 |
| 缺乏对改进的要求 | 有明确的改进计划 |

关键提示：设置可以评估的目标

在设置目标的时候，应该尽量使目标可量化、可评估。表 3—2 将一些可评估的目标和不可评估的目标进行了对照。

表 3—2　　可评估的目标与不可评估的目标

| 不可评估的目标 | 可评估的目标 |
| --- | --- |
| 获得较高的利润 | 在本年末实现利润增长 15% |
| 提高生产部门生产率 | 在不增加费用和保持现有质量水平的情况下，本季度的生产率比上季度增长 10% |
| 保证产品质量 | 产品抽查的不合格率低于 3‰ |
| 主管人员增加与下属的沟通 | 主管人员每周与每个下属沟通的时间不少于 2 小时 |
| 维护计算机网络系统的稳定性 | 由于技术问题网络中断的次数每季度不超过一次，每次能够在 1 小时之内恢复正常 |

2. 实现目标过程的管理

目标管理强调结果，强调自主、自治和自觉。但是这并不等于说领导可以放手不管，相反，由于形成了目标体系，一环失误，就会牵动全局。因此，领导在目标实施过程中的管理不可缺少。首先是要进行定期检查，利用双方经常接触的机会和信息反馈的渠道自然地进行；其次要向下级通报进度，便于互相协调；再次要帮助下级解决工作中出现的困难问题，当出现意外、不可测事件严重影响组织目标实现时，也可以通过一定的程序修改原来的目标。

3. 总结和评估

达到预定的期限后，下级首先进行自我评估，提交书面报告；然后上下级一起评估目标完成情况，决定奖惩，同时讨论下一阶段目标，开始新的循环。如果目标没有完成，应分析和总结教训，切忌相互指责，以保持相互信任的气氛。

# 第二节 360 度绩效考核

## 案例一：国外某公司的 360 度绩效考评[①]

国外某高级行为技术公司建立了 360 度绩效考评系统。这一系统使员工能够将自己的理解与上司、同事、下属和外部客户的观点相比较。公司不仅将 360 度绩效考评作为一个考评工具，而且还作为一个促进交流、促进员工自身发展和工作改进的综合体系。公司的 360 度考评过程如下：

### 一、推选考评者

该公司认为，贯彻 360 度考评系统的关键因素是选择适当的考评者，公司的绩效考评群体由员工推选。

1. 员工列出与其交往的关键的内部和外部客户，并从中推选出 5～10 名组成绩效考评群体。

2. 员工上级审核所选的绩效考评者，防止被考评者选择支持他的客户或同事以求得较高评定等级；上级对考评负有最终的责任。

### 二、确定考评内容

考评者群体确定后，需对各类考评者的考评内容进行分类和定义。上级最了解员工的工作任务和目标，一般考评其工作目标完成情况；其他各类考评者考评其所能直接观察到的工作行为。绩效考评项目具体见表 3—3。

表 3—3　　某公司 360 度绩效考评表

| 姓名： | | 部门： | | 职务： | 考评时间： |
|---|---|---|---|---|---|
| 考核标准 | 需要提高 | 可以接受 | 一般水平 | 比较优秀 | 非常优秀 |
| | 1 分 | 2 分 | 3 分 | 4 分 | 5 分 |
| 考评项目 | | | | 得分 | 备注 |
| 在解决问题、作出决定和满足客户需求时具有时间观念 | | | | | |
| 清晰表达他或她的需求/期望 | | | | | |

① 孙健．360 度绩效考评．北京：企业管理出版社，2003

续表

| 姓名： | | 部门： | | 职务： | | 考评时间： |
|---|---|---|---|---|---|---|
| 考核标准 | 需要提高 | 可以接受 | 一般水平 | 比较优秀 | 非常优秀 | |
| | 1分 | 2分 | 3分 | 4分 | 5分 | |
| 考评项目 | | | | 得分 | 备注 | |
| 与其他员工共享信息或帮助他人 | | | | | | |
| 倾听其他员工的建议 | | | | | | |
| 为满足未来需求制订计划 | | | | | | |
| 按计划执行任务 | | | | | | |
| …… | | | | | | |
| 其他评价 | | | | | | |
| 建议和意见 | | | | | | |

## 三、实施360度绩效考评

考评者按照1（需要提高）～5（非常优秀）的评定等级对员工的上述项目进行评级，同时可在空白处填写评语。

员工上级负责对资料进行整理并作出最终评价。这一评价代表了不同考评者的意见和上司对员工工作的反馈。在总结和分析全部数据之后，管理人员会就360度考评结果安排正式的反馈面谈。

该公司认为，绩效反馈不能仅注重评定分数和等级的表面价值，还需关注反馈的准确性、分析数据变化趋势等。例如，当考评者给出极高或极低的评价时，必须高度关注。对于考评结果，需分析其数据的变化趋势或模式。如被考评者的反馈信息比较模糊或存在问题，则需同一个考评者或其他考评者给出附加的反馈信息。

该公司360度考评的特色在于，为了确保公正，考评者可以选择对他提供的反馈信息公开或匿名。如果考评者要求对提供的信息匿名，那么管理人员在反馈面谈时须确保这一点；若考评者愿意公开他的考评信息，则管理人员可在反馈面谈时引用考评者的反馈信息。

### 案例二：某公司本土化的360度考核①

某公司制定针对副总级和经理级的360度考核方案，将360度的思想和有中国特色的抽

① 张明辉．360度绩效考核的本地化案例：柳桥经验．中国人力资源开发网

签等办法结合起来。方案主要内容简述如下：

## 一、评估指标

评估项目为员工上半年工作表现，分为责任意识、团队意识、创新意识、学习意识四个维度，权重分别为55％、20％、15％、10％。

## 二、评估流程（见表3—4）

表3—4 评估流程

| 序号 | 环节 | 内容 | 责任人员 |
|---|---|---|---|
| 1 | 确定考核规则 | 上级2人＋同级2人＋下级2人＋客户部门2人组成评委团 | 经营班子 |
| 2 | 召开经营班子会议，抽签并讨论确定评委团名单 | 在每一来源中“抽签”，并最终讨论确定评委团名单 | 经营班子、监察审计部 |
| 3 | 组织实施考核 | 人力资源部应组织安排考核活动，将工作表现考核表下发给评委团成员打分 | 人力资源部 |
| 4 | 上交考核表 | 每位评委团成员填写考核表，直接上交人力资源部 | 评委 |
| 5 | 统计 | 对上交表格进行统计 | 人力资源部 |
| 6 | 反馈 | 将统计结果提交至总经理 | 人力资源部 |
| 7 | 调节权限 | 对初步考核等级进行调整，但比例应控制在10％以内 | 部门经理、经营班子 |

## 三、评委团的构成

确定原则为“谁了解谁考核”，一般从上级、同级、下级、内部客户四个来源确定评委团成员8人，每个来源2人。

### （一）总经理的评委团来源

同级：在5个副总中抽取2人。下级：在部门经理中抽取2人。相关部门（员工代表）：市场片2人，行政片2人。

**（二）副总级的评委团来源**

上级：2人（董事长、总经理）。同级：在5个副总中抽取2人。下级：在部门经理中抽取2人。相关部门（员工代表）：在内部客户中抽取2人。

**（三）经理级的评委团来源**

上级：在经营班子中抽取2人。同级：在部门经理中抽取2人。下级：在其本部门下属中随机抽取2人。相关部门（员工代表）：在内部客户中抽取2人。

## 四、评委团产生过程（见图1—3）

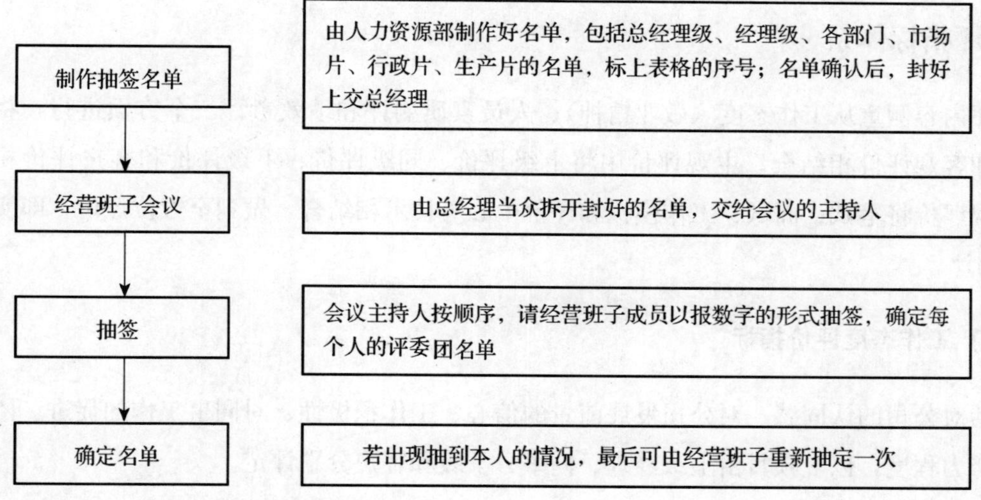


图3—1　评委团产生过程图

## 五、填写打分表

由评委团成员填写工作表现考核表，进行评价打分。

## 六、考核结果

考核总分＝评委团评分平均分（除去最高分和最低分）

## 案例三：某 IT 企业 360 度测评体系方案[①]

### 一、测评目标

1. 了解员工的工作态度、个性、能力状况、工作绩效等基本状况。
2. 为公司人员选拔、晋升、考核、调动、任免工作提供决策依据。
3. 为干部后备队伍的建设提供基础。
4. 为员工的职业生涯规划、人职匹配、培训、奖惩等提供参考依据。
5. 为公司的人员招聘提供系统科学的现代工具。
6. 初步形成公司 360 度人员考评系统。

### 二、测评指标体系

测评内容侧重从工作态度（敬业精神）、人员素质测评和绩效考评三个方面进行，将主观评价和客观评价相结合。主观评价中将上级评价、同级评价、下级评价和客户评价相结合，客观评价将笔试、面试、工作模拟和评价中心等技术相结合，做到全方位评价，即实施 360 度测评。

#### （一）工作态度评价指标

包括对公司的认同感、对公司发展前景的信心、工作积极性、对同事工作的促进、团队协作的努力程度，以上项目由上级经理、同事、下级和客户分别评定。

#### （二）素质测评结构体系

依据公司各岗位工作分析的职位要求进行评定，评定内容包括人格特点、管理风格等。

#### （三）绩效考评结构体系

1. 月度工作完成率

每月及时编制各部门相应的月度工作任务书表格，了解员工当月工作任务计划、工作量、难度及完成情况，累计统计作为年终全年考评的依据；对不易制定工作计划的部门及岗

① 叶元庆. 怎样制定员工测评方案. IT 时代周刊

位，可采用定量考核方式。

2. 季度、年度评议

由直接上级、同级、下级和客户分别对员工的各方面进行主观评定。

3. 特别业绩与贡献

对于部门或公司认定的对公司有重大或特殊贡献的业绩或事迹，相应地进行加分。

## 三、测评方法

### （一）人事测评量表

人事测评量表是通过设计问卷来了解各级员工的职业兴趣、职业人格、管理风格等心理素质，包括设计考卷来测试员工的智力、综合知识和专业技术。优点是可以进行团体施测，管理人员与普通员工一同进行，还可以在一定程度上消除他们对干部测评本身的敏感性。人事测评量表包括以下几个方面：

1. 心理测验问卷

了解各级员工的职业兴趣、职业人格、管理风格等心理素质。适用于全体员工，包括中高层管理者。

2. 综合知识测验

用纸笔形式的测验来考察基层干部、普通员工和新招聘人员的科技知识、人文知识、外语及生活常识等的知识面。

3. 一般职业能力测试

选用纸笔形式、操作形式的测验，考察基层干部、普通员工和新招聘人员的基本认知能力和动手能力。

4. 民主评议

由上级、同事、下级、客户对被评议人工作是否称职、是否优秀等进行打分评议。适用于全体员工，包括中高层管理者。

### （二）测评活动

测评活动是在人员选拔的实践中发展起来的相对完整的测评形式，目前，采用以下几种测评模式应用于公司的人员测评。

1. 结构化面试

通过精心设计的具有一定应变结构的问题，以一对一或多对一的问答方式，即时考察测评对象的语言表达、人际沟通、思维反应能力。这一方法适用于新招聘人员的评价。

2. 行为事件访谈

通过专业的谈话内容分析技术，定量评价管理干部的各个胜任特征。这一方法适用于中层管理人员的管理潜力考察。

3. 评价中心

通过多种方式如结构化面试、公文处理、工作情景模拟、管理游戏等，来全面考察干部候选人的综合管理能力。这一方法适用于中高级管理者的选拔，同时也可作为对中高级管理者管理能力的一种行之有效的培训方法。

4. 讨论推荐

由各部门组织、总结讨论部门内每个员工的工作态度、工作完成情况、称职与否等，按一定比例评出先进个人。

## 四、测评工具

公司人才素质测评系统由 GDT 民主评议指标体系、GDT 综合测验 1～6、GDT 职业倾向问卷、研发人员笔试、信息网络技术支持人员笔试、GDT 面试、工作态度民主评议表、工作能力民主评议表、工作目标考核表、年度绩效考核表等组成。另外一些专项的工具包括董事会办公室人员选聘题库、高校应届毕业生面试常用题库等。

# 案例四：某股份有限公司的 360 度考核[①]

某股份有限公司从 1994 年开始实行 360 度考核，每年都做一定改进，至今已经形成十分完善的体系。该公司每年 10—11 月期间对公司中层干部、骨干人员进行 360 度考核。目前的考核方案如下：

## 一、考核对象

子公司副总以上人员，职能部门经理或实际一把手及部分骨干人员。

## 二、考核方式

首先个人述职，向考核小组提交个人述职报告，然后是 360 度民主测评，对被测评人进行上级、同级、下级全方位评议，直接上级、直接下级 100％参评。

① 侯坤. 绩效考核制度设计. 北京：中国工人出版社，2004

## 三、考核具体内容（见表3—5）

表3—5　　360度测评表

| 考核内容 | | 权重 |
|---|---|---|
| 工作业绩 | 工作计划与绩效指标完成情况 | 50% |
| 领导能力 | 计划组织能力 | 25% |
| | 开拓业务能力 | |
| | 正确识才用人能力 | |
| | 自我学习提高能力 | |
| | 对下属绩效管理能力 | |
| | 沟通协调能力 | |
| | 事件处理能力 | |
| 领导素质 | 法律政策水平 | 13% |
| | 岗位相关知识（技能） | |
| | 岗位责任承担 | |
| | 岗位适应性 | |
| 品行操守 | 敬业精神与工作作风 | 12% |
| | 对公司的忠诚 | |
| | 廉洁自律 | |
| | 个人道德修养 | |

## 四、考核工作小组组成

考核工作小组由党办、总办、人事培训部相关人员组成。测评操作前进行动员，以引起员工的重视。

考核结束后，与员工谈话要2周时间，统计分析要2周时间，一共1个月时间才比较圆满地完成了测评工作。

据该公司介绍，这种360度测评法在1998年和1999年实行的效果最好，那时考核小组与测评人先面谈才填表，分数打得更确切。如果没有面谈这个环节，效果可能会差一些。测评结果张榜公布，对干部的任用也起到参考作用。一般来说，排名最后5%的干部要做出书面检查，甚至要岗位下调。

## 案例五：Z 公司以转正聘用为目的的 360 度评估①

### 一、绩效考核背景

Z 公司是南京地区一家拥有多家控股子公司和参股子公司的国有控股上市公司，主要从事市政基础设施、房地产、优质股权投资等业务，其股票目前已入选上证 180 指数样本股、上证红利指数样本股、上证 180 价值指数样本股。公司去年任用的一批中层管理人员即将试用期满，现在希望通过考核决定是否正式聘用。为此，要求人力资源部拿出具体的实施方案并组织实施考核工作，为公司进行人事决策提供参考。

### 二、考核方案设计分析

公司中层管理人员试用期满考核工作，是建设一支高素质、高水平中层干部队伍的需要，是满足公司不断发展的战略需要。这项工作的开展直接关系到被考核人的切身利益，关系到公司人力资源效能的发挥，关系到公司的可持续发展。做好这项工作需要采取 360 度反馈法，综合被考核人同级、上级、下级等多方面的意见，对被考核人进行全面、客观、公正的评价。为了达到这一目的，人力资源部在考核内容、民主测评表设计、考核程序、考核组织、考核责任五个方面进行了仔细设计。

#### （一）考核内容

围绕被考核人的岗位职责和所承担的工作任务，以履行职责和完成目标任务情况为主要依据，全面考核德、能、勤、绩、廉，重点考核工作实绩。这些考核内容在 Z 公司中层干部试用期满考核民主测评表、Z 公司中层干部考核表以及组织考核中进行了统一，以确保考核内容的一致性。

#### （二）民主测评表设计

Z 公司中层干部试用期满考核民主测评表详见表 3—6。

1. 权重的分配

首先，在考核人的权重分配上，考虑到中层管理人员直接向高管汇报工作，中层管理人员之间存在协作关系，中层管理人员在一般员工中起团队领导的作用，设计高管、中层干部、一般员工的权重分别为 0.4、0.3、0.3。其次，在考核内容的权重分配上，按公司对中

① 左正旺. 360 度反馈法在 Z 公司绩效考核中的成功应用分析. 人力资源管理

层管理人员的要求，设计德、能、勤、绩、廉各项的分值分别为25分、20分、15分、30分、10分。再次，在优秀、称职、基本称职、不称职四级量表的权重分配上，为了让被考核人的民主测评得分分布在一个合理的区间，确保民主测评结果的精确性，设计优秀、称职、基本称职、不称职的权重分别为0.95、0.7、0.6、0.5.

2. 考核人身份的区分

因为不同考核人的权重不同，所以，为了区分考核人，需要设计考核人身份选项。

3. 测评方式

为了保证测评结果的客观性，采取无记名的方式。为了简化测评，方便考核人，测评时用选择的方式代替了常用的打分方式。

**表3—6　　Z公司中层干部试用期满考核民主测评表**

1. 请先注明您的身份，在相应括号中打“√”。

高管（　）中层干部（　）一般员工（　）

2. 请您根据被考核人的实际情况，在相应栏目中打“√”。

3. 权重：高管0.4，中层干部0.3，一般员工0.3。

4. 德，指思想政治素质及个人品德、职业道德、社会公德等方面的表现；能，指履行职责的业务素质和能力；勤，指责任心、工作态度、工作作风等方面的表现；绩，指完成工作的数量、质量、效率和所产生的效益；廉，指廉洁自律等方面的表现。

时间：　　年　　月

| 考核内容 | | | | 被考核人姓名 | | | | | | |
|---|---|---|---|---|---|---|---|---|---|---|
| | | | | 张三 | 李四 | | | | | |
| 德 | 25 | 优秀 | 0.95 | | | | | | | |
| | | 称职 | 0.7 | | | | | | | |
| | | 基本称职 | 0.6 | | | | | | | |
| | | 不称职 | 0.5 | | | | | | | |
| 能 | 20 | 优秀 | 0.95 | | | | | | | |
| | | 称职 | 0.7 | | | | | | | |
| | | 基本称职 | 0.6 | | | | | | | |
| | | 不称职 | 0.5 | | | | | | | |
| 勤 | 15 | 优秀 | 0.95 | | | | | | | |
| | | 称职 | 0.7 | | | | | | | |
| | | 基本称职 | 0.6 | | | | | | | |
| | | 不称职 | 0.5 | | | | | | | |

续表

| 考核内容 | | | | 被考核人姓名 | | | | | | |
|---|---|---|---|---|---|---|---|---|---|---|
| | | | | 张三 | 李四 | | | | | |
| 绩 | 30 | 优秀 | 0.95 | | | | | | | |
| | | 称职 | 0.7 | | | | | | | |
| | | 基本称职 | 0.6 | | | | | | | |
| | | 不称职 | 0.5 | | | | | | | |
| 廉 | 10 | 优秀 | 0.95 | | | | | | | |
| | | 称职 | 0.7 | | | | | | | |
| | | 基本称职 | 0.6 | | | | | | | |
| | | 不称职 | 0.5 | | | | | | | |
| 综合评价 | 100 | 优秀 | 0.95 | | | | | | | |
| | | 称职 | 0.7 | | | | | | | |
| | | 基本称职 | 0.6 | | | | | | | |
| | | 不称职 | 0.5 | | | | | | | |

4. 民主测评结果

民主测评以百分制计分，满分100分，结果分为优秀、称职、基本称职、不称职四个等次。优秀为90≤综合评价≤100，称职为70≤综合评价＜90，基本称职为60≤综合评价＜70，不称职为0≤综合评价＜60。

### (三) 考核程序

考核按个人总结与自我评价、述职与民主测评、组织考核、撰写考核报告、确定考核结果、应用考核结果的次序进行。

1. 个人总结与自我评价

要求被考核人围绕德、能、勤、绩、廉五个方面认真地进行个人总结，填写Z公司中层干部考核表，并作出自我评价，在试用期满前一个月将表格交至人力资源部。要求总结既要肯定成绩，又要找出存在的不足之处并提出改进措施，内容力求翔实，避免空洞。这是为了尽可能地减少个人小结与民主测评出现背离的现象，对被考核人也是一种监督手段。

2. 述职与民主测评

召开述职与民主测评大会，首先由考核工作小组宣布大会议程和考核有关事项，要求考核工作必须严格执行考核程序，按步骤实施，实现考核工作的规范化；要求所有考核人本着对公司负责、对他人负责、对自己负责的态度，结合被考核人的实际情况对被考核人员进行客观、公正的评价，正确行使自己的权利，切忌主观片面或感情用事。再由被考核人进行述职，之后由有关考核人对被考核人进行民主测评。测评之前的被考核人述职，一方面是为了让所有被考核人对考核人有一个更加全面、深入的了解，另一方面也是对被考核人人品的一个很好的检验。

3. 组织考核

组织考核由考核工作小组安排进行，主要向被考核人的同级、上级、下级进一步了解情况，并做好笔录。这里有两点特别需要注意的地方，一是组织考核的环境要有一定的私密性，让考核人有安全感，进而敢于客观地对被考核人进行评价；二是具体访谈对象要由考核工作小组抽取，避免访谈对象是经过刻意安排的，影响访谈效果。组织考核、个人小结、民主测评三者可以起到相互验证的作用。

4. 撰写考核报告

考核工作小组根据民主测评结果，结合被考核人的个人小结以及组织考核记录，撰写考核情况报告，对被考核人的考核情况进行客观描述，并对民主测评结果的可靠性进行分析，同时提出任免建议。这首先要求报告撰写人员必须全程参与考核，其次要求报告撰写人员在撰写报告时能够做到客观、公平、公正，再次要求报告撰写人员有很强的判断能力、逻辑思维能力和文字功底。

5. 确定考核结果

考核工作小组将考核情况报告、Z公司中层干部考核表连同民主测评结果，依次送呈人力资源部、人力资源分管副总裁签署考核意见，最终由考核领导小组审议并确定考核结果。

6. 应用考核结果

根据被考核人考核结果，经公司总裁办公会研究后直接任免或向有关控股子公司董事会提出任免建议。考核结果为称职以上（含称职）等次的人员，续任现职；考核结果为基本称职等次的人员，进行诫勉谈话后提出任免建议；考核结果为不称职等次的人员，免去其现职，组织另行安排。

**（四）考核组织**

考核设考核领导小组和考核工作小组。考核领导小组组长由公司总裁担任，副组长由公司副总裁担任；考核工作小组组长由公司分管人力资源副总裁担任，副组长由人力资源部总经理担任，组员由人力资源部有关工作人员组成。这是为了让考核工作得到公司领导的支持，引起大家的重视，对考核工作的有效开展能起到很好的组织保证作用。

（五）考核责任

要求被考核人要把考核视为全面总结自己、提升自身素质的一次机会，给予高度重视，不得弄虚作假或给考核工作小组设置障碍，否则一经查实将取消其考核资格，免去现职。考核责任的落实是为了尽可能消除被考核人的干扰，打消考核人的顾忌，营造一个宽松的考核环境。

**案例点评**

360 度考核作为近几年来较为流行的考核方式，被越来越多的企业采用。360 度考核在逐步改善企业考核理念和考核责任定位的同时，因不同企业实施效果的巨大差异也引起了人们的质疑和思考。本节借助对不同企业现行 360 度考核的案例介绍和分析，对 360 度考核方法的适用性和可行性进行试探讨。

**一、案例分析**

本节选取了五个 360 度考核的案例，充分考虑了各个案例的特色，保证案例的个性化和整体性，以期为读者全面展示 360 度考核方法应用的现状。其中，案例一选取国外某公司的 360 度考核案例，案例二、三、四、五为国内企业实施 360 度考核的案例。

（一）案例一：某公司的 360 度绩效考评

某公司将 360 度考核方法应用于全体员工，不仅作为考评工具，而且还作为绩效沟通、反馈和绩效改进的重要途径。某公司的 360 度绩效考评有以下几个显著的特色：

1. 经被考评者自己推选、上级审核确定绩效考评者。

2. 关注考核分数的同时，根据异常分数对考核数据进行深层次分析，挖掘分数背后的价值和意义。

3. 考评者自主选择其提供的反馈信息的公开或匿名。

总体而言，该公司的 360 度考评方案可以较为全面地考察员工的绩效，存在显著的优点：

1. 被考评者自己推选考评者的方式，可以有效调动员工对考核的认同和参与热情，进而增强考核结果的公信度。

2. 通过 360 度绩效考评将绩效考核和绩效沟通、改进融为一体，在一定程度上消除了员工对考核的抵触心理；同时，易使考评者对被考评者的绩效和工作行为进行较为客观的反馈。

3. 考评者自主确定反馈信息公开与否，较为人性化地考虑了考评者对考核可能引起人际冲突的顾虑，客观上与考评者达成心理契约，解除其后顾之忧。

但是，需要看到，案例中的考核方法仍存在一定的不足之处，主要表现在：

1. 考评项目略显贫乏和模糊，如何为“具有时间观念”，何为“一般水平”“比较优秀”；对于考评指标和标准没有进行明确的界定，增大了考评者判断的主观性。

2. 被考评者自己推选考评者，不能排除员工选取关系较好的考评者，或与考评者达成一致，彼此给予高分情况的存在；这时，上级对考评者审核的严谨程度和有效性将关系到考核的成败。

（二）案例二：某公司本土化的360度考核

本案例为360度考核理念与本土企业文化相结合的典型范例，故而存在一定的原创性和研究意义。案例的特点在于：

1. 考核者来源于上级、同级、下级和内部客户，在监察审计部公证下采用抽签方式确定。

2. 考核分数去掉最高分和最低分后的平均分作为考核得分。

本案例的优点显而易见：

1. 抽签决定评委的方式通过随机性保证考核过程的公平性，有效避免了被考核者暗箱操作情况的发生。

2. 设立独立的监督部门（监察审计部进行公证），进一步确保了考核程序的公正性和权威性。

3. 考虑到考核分数中可能存在异常值，案例中通过去掉最高分和最低分剔除异常分数，确保考核分数分布的合理性和考核结果的有效性。

本案例特色鲜明地将国外360度考核理念与本土文化相结合，具有很强的借鉴性。然而，本案例仍存在需要质疑之处：

1. 评估指标

本案例中评估项目为工作表现，即责任意识、团队意识、创新意识、学习意识；而工作表现并不能完全代表被考核者尤其是经理级、副总级的绩效，除上述考核内容外，还需对被考核者的工作业绩进行考核。

2. 考核者的权重问题

案例中上级、同级、下级和内部客户的考核权重相同，除了剔除最高分和最低分之外，并没有对考核分数进行任何处理，仅仅简单加以平均。而上级作为考核主体，最了解被考核者的绩效表现，考核中应充分体现上级考核的权威性和重要性，增加其考核权重。

（三）案例三：某IT企业360度测评体系方案

案例较为全面地体现了360度考核的含义，即从各个方面、不同角度以及通过各个相关群体对被考核者进行评价。与其他案例不同，本案例中的360度考核，不仅指主观评价中的各类评价者（如上级、同级、下级）对被考核者进行考核，同时，还包括了运用各种客观评价技术（如笔试、面试、工作模拟、评价中心等）从各个方位对被考核者进行考核。这是本案例的最大特色。

案例中 360 度考核从工作态度、素质测评和工作绩效三个角度进行，每个评价项目下设二级评价项目。360 度考核作为人员选拔、晋升、调动、任免、培训及招聘等人力资源管理工作的依据，关注考核过程，注重绩效改进和提高，充分利用 360 度考核中得到的信息和结果。

本案例的不足之处在于考核成本过高，考核时牵涉过多的人力、物力，考核成本可能超过考核带来的收益。

本案例中的方法仅适用于具有较强绩效文化、管理较为规范、各项管理制度较为健全的企业。

（四）案例四：某股份有限公司的 360 度考核

案例的优点在于：

1. 360 度考核仅应用于公司中层干部、骨干人员，因而考核体系的设计具有较强的针对性。

2. 考核前引入被考核者个人述职，使考核具有了相关依据。

3. 考核前进行员工动员，能够引起员工重视，员工对于考核的态度有利于保证考核分数的有效性和真实性。

本案例的不足体现在：

1. 直接上级和直接下级 100%参评的方式，需要考虑到考核的成本问题，如直接下级人数过多，有可能导致考核过程和统计分析过于复杂，考核成本过高。

2. 考核历时过长，从员工动员到考核结果统计分析时间为一个月，从而使考核的时间成本偏高。

（五）案例五：Z 公司以转正聘用为目的的 360 度评估

Z 公司将 360 度评估用于中层管理人员转正聘用，是 360 度绩效评估结果运用方面的尝试和探索。在民主测评结果的运用上，既要重视“民意”，又要避免或降低人情因素的影响，这是一个难题。Z 公司采用的方法是，组织考核、个人小结、民主测评三者的结果相互验证，在此基础上得出初步的考核结论，而不是仅依据民主测评，为在如何使用 360 度绩效评价的结果方面提供了一个较好的、可操作的办法。

该公司的 360 度评估也有需要改进的地方：首先，应当把德、能、勤、绩、廉看成是一级测评指标，针对每一个一级指标再分别设计若干个二级指标；指标设计之后，制定细化的或行为化的测评标准。其次，考核人应限于对被考核人比较了解的人员，以避免评价的盲目性，提高评价结果的客观性。

以上案例各具特色地将360度考核理念与企业实际进行结合，用于员工考核和绩效改进，有可借鉴之处，可作为其他企业实施360度考核的参考。但是，需要认识到，360度考核本身存在一定的不足，有其适用范围和适用条件，应用时需充分认识到其潜在的问题，扬长避短。360度考核在企业能否成功应用，还需考虑企业的管理现状和企业文化，否则可能造成负面效果。

**二、案例启示及相关知识链接**

（一）360度绩效考核的优缺点

1. 优点

（1）它同传统的绩效考核方法相比具有更多的信息渠道，与上级考核法相比更有可能发现问题或员工的优点。

（2）在传统的绩效考核方法中，只有上级对下级进行考核，员工有可能对得到的反馈信息持怀疑态度，因为它只是来自一个人的信息，而这个人很可能对某个员工存有偏见。在360度绩效考核法中，如果从上级、同事、下级和客户都得到的是同样的信息，那么这个信息是很难怀疑的。例如，如果客户、上级、同事和下级都说某人的沟通能力有问题，他就更有可能接受这条反馈意见，因为它是来自不同渠道的信息。

（3）采用360度绩效考核系统，可以表明团队对员工的考核非常重视。团队中越来越多的工作是由团队而不是个人完成，个体更多地服从管理小组的管理，而不是单个管理者的管理。这样，员工的工作表现就不应只有一名上级来考核，凡是有机会较好地了解员工的工作表现的管理者都应参与员工的绩效考核。

（4）360度绩效考核还可以在组织中建立一种互相帮助、共同发展的组织气氛，从而促进组织中的团队建设。同时，360度绩效考核还能够增强组织的竞争优势，有助于强化组织的核心价值观，通过加强双向沟通和信息交流，建立更为和谐的工作关系，这样既能增加员工的参与度，也能帮助管理者发现和解决问题，提高组织绩效。

（5）促进员工的个人发展。一般来说，在360度绩效考核的结果反馈中，均设有专门的职业生涯规划和指导，这些咨询意见和建议一旦被被考核者接受，就能够改善个人的职业生涯规划，促进员工的个人发展。

2. 缺点

当然，360度绩效考核不是十全十美的方法，它作为一种人力资源开发与管理的方式确实有很多优点，但也存在着明显不足，主要有以下几点：

（1）有的企业在实施360度绩效考核时，各类考核者主要由被考核者本人提名，这样做不够合理。个别被考核者选取缺少广泛性、代表性，不排除提名与自己关系好的人作为考核者的现象。为此，上级和下级考核者可由人力资源部提名，同事考核者的选取，防止被考核者提名与自己关系好的人，客户考核者根据组织的客户信息库等资料甄选。员工少于10人的部门，其下级应全部参加考核，员工较多的部门可随机抽取下级考核者。

（2）由于360度绩效考核侧重于被考核者各方面的综合考核，定性考核比重较大，定量的业绩考核较少。因此，可尝试与KPI业绩指标考核结合起来，使考核更全面。

（3）理解从不同渠道来的考核得分和信息有时也不容易，因为这些渠道并非总是一致。例如，对同一员工的沟通能力问题，上级评为优，下级评为中，而客户评为差，这就给对这个员工的整体评价带来了困扰。

（4）360度绩效考核法涉及的数据和信息比单渠道考核方法要多很多。这个优点本身就可能是个问题，因为收集和处理数据的成本很高。

（5）在实施360度绩效考核过程中，如果培训和运用不当，可能会在组织内造成紧张气氛，影响组织成员的工作士气。而且实施360度绩效考核很容易遭到一些困扰，如裙带关系等。

由于360度绩效考核还存在一些缺陷，如果过分依赖这种方法，将会削弱绩效目标的意义——即个人对组织的贡献。同时，人们会更加关心“不是做什么，而是你做的方式”的说法。而360度绩效考核其实只是工具箱中的一件工具而已，只有在同其他改进绩效考核的方法一起使用时，这件工具才能最大限度地发挥作用。因此，在实际应用360度绩效考核方法时，要尽量避免上面所提到的不足之处和一些陷阱，最大限度地发挥其优势。

（二）360度绩效考核与传统的单向考核

传统的单向考核是由直接上级根据下级在考核期内的工作表现对其进行考核，考核结果仅仅取决于直接上级的个人意念。但是，直接上级不一定能完全掌握下级的绩效表现和绩效水平。因而，传统的单向考核中，绩效信息来源的单一性和不完全性阻碍了考核结果的全面性和真实性。

360度绩效考核传递了一种全新的考核理念，考核不再局限于直接上级，不再是“一言堂”，各个部门、各个管理层次的员工，只要了解相关工作业绩和表现，都可以作为考核者，考核信息的多元化使考核结果更具真实性和客观性。此外，来自于各方面的绩效反馈有助于被考核者清楚地认识自身绩效，进而改进绩效。

（三）360度绩效考核存在的问题

1. 考核成本

由于涉及多个考核者，360度绩效考核的设计和执行过程较为复杂，企业需要支付一定的考核成本，并且考核的投入成本有可能超过考核本身所带来的价值。

（1）时间成本

360度绩效考核从考核准备到考核结束，需要各方面信息的反馈，需要涉及和组织各类考核者，考核的过程占用大量的正常工作时间。同时，由于受考核周期的影响，很多企业往往上一轮考核结束不久后又需进行下一轮的考核准备，员工疲于应对，考核效果大打折扣。

（2）考核结果的统计分析

考核结果的信息来源过多，使综合处理信息、汇总考核结果及分析考核结果的难度加大。

2. 非绩效因素影响

（1）非正式群体关系的影响

在公司内部，必然存在非正式群体，非正式群体成员内部关系使 360 度绩效考核易受主观因素的影响。例如，考核者可能会对与自己关系好的被考核者给予较高的考核分数，对与自己关系不好的被考核者给予较低的考核分数。尤其是当考核结果与被考核者的奖金发放、薪酬调整、晋升挂钩时，考核者更有这种倾向。

（2）考核者地位不对等关系的影响

员工与上级地位的不对等关系，在一定程度上影响了考核的客观性和真实性。表现在两个方面：一是员工惧怕上级打击报复，因而给上级较高的考核分数；二是考核成为下级发泄对上级不满的工具。

（3）考核缺少相关培训

360 度绩效考核中，很多企业缺少对考核者的相关培训，导致考核者缺少考核的技术和经验，考核的主观性过大。

（4）考核的信任危机

360 度绩效考核中存在重重的信任危机，如考核者对考核信息保密性的信任危机、对考核结果公正性的信任危机等。信任危机的存在，使考核者考虑过多的非绩效因素，考核易失去真实性。

3. 不同考核者的权重

不同的考核者对被考核者绩效的了解程度不同，因而需设计不同的考核权重。但是，很多企业仅仅将各个考核者的考核分数简单加以平均，作为被考核者的考核成绩。这种考核权重的设置方式也易使考核的真实性受到影响。

4. 考核结果的应用

很多企业将 360 度绩效考核的结果直接与奖金等利益挂钩，使考核过于关注分数，忽视考核结果对于绩效提升的作用。考核等同于奖金分配的方式，易使考核者与被考核者达成心理契约，如上级给下级较高的考核分数，以换取下级对自身的较高评价，这种心理契约的存在易使考核流于形式。

5. 360 度绩效考核与文化

（1）与中国传统中庸文化的冲突

360度绩效考核强调信息的多源性和真实性，但是，中国传统的中庸文化使考核者不愿反映被考核者的真实绩效，老好人意识严重，这种文化冲突的存在易使360度绩效考核失去其存在的意义，考核易流于形式。

（2）与企业文化的协同

360度绩效考核并不适用于所有的企业，其与企业文化的协同性将决定考核的成败。360度绩效考核适用于崇尚竞争、具有较强绩效文化、关注员工的绩效改进的企业。对于传统的国有企业，360度绩效考核的适用性稍差。360度绩效考核与企业文化的冲突可能导致考核产生负面影响。

（3）与传统考核理念的冲突

360度绩效考核不仅仅关注考核结果，更强调绩效反馈与绩效改进，而传统的考核理念将考核简单等同于奖优罚劣，这种考核理念的冲突易削弱考核的效果。

（四）360度绩效考核应注意的问题

1. 全面理解360度绩效考核

360度绩效考核是指由能够获得被考核者绩效信息的多方主体对被考核者进行多角度的绩效衡量，进而利用考核信息实现绩效的改进和提升的过程。因此，全面理解360度绩效考核应注意以下两点：

（1）360度绩效考核并非等同于全方位考核，而是由能有效获取被考核者绩效信息的多方考核主体进行考核，即谁了解谁考核。因此，360度绩效考核需视具体情况选取考核者，甚至变360度为270度、180度等，有效排除无关的绩效信息来源对考核真实性的干扰。

（2）360度绩效考核的目的并非简单的奖优罚劣，而是实现员工绩效的全面提升。因此，对360度绩效考核中产生的绩效信息应予以有效利用，以此为员工的绩效改进提供全面、有效的指导。

2. 360度绩效考核的适用性

360度绩效考核并非适用于所有的企业，其对企业的文化特点和管理风格有着相应的要求，如信任、竞争、民主、开放、重绩效改进等。如企业不具备360度绩效考核要求的企业文化特点，则360度绩效考核不仅不能取得应有的效果，反而会对现有企业文化和企业管理产生冲击。

360度绩效考核对企业本身也具有相关要求，企业的管理模式、人员流动性及组织规模同样影响360度绩效考核的适用性，如一般而言，规模过大、工作分工较细的工作不适用360度绩效考核。

鉴于以上分析，在实施360度绩效考核之前，首先应对其适用性进行可行性分析，关注企业相关因素对360度绩效考核适用性的影响。

3. 考核者的选择

如何通过增强考核者选取的有效性来确保考核信息来源的真实性和公平性，削弱和剔除非绩效因素对考核的影响，将关系到360度绩效考核的成败。

考核者的选择应注意以下几点：

(1) 选取能够有效获取被考核者绩效信息的考核者，贯彻“谁了解谁考核”的理念。

(2) 确保考核者选取的公正性和非主观性，避免非正式群体对考核真实性的影响，必要时可通过增加考核者选取的随机性确保考核的公正性，如案例二通过抽签的方式确定考核者。

(3) 考核者自身的素质，如公正性、责任心和道德因素也是考核者选取时应考虑的问题。

# 第三节　满意度评价

## 案例一：K公司的部门满意度评估[①]

### 一、释义

部门满意度评估是指由接受某部门服务的相关部门对该部门提供的服务进行评估，主要体现为对该部门提供服务的满意程度。相关部门的满意度是部门绩效的重要组成部分，并且与该部门中员工的个人绩效评估最终结果有关。

### 二、适用范围

本项评估主要针对业务支持部门，如人力资源、财务、行政、管理信息系统等部门。业务支持部门的管理功能定位决定其工作性质是为其他部门提供服务，其他部门对其提供的服务是否感到满意应该成为其绩效中的重要组成部分。

每一个为其他部门提供服务的部门都应该接受其服务对象的评估。每一个接受其他部门服务的部门都有责任对服务的提供者进行认真客观的评估，帮助其提高工作绩效。

### 三、评估关系的确定

满意度评估时，按照工作产出的方式来确定评估关系。被评估部门的某项产出提供给哪个或哪些部门，则由该部门对被评估部门进行评估。作为评估部门，只对自己所接触到的被评估部门的工作产出进行评估，不对被评估部门作全面的评估。

### 四、评估的时间和频率

部门间的满意度评估每年两次，上半年一次，6 月进行；下半年一次，12 月进行。

由于部门间满意度评估的结果与部门内员工绩效评估的最终结果有关。因此，部门间满意度评估的结果应该在个人评估结果得出前进行，以便为部门内个人评估结果的调整提供依据。

---

① 罗振军. 七步打造完备的绩效管理体系. 哈尔滨：哈尔滨出版社，2006

## 五、评估的实施

人力资源部是满意度评估工作的组织者和协调者。

每年年初，人力资源部向各部门发放部门间满意度评估表（见表3—7）。

**表3—7　　部门间满意度评估表**

被评估部门：行政部　　接受服务部门：市场部

评估时间：2000年5月　　评估者姓名（可不填）：

| 提供服务的时间及内容 | 我部门对服务的要求 | 提供服务的情况 | 评估分数 |
| --- | --- | --- | --- |
| 5月5日至5月8日，年度项目招标会的后勤工作 | （1）安排好外地参会人员的食宿<br>（2）在会议开始之前准备好所需的设备和材料<br>（3）提供会议期间的现场服务 | （1）参与人员对食宿情况非常满意<br>（2）会议所需的设备和材料能及时得到<br>（3）事先没有预料到的突发事件也能很好地应对 | 5分 |
| 5月中旬，制作市场促销活动的宣传 | （1）按照市场部的要求制作<br>（2）在5月18日之前完成 | （1）能按时完成<br>（2）发现一处印刷中的小错误 | 3分 |

对该部门总体满意度分数：4分

主要工作改进建议：提高工作中的细心程度

各部门主管组织本部门员工认真填写接受其他部门服务的内容、时间及对该项服务的满意程度。在重要事实记录中主要填写被评估部门在提供该项服务时的一些主要表现、与评估部门的需求的差异等。

每年6月和12月，人力资源部向各部门发出回收部门间满意度评估表的通知，评估部门根据半年来对被评估部门所提供服务的记录，对被评估部门的总体满意程度作出评价，同时对被评估部门提出工作改进的建议。

人力资源部对各个部门的评估结果和工作改进建议进行整理，得出每个部门总体的相关部门满意度程度，并将评估结果和工作改进意见反馈给被评估部门。

## 六、评估的等级标准

部门间满意度评估按照以下等级标准进行：

### （一）5分：非常满意

提供的服务始终超越接受服务部门的常规标准要求。通常具有下列表现：在规定的时间之前完成任务，完成任务的数量、质量等明显超出规定的标准，能够设身处地为接受服务的部门着想，积极主动沟通，态度热情，给接受服务部门的工作带来极大的方便。

（二）4分：比较满意

提供的服务经常超越接受服务部门的常规标准要求。通常具有下列表现：严格按照规定的时间要求完成并经常提前完成任务，经常在数量、质量上超出规定的标准，能够了解接受服务部门的要求，态度比较热情，给接受服务部门的工作带来方便。

（三）3分：可接受

提供的服务维持或偶尔超越接受服务部门的常规标准要求。通常具有下列表现：偶尔有小的漏洞，有时在时间、数量、质量上达不到规定的工作标准，或有时服务态度不好，有时影响接受服务部门的正常工作。

（四）2分：不够满意

提供的服务基本维持或偶尔达到接受服务部门的常规标准要求。通常具有下列表现：偶尔有小的疏漏，有时在时间、数量、质量上达不到规定的工作标准，或有时服务态度不好，有时影响接受服务部门的正常工作。

（五）1分：非常不满意

提供的服务显著低于接受服务部门的常规工作标准要求。通常具有下列表现：工作中出现大的失误，或在时间、数量、质量上达不到规定的工作标准，经常突击完成任务，服务态度不好，严重影响接受服务部门的正常工作。

## 案例二：FD公司业务支持部门满意度调查表

填表说明：本调查表（见表3—8）旨在调查各部门对业务支持部门的工作满意度，以提高业务支持部门的服务意识和服务质量。

本调查表为不记名形式填写。请填写者持客观、公正的态度，如实地评估被调查部门的工作情况，任何对事实的歪曲一旦发现将会被追究责任。严禁利用本次调查进行打击报复。本次调查的全过程将受到保护。

表 3—8　　业务支持部门满意度调查表

| 部门 | 满意度评价项目 | 评价等级 | 备注 |
| --- | --- | --- | --- |
| 行政部 | 总体工作满意度 | | |
| | 行政管理有关的规章制度的健全程度 | | |
| | 行政管理有关的工作流程的有序性 | | |
| | 客户服务意识 | | |
| | 工作效率 | | |
| | 办公环境和办公设施 | | |
| | 会议的会务工作 | | |
| | 员工的差旅安排 | | |
| | 前台接待人员的职业形象 | | |
| | 员工休息室所提供的服务 | | |
| | 工作改进建议： | | |
| 人力资源部 | 总体工作满意度 | | |
| | 人力资源管理有关规章制度的健全程度 | | |
| | 人力资源管理有关的工作流程的有序性 | | |
| | 客户服务意识 | | |
| | 工作效率 | | |
| | 沟通的及时性 | | |
| | 简历提供的及时性和可选择性 | | |
| | 绩效评估的有效性 | | |
| | 薪酬制度的公平性和激励性 | | |
| | 员工活动的多样性和创新性 | | |
| | 工作改进建议： | | |
| …… | …… | …… | …… |

注：评价等级及评价标准：A——非常满意，B——基本满意，C——尚可，D——不太满意，E——非常不满意。

## 案例三：××公司满意度调查

本满意度考核指标体系主要是考核职能部门间在相互配合、相互协调、处理内部事务方面的工作质量。满意度调查流程如下：

1. 年末考核时，人力资源部将满意度调查表（见表 3—9）发放到除被考核部门外的所有员工。

2. 部门正副职对该部门满意度进行打分，部门内员工对该部门满意度进行打分。

3. 各部门对打分结果进行初步处理，形成两个考核分数：一是部门正副职打分的平均分；二是部门内员工打分的平均分。

4. 人力资源部对各部门考核结果进行初步处理，将各个部门正副职考核平均分与员工考核平均分加权统计，得出该部门对另一部门的满意度评价分数。

5. 各部门对某一部门的满意度评价分数加总平均，作为该部门的满意度得分。

表 3—9　　人力资源部满意度调查表

| 部门 | 项目 | 很好<br>81～100 分 | 较好<br>61～80 分 | 一般<br>41～60 分 | 较差<br>21～40 分 | 很差<br>0～20 分 | 权重 |
| --- | --- | --- | --- | --- | --- | --- | --- |
| 人力资源部 | 1. 工作效率 | | | | | | 30% |
| | 2. 工作态度 | | | | | | 20% |
| | 3. 招聘的及时性和效果 | | | | | | 20% |
| | 4. 培训规划及培训效果 | | | | | | 10% |
| | 5. 工资核算及发放 | | | | | | 10% |
| | 6. 与各部门协作配合情况 | | | | | | 10% |

## 案例四：某集团公司子公司对总部满意度评价[①]（见表 3—10、表 3—11）

表 3—10　　子公司对总部部门满意度评价绩效考核者及权重

| 被考核者 | 子公司考核者及权重 | | | |
| --- | --- | --- | --- | --- |
| | 30% | 40% | 15% | 15% |
| 综合管理总部 | 子公司总经理 | 综合管理部部长 | 生产厂长 | 销售总经理 |
| 人力资源总部 | 子公司总经理 | 综合管理部部长 | 生产厂长 | 销售总经理 |
| 财务管理总部 | 子公司总经理 | 财务总监 | 会计 | 出纳 |
| 公共关系总部 | 子公司总经理 | 销售总经理 | 综合管理部部长 | 市场部部长 |
| 技术质量总部 | 子公司总经理 | 品质管理部部长 | 生产厂长 | 生产技术部部长 |
| 生产管理总部 | 子公司总经理 | 生产厂长 | 生产技术部部长 | 品质管理部部长 |
| 营销管理总部 | 子公司总经理 | 销售总经理 | 销售管理部部长 | 市场部部长 |

① 赵国军，张和平，陶旭. 破解企业绩效管理中的 8 大难题. 北京：机械工业出版社，2006

表 3—11　　　　子公司对总部部门满意度评价指标及注释

| 指标 | 0~1 | 2 | 3 | 4 | 5 | 6 | 7 | 8 | 9 | 10 |
|---|---|---|---|---|---|---|---|---|---|---|
| 工作指导 | 0~1 | 2 | 3 | 4 | 5 | 6 | 7 | 8 | 9 | 10 |
| | 对子公司没有进行任何指导，或指导对子公司没有造成业绩改善反而造成了负面效果 | 对子公司进行了很少的工作指导，指导工作效果一般 | | | 对子公司进行了一定的工作指导，子公司因此取得了一定的业绩改善 | | | 对子公司进行了全面、细致的工作指导或者指导的内容涉及子公司的关键、核心工作，子公司因此受益匪浅 | | |
| 制度和标准制定 | 0~1 | 2 | 3 | 4 | 5 | 6 | 7 | 8 | 9 | 10 |
| | 没有建立相关的管理制度和标准，或者制度、标准之间严重冲突，非常不合理 | 相关制度和标准制定基本不合理，或者存在相互矛盾和冲突，或者发生变化后没有及时修改，子公司基本不可能达到制度或标准的要求 | | | 相关制度和标准制定比较完备合理，基本不存在相互矛盾和冲突，当情况发生改变的时候基本能够修订调整，比较符合子公司的现状，具有一定的可操作性 | | | 相关制度和标准制定完备合理，不存在相互矛盾和冲突，当情况发生改变的时候能主动及时修订调整，符合子公司的现状，具备很强的可操作性 | | |
| 工作的计划性 | 0~1 | 2 | 3 | 4 | 5 | 6 | 7 | 8 | 9 | 10 |
| | 工作根本就没有计划和条理性，指令或制度朝令夕改，让子公司无所适从 | 工作基本没有计划和条理性，指令或制度经常改变 | | | 工作基本有计划和条理，基本能够按照既定的规划和思路，按照一定的层次不断推进 | | | 工作有计划、有条理，按照既定的规划和思路，按照一定的层次不断推进 | | |
| 工作协调 | 0~1 | 2 | 3 | 4 | 5 | 6 | 7 | 8 | 9 | 10 |
| | 无法帮助子公司进行工作协调，即使子公司提出协调要求也置之不理 | 基本不能帮助子公司进行相关工作协调，对子公司提出的协调要求推诿搪塞 | | | 能够帮助子公司进行相关工作协调，帮助子公司基本解决子公司之间或子公司与其他单位之间的问题和矛盾 | | | 积极、主动帮助子公司进行相关工作协调，解决子公司之间或子公司与其他单位之间的问题和矛盾 | | |
| 信息沟通与支持 | 0~1 | 2 | 3 | 4 | 5 | 6 | 7 | 8 | 9 | 10 |
| | 很少沟通，业务信息也很少与子公司沟通 | 沟通渠道不畅，信息传递滞后或存在偏差，不能够为子公司收集、整体相关信息资料 | | | 沟通基本顺畅，相关业务信息基本能够准确传递 | | | 沟通顺畅，相关业务信息及时、高效、准确传递，能够根据情况变化为子公司及时收集、整理相关信息资料 | | |
| 服务意识 | 0~1 | 2 | 3 | 4 | 5 | 6 | 7 | 8 | 9 | 10 |
| | 没有服务子公司的意识和概念，没有也不愿意为子公司提供任何服务与帮助 | 服务意识淡薄，对子公司提出的服务或帮助的要求只是被动地应付，而且服务质量不高 | | | 有一定的服务意识，基本能主动地为子公司提供一些服务和帮助，服务质量基本满意 | | | 有很强的服务意识，急子公司之所急，能主动、及时、全力地为子公司提供需要的各种服务与帮助 | | |

续表

| | 0~1 | 2 | 3 | 4 | 5 | 6 | 7 | 8 | 9 | 10 |
|---|---|---|---|---|---|---|---|---|---|---|
| 公平公正性 | 赏罚随意，完全不按制度办事，完全没有公平、公正可言，存在严重偏见和歧视 | 基本不按照制度办事，基本不能做到公平、公正，存在较大的偏见和歧视 | | | 基本能够做到按照制度办事，基本公平、公正对待所有子公司，基本不存在偏见和歧视 | | | 赏罚分明，有法必依，公平、公正对待所有子公司，不存在任何偏见和歧视 | | |
| | 0~1 | 2 | 3 | 4 | 5 | 6 | 7 | 8 | 9 | 10 |
| 业务水平 | 胡乱指挥，不能解答子公司任何业务问题 | 基本不懂业务或水平有限，基本不能解答子公司业务难题 | | | 具备较高的专业和管理水平，管理指挥基本得当，能够为子公司解决一些业务难题 | | | 具备很高的专业和管理水平，管理到位、指挥得当，能够快速、准确地解答子公司的许多业务难题 | | |
| | 0~1 | 2 | 3 | 4 | 5 | 6 | 7 | 8 | 9 | 10 |
| 工作效率 | 根本不能解决问题，无法完成工作，或者经常延期完成且质量很差 | 不能及时完成工作或解决工作中的问题，或者即使按期完成工作，质量也不高 | | | 工作或解决问题效率比较高，基本能按计划完成工作，工作质量基本满意 | | | 工作或解决问题效率很高，能够按计划或提前高质量完成工作 | | |
| | 0~1 | 2 | 3 | 4 | 5 | 6 | 7 | 8 | 9 | 10 |
| 工作改进与提升 | 完全不能接受批评和合理化建议，工作不合理或欠缺之处不能改进 | 基本不能接受批评和合理化建议，工作不合理或欠缺之处很少改进，业务能力增长缓慢 | | | 基本能够接受批评，采纳合理化建议，改进工作不合理或欠缺之处，提升业务能力 | | | 谦虚、诚恳地接受批评，迅速采纳合理化建议，改进工作不合理或欠缺之处，快速提升业务能力 | | |

## 案例五：某公司部门满意度评价

为有效促进各部门之间的协作，某公司将部门满意度评价引入部门考核。部门满意度评价内容及标准的建立方法如下：

1. 人力资源部向公司各部门发放满意度评价内容调查表。调查表包括两个内容：该部门向其他部门提供的服务内容；该部门需要其他部门提供的服务内容和服务标准。

2. 人力资源部汇总、整理、统计调查表内容，根据各部门向其他部门提供的服务内容，编制部门内部服务矩阵表。

3. 公司召开由各部门主管领导及负责人参加的会议，讨论、修改并确认内部服务矩阵表的内容。

4. 根据内部服务矩阵表编制部门满意度评价表，确定满意度评价指标、评分标准及权重。

## 案例六：某公司内部客户满意度调查问卷（部分）[①]（见表3—12至表3—14）

表3—12 行政后勤部满意度调查问卷

| 1. 不满意 | | 2. 不太满意 | | | 3. 一般 | | 4. 比较满意 | | 5. 非常满意 | |
|---|---|---|---|---|---|---|---|---|---|---|
| 1. 总体上，您对行政后勤部新财年的工作是否满意？ | | | | | | | 1 | 2 | 3 | 4 | 5 |
| 2. 您如何评价行政后勤部在新财年的工作表现？ | | | | | | | | | | | |
| （1）有进步 | | （2）无变化 | | | （3）有退步 | | | | | | |
| 3. 具体有哪些变化？ | | | | | | | | | | | |
| | | | | | | | | | | | |
| 4. 下面我们想了解一下您对该部门的看法，请您对以下选项分别进行满意度评价 | | | | | | | | | | | |
| （1）部门创新意识 | 1 | 2 | 3 | 4 | 5 | （2）问题解决 | 1 | 2 | 3 | 4 | 5 |
| （3）工作流程有序 | 1 | 2 | 3 | 4 | 5 | （4）工作效率 | 1 | 2 | 3 | 4 | 5 |
| （5）持续改进服务 | 1 | 2 | 3 | 4 | 5 | （6）实现承诺 | 1 | 2 | 3 | 4 | 5 |
| （7）客户界面 | 1 | 2 | 3 | 4 | 5 | | | | | | |
| 5. 您对行政后勤部的以下具体业务的满意情况如何？ | | | | | | | | | | | |
| （1）制度建设和管理政策制定 | | | | | | | 1 | 2 | 3 | 4 | 5 |
| （2）公司物业环境的规模和建设 | | | | | | | 1 | 2 | 3 | 4 | 5 |
| 6. 在问题中，如果您选择了的答案，烦请您具体说明原因，以便具体工作的改进。 | | | | | | | | | | | |
| | | | | | | | | | | | |
| 7. 下季度，行政后勤部应重点加强哪些薄弱环节的工作？ | | | | | | | | | | | |
| | | | | | | | | | | | |

表3—13 财务部满意度调查问卷

| 1. 不满意 | 2. 不太满意 | 3. 一般 | 4. 比较满意 | | 5. 非常满意 | | |
|---|---|---|---|---|---|---|---|
| 1. 总体上，您对财务部新财年的工作是否满意？ | | | 1 | 2 | 3 | 4 | 5 |
| 2. 您如何评价财务部在新财年的工作表现？ | | | | | | | |
| （1）有进步 | （2）无变化 | （3）有退步 | | | | | |
| 3. 具体有哪些变化？ | | | | | | | |
| | | | | | | | |

① http：//www. cdbo. net

续表

| 4. 下面我们想了解一下您对该部门的看法，请您对以下选项分别进行满意度评价 | | | | | | | | | | | |
|---|---|---|---|---|---|---|---|---|---|---|---|
| (1) 部门创新意识 | 1 | 2 | 3 | 4 | 5 | (2) 问题解决 | 1 | 2 | 3 | 4 | 5 |
| (3) 工作流程有序 | 1 | 2 | 3 | 4 | 5 | (4) 工作效率 | 1 | 2 | 3 | 4 | 5 |
| (5) 持续改进服务 | 1 | 2 | 3 | 4 | 5 | (6) 实现承诺 | 1 | 2 | 3 | 4 | 5 |
| (7) 客户界面 | 1 | 2 | 3 | 4 | 5 | | | | | | |

| 5. 您对财务部的以下具体业务的满意情况如何? | | | | | |
|---|---|---|---|---|---|
| (1) 制度建设和管理政策制定 | 1 | 2 | 3 | 4 | 5 |
| (2) 对各部门和下属企业的业务指导和支持 | 1 | 2 | 3 | 4 | 5 |
| 6. 对财务报表工作的满意度 | 1 | 2 | 3 | 4 | 5 |
| 在哪些方面存在不足 | | | | | |
| (1) 提供及时性　(2) 数据准确性　(3) 数据全面性　(4) 其他 | | | | | |
| 7. 对公司经营分析工作的满意度 | 1 | 2 | 3 | 4 | 5 |
| 在哪些方面存在不足: | | | | | |
| (1) 报告及时性　(2) 数据准确性　(3) 数据全面性 | | | | | |
| (4) 分析深入　(5) 熟悉业务　(6) 其他 | | | | | |
| 8. 对资金统筹安排和调度工作的满意度 | 1 | 2 | 3 | 4 | 5 |
| 在哪些方面存在不足: | | | | | |
| (1) 合理性　(2) 有效性　(3) 运作考核体系建设　(4) 专业水平　(5) 其他 | | | | | |
| 9. 对预算工作的满意度 | 1 | 2 | 3 | 4 | 5 |
| 在哪些方面存在不足: | | | | | |
| (1) 前期培训　(2) 大项费用预算方法的合理性　(3) 过程指导 | | | | | |
| (4) 信息反馈和沟通　(5) 预算审批的组织和协调　(6) 其他 | | | | | |
| 10. 在问题中，如果您选择了的答案，烦请您具体说明原因，以便具体工作的改进。 | | | | | |
| | | | | | |
| 11. 下季度，财务部应重点加强哪些薄弱环节的工作? | | | | | |
| | | | | | |

表 3—14　　人力资源部满意度调查问卷

| 1. 不满意　2. 不太满意　3. 一般　4. 比较满意　5. 非常满意 | | | | | |
|---|---|---|---|---|---|
| 1. 总体上，您对人力资源部新财年的工作是否满意? | 1 | 2 | 3 | 4 | 5 |
| 2. 您如何评价人力资源部在新财年的工作表现? | | | | | |
| (1) 有进步　(2) 无变化　(3) 有退步 | | | | | |

续表

| 3. 具体有哪些变化？ | | | | | | | | | | | |
|---|---|---|---|---|---|---|---|---|---|---|---|
| | | | | | | | | | | | |
| 4. 下面我们想了解一下您对该部门的看法，请您对以下选项分别进行满意度评价 | | | | | | | | | | | |
| （1）部门创新意识 | 1 | 2 | 3 | 4 | 5 | （2）问题解决 | 1 | 2 | 3 | 4 | 5 |
| （3）工作流程有序 | 1 | 2 | 3 | 4 | 5 | （4）工作效率 | 1 | 2 | 3 | 4 | 5 |
| （5）持续改进服务 | 1 | 2 | 3 | 4 | 5 | （6）实现承诺 | 1 | 2 | 3 | 4 | 5 |
| （7）客户界面 | 1 | 2 | 3 | 4 | 5 | | | | | | |
| 5. 您对公司相关人事制度建设的满意度如何？ | | | | | | | 1 | 2 | 3 | 4 | 5 |
| 6. 您对岗位管理工作的满意度如何？ | | | | | | | 1 | 2 | 3 | 4 | 5 |
| 7. 在部门考核工作方面，您对人力资源部是否满意？ | | | | | | | 1 | 2 | 3 | 4 | 5 |
| 在哪些方面存在不足 | | | | | | | | | | | |
| （1）组织和协调能力 | | | | | | （2）前期沟通及时性 | | | | | |
| （3）对部门制定考核方案的支持力度 | | | | | | （4）对部门的意见和建议尊重程度 | | | | | |
| （5）面试结果提供的及时性 | | | | | | （6）评价方法和技术的有效性 | | | | | |
| （7）面试技术和方法的培训 | | | | | | （8）其他 | | | | | |
| 8. 您对干部管理工作的满意度如何？ | | | | | | | 1 | 2 | 3 | 4 | 5 |
| 9. 您对员工发展工作的满意度如何？ | | | | | | | 1 | 2 | 3 | 4 | 5 |
| 10. 您对招聘渠道和面试甄选工作的满意度如何？ | | | | | | | 1 | 2 | 3 | 4 | 5 |
| 在哪些方面存在不足： | | | | | | | | | | | |
| （1）外部招聘渠道专业化 | | | | | | （2）内外部网络招聘信息更新的及时性 | | | | | |
| （3）人员简历的及时性和可选择性 | | | | | | （3）咨询服务提供的及时性 | | | | | |
| （5）面试结果提供的及时性 | | | | | | （5）评价方法和技术的有效性 | | | | | |
| （7）面试技术和方法的培训 | | | | | | （8）其他 | | | | | |
| 10. 在问题中，如果您选择了的答案，烦请您具体说明原因，以便具体工作的改进。 | | | | | | | | | | | |
| | | | | | | | | | | | |
| 11. 下季度，人力资源部应重点加强哪些薄弱环节的工作？ | | | | | | | | | | | |
| | | | | | | | | | | | |

## 案例点评

满意度评价作为考核方法的一种，主要考核相关单位之间工作的配合、支持、服务情况。满意度评价的形式多样，从考核主体上分为部门间满意度评价、总部对下属公司的满意度评价、下属公司对总部的满意度评价、客户满意度评价等；从考核形式上来分，有结构性评价、非结构性评价和二者结合的形式。

## 一、案例分析

本节选取的五个满意度评价的案例，涵盖了部门间满意度评价（案例一、二、三、五、六）和子公司对总部的满意度评价（案例四），每个案例的形式各有不同。以下进行具体分析。

### （一）案例一：K公司的部门满意度评估

本案例考核对象为业务支持部门，由接受该部门服务的相关部门进行评估，并以制度化和流程化的形式规范了部门满意度评估的时间、内容、评估等级定义等。

K公司满意度评价采用关键事件记录法，事先确定五个等级标准，分别对应1～5分之间的相应分数。在被评估部门提供服务时，先由评估部门确定服务标准，之后对被评估部门的服务进行记录，最后与服务标准进行比较从而确定每项服务的评估分数。

此种方法能够针对具体部门的具体工作表现进行评估，避免一般满意度评价采用的通用指标过于笼统和模糊的不足，使考核更具针对性和准确性。对重要事实进行记录可以为考核提供具体的事实依据，避免考核者的近期效应，使考核相对客观和准确。同时，被考核部门通过自身工作表现与评估部门需求差异的对比，可明确自身绩效改进的方向。五个评估等级标准描述清晰，具有较高的区分度，便于“对号入座”。

需要指出的是，K公司的考核方法虽具有较强的针对性，但主观性较大，作用的有效发挥需要具备一定的条件因素，否则效果会大打折扣，使考核流于形式。需具备的条件因素主要包括以下几个方面：公司具有较强的绩效文化，各部门均充分重视自身绩效的改进和提高，并充分意识到绩效考核的重要性；部门间协作密切；评估部门对被评估部门的服务能及时、客观地记录；有服务需求的部门能明确提出服务要求。

本方案中容易出现的问题及质疑：过于依赖评估部门的事实记录，如缺少记录或记录不及时，容易使考核失去依据；在中国尤其是国有企业文化中，过于讲求“和谐”，因而有可能出现各个部门一团和气，对于出现问题的工作表现不予记录，所有被评估部门均趋近高分或趋于平均的情况，使考核失去应有的意义；各项服务的考核权重需要明确说明，且需要专门的部门进行综合平衡，如由评估部门自主设定，则设定时的主观性也会影响考核的效果。

### （二）案例二：FD公司业务支持部门满意度调查表

案例采取封闭式和开放式问题相结合的调查表对业务支持部门进行满意度评价。评价内容分为三部分，一是对部门工作的总体满意度；二是对被调查部门各项工作的满意度，其中，规章制度健全程度、工作流程的有序性、客户服务意识、工作效率四项为各个部门通用调查题目，其余调查题目根据部门具体工作有针对性地进行设计；三是对被调查部门的工作改进建议。

优点是：简洁，易操作，能在短时间内获取所需信息；调查题目的设计具有导向性，能够引导被考核部门对相关工作进行关注和改进；考核题目设计能够体现各个部门的工作特色，与部门职责密切相关，具有针对性；封闭式与开放式调查题目相结合的方式能够更为全面地反映工作绩效；匿名方式更利于考核者如实、客观地提供考核信息。

不足之处在于：题目选项均分为五个等级，等级之间界定较为模糊，考核取决于调查者的主观判断；调查题目之间不设权重，不能体现各项工作之间的相对重要性；采用匿名方式进行调查不能排除利用调查进行打击报复的可能性。

（三）案例三：××公司满意度调查

本案例与案例二相比，存在一定的相似之处。表现在：调查项目采取两类指标（通用指标和有针对性的指标）；考核标准划分为五个等级（很好、较好、一般、较差、很差）。

本案例的特色主要体现在：

（1）考核指标。对每项考核指标设定相应的权重，体现指标之间的相对重要性。

（2）考核标准。每个考核等级赋予一定的分数区间，考核者可在分数区间内根据具体情况自主把握。

（3）考核者。考核者涉及除被考核部门外的所有员工。

（4）考核结果的处理。考核结果初步形成两个考核分数：一为部门正副职的平均分；二为部门内员工的平均分。人力资源部对两项分数进行加权平均，作为该部门对被考核部门的满意度评价结果。所有部门的加总平均为该部门的满意度得分。

本案例的优点：对各项考核指标根据重要性设定权重，体现一定的引导作用；每个等级赋予一定的分数区间，使考核者有一定的分数自主权，可根据实际情况灵活调整。

对本案例的质疑：

（1）考核标准界定不明。如“招聘的及时性和效果”这一指标，达到何种标准为“很好”，何种标准为“很差”。标准界定的模糊使考核时过于依赖考核者的主观判断。

（2）本案例中考核者为除本部门外的所有员工，此种方式适用于企业规模较小、各部门之间联系较为密切的情况。否则，会造成考核过程和结果统计过于复杂，考核成本过高。其他部门员工对于被考核部门工作的不甚了解也可能会造成考核结果失真。一般而言，部门满意度评价应由相关部门的部门负责人进行。

（四）案例四：某集团公司子公司对总部满意度评价

本案例根据与被考核部门协作的密切程度选取考核者并确定相应的考核权重，考核者为各相关单位负责人。每个被考核部门确定四个考核者。

各个职能部门考核采取统一的考核标准，包括工作指导、制度和标准制定、工作的计划性等 10 项考核指标。每项考核指标设四个等级，每个等级有明确的标准和分数区间。本案例中的考核方法相对合理，在企业绩效理念明确的情况下能够有效区分各部门的绩效水平。

（五）案例五：某公司部门满意度评价

案例提供了一种有效的服务满意度评价体系设计方法，即通过调查表方式确定满意度评价的内容、标准及权重，具有较强的实践指导意义。这种方法的优点是：提供服务部门和被提供服务部门双向确定满意度评价的内容，并且全过程参与、讨论，便于被考核部门明确自身服务内容，并使其易于接受考核结果；各个部门的满意度评价内容具有极强的针对性；内部服务矩阵表的编制，一方面可以明确各部门承担的服务项目，确定考核内容和考核关系，另一方面有利于企业理顺业务流程，有效提升企业管理水平。

（六）案例六：某公司内部客户满意度调查问卷（部分）

满意度调查问卷不同于满意度评价表，采用前者的主要目的是得到满意度方面的详细信息，采用后者的主要目的是了解和掌握评价者对被评价者满意度的高低程度。3 个部门的调查问卷有相同的内容（第 4 个问题），但大部分内容是根据各个部门的职责设计的。这种共性内容和个性内容相结合的思路，在满意度调查问卷和满意度评价表的设计中被普遍使用。被调查部门的工作情况，有的为其他部门的人员所了解，有的则不然，后者显然不能作为满意度调查和满意度评价的内容。

**二、案例启示及相关知识链接**

满意度评价作为考核工作业绩表现的一种方法，可以通过其他单位对该单位工作产出或服务的评价来衡量其工作业绩和工作表现。满意度评价广泛应用于部门考核，尤其是应用于没有量化指标、以提供支持和服务为主要职责的职能管理部门。将满意度评价纳入考核体系，可强化部门协作和服务意识，形成部门间的绩效合力，保障企业整体战略目标的达成，形成“1+1＞2”的业绩成效。

企业实施满意度评价时需注意以下几个方面：

1. 满意度评价周期不宜过短，以半年或一年为宜

满意度评价是需要其他相关单位和对象对被考核单位进行评价的考核方法，其组织和实施需要花费一定的时间成本。此外，对服务或工作表现的满意度需要一定的周期才能体现，仅通过较短时间内的工作表现来确定和衡量是不准确和不全面的。因此，满意度评价周期最好为半年或一年，至少为季度考核。

2. 满意度评价需与其他考核方法结合使用，不应作为唯一衡量工作业绩的考核方式

满意度评价是由其他相关单位和对象对被考核单位工作表现进行评价的一种方法。其他相关单位作为一种评价主体，只能从侧面反映被考核单位的协作程度和服务情况，并不能全面了解被考核单位的工作业绩和工作表现。因此，满意度评价不能作为唯一的评价方式，需与目标管理等其他考核方法结合使用，以便全面、真实地反映被考核单位的

绩效水平。

3. 满意度评价适用于部门考核，而员工考核不宜采用

部门间满意度评价可以有效促进各部门的协作意识，引导形成部门绩效合力，有效支撑企业战略目标的实现。而员工考核如引入满意度评价，易对员工之间的团队合作产生消极作用。因此，满意度评价适用于部门，而不适用于员工。

4. 明确考核内容及考核标准

由于满意度评价本身就带有较强的主观性，因此，满意度评价的内容及标准必须明确，且具有较强的针对性和可操作性，否则容易使满意度评价流于形式。

# 第 4 章

# 不同类别的考核

# 第一节　分（子）公司的考核

## 案例一：某分公司考核方案（摘要）

### 一、总体思路

方案将各分公司定位于利润中心、管理中心，把公司的战略目标分解为各分公司年度及季（月）度目标，进而对KPI的完成情况进行季度考核，根据考核的结果对各分公司总经理进行季度激励。

如分公司有临时重要任务，总公司将对分公司进行附加专项考核。

### 二、考核目标

通过对各分公司考核进行有效控制，推进公司战略目标的实现；通过规范化的业绩目标的设定、沟通、考核及反馈，促进各分公司工作方法和绩效的提升；将分公司高管收入与分公司业绩目标挂钩，实施有效激励；对分公司所有员工年终实施有效激励。

### 三、考核内容（见表4—1）

表4—1　　分公司考核指标

| KPI | 指标要项 | 权重 | 考核标准（略） |
|---|---|---|---|
| 客户指标 | 客户开发 | 10% | |
| | 维护指标 | 10% | |
| 经营指标 | 毛利完成率 | 20% | |
| 任务级指标 | 任务级销售量 | 15% | |
| 经营费用指标 | 预算费用控制率 | 10% | |
| 应收账款 | 应收账款超期天数 | 10% | |
| 第三方评估 | 运作项目质量 | 5% | |
| 激励指标 | 资产保全 | 5% | |
| 责任事故 | 安全、投诉等 | 5% | |
| 管理考核 | 制度执行 | 10% | |

### 四、年终考核

1. 各分公司年终奖的核算

每年年终，根据全年的季度考核结果及税后毛利完成情况，对各分公司年度完成目标情况进行考核，根据考核结果进行奖金分配。

2. 各分公司年终奖具体分配

各分公司依据公司相关规定，提出年终奖金具体分配方法及比例，总公司核准后执行。

## 案例二：济南市某集团公司分（子）公司业绩考核方案（摘要）

为有效激励分（子）公司管理者，推动分（子）公司的持续发展及规模效益增长，逐步规范内部管理，某集团公司制定了分（子）公司业绩考核方案。

### 一、考核指标体系（见表4—2）

**表4—2　业绩考核指标体系**

| 指标类别 | 指标类别释义 | 具体指标 |
|---|---|---|
| KPI | 反映分（子）公司经营业绩和经营成果 | 主营业务收入、净利润、回款率 |
| 内部运作指标 | 衡量分（子）公司内部运作效果和规范性的依据 | 管理体系规范性、产品交验一次合格率、员工流动率 |
| 满意度指标 | 通过员工满意度信息和客户满意度信息的收集和分析，对公司组织和文化基本状况进行一定的反映 | 内部员工满意度、外部客户满意度 |
| 周边绩效 | 反映在达成职责和任务的过程中对工作业绩有影响的支持性因素，涉及工作责任心、服务意识、工作效率等多方面因素 | 周边绩效 |

在此基础上，设立基准指标，作为绩效考核体系主体的基础，具有“一票否决权”，具体包括重大质量事故、重大安全事故和重大客户投诉。

### 二、考核操作

#### （一）考核责任划分

考核者：股份公司总经理或主管副总。在绩效考核过程中，考核者除考核外，还有指导、帮助、激励被考核者的责任和权利。

归口管理部门：企业管理部。负责组织绩效考核的实施，汇总整理绩效考核结果，并负责绩效申诉的组织处理。

信息提供部门：财务部、企业管理部、人力资源部、工会。

考核结果审核者：股份公司绩效考核领导小组（股份公司副总以上组成）。

**（二）考核周期及考核内容**

季度考核：主营业务收入和净利润指标。

半年考核：主营业务收入、净利润指标和管理体系规范性指标。

年终考核：全部指标。

### 案例三：某电力公司对直属单位考核办法（摘要）

## 一、考核内容

1. 公司根据各单位营运管理范围和业务特点，确定各单位考核指标及考核指标目标值。

2. 考核内容由经营类指标、安全类指标、精神文明与党风廉政建设类指标、优质服务类指标、生产运行类指标、电网规划建设类指标、员工发展与成长类指标共七类组成。

3. 各类绩效考核内容计分标准均采用百分制，分别按各分类考核办法的具体规定组织实施。

## 二、绩效考核的管理

1. 公司成立绩效考核管理领导小组，作为考核的最高管理机构，负责绩效考核办法审定、考核结果审定、审议形成被考核人申诉反馈意见，以及决定其他公司考核管理过程中遇到的特殊、重大问题。

公司绩效考核管理领导小组组长由公司领导组成，小组成员包括总经理工作部、思想政治工作部、综合计划部、战略规划部、人力资源部、财务部、基建部、生产技术部、安全监察部、营销部、农电工作部、电力调度（交易）中心、审计部、监察部、科技信息部、保卫部、工会、行政管理中心等有关部门的负责人。

2. 公司绩效考核管理领导小组下设绩效考核管理办公室，在绩效考核管理领导小组的领导下开展工作，负责考核办法的拟定、考核指标的选定、考核目标值的确定、绩效考核的实施管理等工作。

办公室设在人力资源部，办公室主任由人力资源部主任担任。办公室成员由总经理工作部、思想政治工作部、综合计划部、战略规划部、人力资源部、财务部、基建部、生产技术部、安全监察部、营销部、农电工作部、电力调度（交易）中心、审计部、监察部、科技信息部、保卫部、工会、行政管理中心等有关部门的人员组成。

3. 综合计划部是经营类指标考核的责任部门，主要负责制定考核办法，提出考核意见，上报指标考核结果。营销部、财务部是其考核的配合部门。

4. 安全监察部、科技信息部是安全类指标考核的责任部门，主要负责制定考核办法，提出考核意见，上报指标考核结果。行政管理中心、保卫部、生产技术部、基建部、营销部、农电工作部和电力调度（交易）中心是其考核的配合部门。

5. 思想政治工作部是精神文明与党风廉政建设类指标考核的责任部门，主要负责制定考核办法，提出考核意见，上报指标考核结果。监察部、人力资源部、保卫部、行政管理中心和工会是其考核的配合部门。

6. 营销部是优质服务类指标考核的责任部门，主要负责制定考核办法，提出考核意见，上报指标考核结果。生产技术部、监察部和客户服务中心是其考核的配合部门或单位。

7. 生产技术部是生产运行类指标考核的责任部门，主要负责制定考核办法，提出考核意见，上报指标考核结果。电力调度（交易）中心、营销部和客户服务中心是其考核的配合部门。

8. 基建部和战略规划部是电网规划建设类指标考核的责任部门，主要负责制定考核办法，提出考核意见，上报指标考核结果。

9. 人力资源部是员工发展与成长类指标考核的责任部门，主要负责制定考核办法，提出考核意见，上报指标考核结果。思想政治工作部、工会是其考核的配合部门。

10. 人力资源部是绩效考核工作的归口管理部门，主要负责制定企业考核管理办法，协调考核管理工作，汇总考核指标目标值和考核意见等，并负责实施考核兑现管理。

## 三、绩效考核的实施

1. 按照各单位的业务特点，设定经营类、安全类（含生产安全和信息安全内容）、生产运行类、电网规划建设类（含电网建设和电网规划前期内容）、精神文明与党风廉政建设类、优质服务类、员工发展与成长类等考核内容的权重（见表 4—3）。

表 4—3　**考核指标体系权重表**

| 考核内容类别 / 单位类别 | 经营类 | 安全类 | 精神文明与党风廉政建设类 | 优质服务类 | 生产运行类 | 电网规划建设类 | 员工发展与成长类 | 合计 |
|---|---|---|---|---|---|---|---|---|
| 16 个直属供电公司 | 35 | 22 | 15 | 9 | 9 | 5 | 5 | 100 |
| 6 个生产单位 | 28 | 33 | 15 | 4 | 15 | — | 5 | 100 |
| 客户服务中心 | 20 | 20 | 20 | 35 | — | — | 5 | 100 |
| 培训中心 | 20 | 20 | 50 | — | — | — | 10 | 100 |

其中，信息安全类考核内容占全部考核权重为 2%，电网规划前期类考核内容占全部考核权重为 1%。

2. 直属单位考核得分计算公式为：

$$S=A\times K_1+B\times K_2+C\times K_3+D\times K_4+E\times K_5+F\times K_6+G\times K_7$$

其中：$S$ 为单位的考核总得分；$A$ 为经营类指标考核得分，$B$ 为安全类指标考核得分，$C$ 为精神文明与党风廉政建设类指标考核得分，$D$ 为优质服务类指标考核得分，$E$ 为生产运行类考核指标得分，$F$ 为电网规划建设类指标考核得分，$G$ 为员工发展与成长类指标考核得分；$K_1$ 为经营类指标考核权重值，$K_2$ 为安全类指标考核权重值，$K_3$ 为精神文明与党风廉政建设类指标考核权重值，$K_4$ 为优质服务类指标考核权重值，$K_5$ 为生产运行类指标考核权重值，$K_6$ 为电网规划建设类指标考核权重值，$K_7$ 为员工发展与成长类指标考核权重值。

考核得分和考核权重值分别用百分数表示，并保留三位小数。

考核得分＝按照各考核内容考核期实际评分/100。

## 案例四：某电信公司地州市分公司综合绩效考核办法（摘要）[①]

为保障公司年度工作重点，全面实现公司预算目标，促进公司有效发展，综合评价地州市分公司经营管理水平，特制定本办法。

### 一、考核指标体系

考核指标体系分为预算完成指标、竞争力指标和激励约束指标三部分。预算完成指标权重为60%（月度为63%），竞争力指标权重为40%（月度为37%），激励约束指标不设权重，直接从总分中加减。具体见表4—4。

表4—4　　2010年综合绩效考核指标体系

| 考核项目 | 主指标 | 分指标 | 标准分值 |
|---|---|---|---|
| 预算完成考核（60%，月度63%） | 效益类（50%，月度53%） | 收入预算完成率 | 30 |
| | | 利润总额预算完成率 | 20（月度23） |
| | 重点业务（10%） | 3G净增出账用户预算完成率 | 5 |
| | | 2G净增出账用户预算完成率 | 3 |
| | | 宽带净增出账用户预算完成率 | 2 |
| 竞争力考核（40%，月度37%） | 客户综合感知（10%） | 服务质量考核 | 10 |
| | 收入/利润贡献度（5%） | — | 5 |
| | EVA同比改善（5%，月度2%） | — | 5（月度2） |
| | 网络支撑质量（20%） | 运行维护质量考核 | 10 |
| | | 网络建设考核 | 10 |

① http：//wenku. baidu. com

续表

| 考核项目 | 主指标 | 分指标 | 标准分值 |
| --- | --- | --- | --- |
| 激励约束考核（－10～＋20） | 业务发展质量 | 集团拍照用户保有率 | ＋4 |
| | | 中小企业收入占收比 | ＋3 |
| | | 使用电子渠道的用户数及电子渠道营业额预算完成率 | ＋2 |
| | | 户均净增移动出账用户佣金 | ＋2 |
| | | 移动用户有效发展率 | ＋4 |
| | | 3G 业务占收比 | ＋3 |
| | | 移动增值业务占移动收入比 | ＋2 |
| | 控制类 | 重大经营责任、安全生产事故、违反内控制度等 | 扣分 |

地州市分公司综合绩效考核得分＝预算完成考核得分＋竞争力考核得分＋激励约束考核得分。

## 二、绩效目标与考核周期

1. 公司管理层与各地州市公司负责人签署年度经营业绩责任书中明确的主要绩效目标。

2. 考核周期从每年 1—12 月，对绩效目标的执行情况按月考核。

考核结果在次月 15 日前向各地州市分公司通报。每月 12 日前区公司各考核责任部门按照考核分工及时提报对地州市分公司的考核数据，由企业发展部发布考核通报。

## 三、考核分工

### （一）预算完成考核

效益类指标由财务部负责，重点业务指标由市场部负责。

### （二）竞争力考核

客户综合感知指标由客户服务部负责，收入/利润贡献度指标、EVA 同比改善指标由财务部负责，网络支撑质量指标分别由网络公司运行维护部、网络建设部负责。

### （三）激励约束考核

业务发展质量指标由市场部负责，控制类指标由区公司各相关部门负责。

**案例点评**

分（子）公司的绩效考核是公司总部对分（子）公司一定时期内的资产运营、财务效益、市场拓展、发展潜力等进行综合评价，并对分（子）公司及其经营者进行激励，从而改进和提升绩效的过程。

如何对分（子）公司进行全面、准确、公平的考核，实现公司总部对分（子）公司的有效管控，提升分（子）公司的绩效水平，最大限度地发挥其现有能力和潜力，使分（子）公司与总公司的利益协调均衡，确保公司整体战略的实现，是对分（子）公司考核需关注的问题。

**一、案例分析**

本节选取 4 个分（子）公司考核的案例，其中案例二为分公司和子公司考核；案例一、四为分公司考核；案例三中的直属单位较复杂，有的不属于分（子）公司。案例的选取体现了分（子）公司考核的差异性，同时也体现了分（子）公司考核的现行模式和特点。

（一）考核指标体系的模式

分（子）公司考核体系设计的一个重要问题是考核指标的设置。分（子）公司指标体系的设置有以下两种模式：

1. 财务指标模式

财务指标模式，顾名思义，是指公司总部将财务指标作为衡量分（子）公司绩效水平的唯一因素，仅对分（子）公司的绩效结果进行控制，而不关注其绩效产出的过程。用于考核分（子）公司的财务指标主要包括收入、利润、净资产收益率、总资产报酬率、成本费用利润率、资产负债率、总资产周转率等。

财务指标模式与财务管控模式有直接的、必然的联系。单纯的财务管控容易造成集团企业下的各分（子）公司各自为政的局面，不利于集团企业整体战略的实现。本节没有选取财务指标模式的案例。

2. 兼顾财务指标与非财务指标的综合模式

在综合模式下，公司总部对分（子）公司的考核兼顾财务指标与非财务指标，即兼顾过程控制和结果控制。财务指标用于反映分（子）公司整体经营情况，非财务指标用于考核分（子）公司资产经营及管理等其他多方面因素，是对财务指标的有效补充。财务指标与非财务指标的结合构成较为完善的分（子）公司考核体系。

案例一对分公司的考核采取综合模式，考核指标涉及客户指标、经营指标、销售量指标、经营费用指标、财务指标、管理指标、责任事故指标等。考核指标和考核角度较为全面，能够有效实现对分公司的过程控制和结果控制。考核目标由公司战略目标分解而来，确保公司总部与分公司战略目标的一致，形成上下协同的向心力，有效实现对分公司的管控。

案例二为集团公司对分（子）公司的考核，考核指标包括 KPI、内部运作指标、满意度指标和周边绩效。本案例与案例一相比，将满意度指标和周边绩效列入分（子）公司的考核体系，使考核更具全面性。对满意度指标和周边绩效的考核使分（子）公司的管理水平和工作效率等得以体现。方案中设置“基准指标”，具有一票否决性，能够有效预防分（子）公司重大事故和投诉等情况的发生。此外，季度、半年和年终考核内容各不相同，季度考核财务指标，半年考核财务指标和管理指标，年终考核全部指标，这种方式在保证指标体系完整性的同时，考虑了各个考核周期的重点以及考核内容对于考核周期的适应性。

案例三和案例四中的考核指标模式也属于综合模式，但与案例一、二有所不同，体现了各自行业的特点。案例三中的考核指标体系将平衡记分卡与传统的三项责任制考核（经营目标考核、安全生产考核、精神文明与党风廉政考核）相结合。

（二）考核的组织

1. 考核方式

对分（子）公司的考核方式有两种选择：一是由主管领导考核，指标归口部门提供信息；二是由指标归口部门考核，主管领导或考核小组（考核委员会）审核。

案例二属于第一种方式，考核者是股份公司总经理或主管副总，财务部、企业管理部、人力资源部、工会是信息提供部门。案例三、案例四属于第二种方式。在案例三中，考核指标分为 7 类，每一类指标都规定了考核责任部门和配合部门，公司考核小组负责对考核结果进行审核。

采用指标归口部门考核，需要有一个部门或机构负责组织和协调工作。以案例三为例，公司绩效考核管理领导小组下设绩效考核管理办公室，在绩效考核领导小组的领导下开展工作，负责绩效考核的实施管理等工作。

无论是主管领导考核还是指标归口部门考核，都有其合理性。如果从主管领导在绩效管理中所应当承担的责任看，应当选择主管领导考核的方式；如果从对指标完成情况的熟悉程度和分担主管领导的工作负担方面考虑，指标归口部门更适合作为考核者。

2. 考核工作的责任部门

分（子）公司考核工作的责任部门有两种选择，一是人力资源部，二是像企业管理部、发展规划部这样的部门。案例三中规定，人力资源部是考核工作的归口管理部门；案例二中规定，企业管理部是考核工作的归口管理部门；案例四中没有提到这一点，但从“企业发展部发布考核通报”这一点看，企业发展部应当是考核工作的责任部门。

## 二、案例启示及相关知识链接

（一）分（子）公司考核中易存在的问题

1. 过于注重财务指标考核

传统的分（子）公司考核以财务指标考核为主，其实质是以财务绩效代表经营绩效，忽视非财务绩效信息对于管控的重要性。

以财务指标为主体的考核体系存在一定的缺陷，主要表现在以下三个方面：

（1）公司总部与分（子）公司，尤其是母子公司之间，可能采取不同的会计方法，因而削弱了财务报表信息的可比性。此外，分（子）公司的考核结果往往与分（子）公司经营者利益挂钩，因而经营者可能采取报表粉饰手段，使考核结果严重失真。

（2）财务指标考核体系过多地关注过去的绩效，而忽略对未来发展能力的考核，可能导致经营者采取短期经营行为，削弱企业长远利益，不利于企业绩效的持续改进和提升。

（3）财务考核是事后考核，只能反映分（子）公司前期生产经营状况，无法揭示绩效提升或下降的原因，不利于公司总部的战略决策。

2. 考核指标值的制定带有主观性

指标值的制定对总部和分（子）公司来说都是个困难的过程。一般而言，总部并不确定分（子）公司的业绩潜力究竟怎样，只能每年不断地提高业绩标准，以期尽可能地挖掘分（子）公司的潜力；相反，分（子）公司经营者为了给自己留有持续改善和免责的余地，倾向于找出各种理由要求总部降低业绩标准。因此，这是一个博弈过程。在实践中，总部的谈判力量通常取决于其对分（子）公司的了解程度。

3. 各分（子）公司考核指标缺乏针对性

为统一管理和简化考核体系设计，很多企业对分（子）公司的考核采取统一的考核指标和标准，考核指标没有体现各个分（子）公司的差别和特点，致使考核针对性差。

（二）分（子）公司考核应注意的问题

1. 根据管控目的和管控模式确定考核方式

绩效考核是管控的重要组成部分，因此，在不同的管控模式下，公司总部对分（子）公司的考核方法和侧重点应有所不同，即需建立与管控体制相配套的考核模式。

（1）分权管控模式

在分权管控模式下，分（子）公司自主管理和控制公司的生产运营，公司总部给予分（子）公司较大的决策权和自主权，只对其采用结果控制，以充分调动其积极性。因此，在这种管控模式下，考核的重点应放在结果指标上。

（2）集权管控模式

在集权管控模式下，公司总部对分（子）公司的考核具有完全控制和绝对控制权，其目的是完全控制分（子）公司的运营以确保公司战略有效实施。集权管控模式是一种重视过程的管控模式，即公司总部对分（子）公司的整个运营流程进行全盘掌控。因此，这种模式下，应兼顾过程考核与结果考核。

2. 合理确定考核指标值

考核指标值的确定可采用以下方法：

（1）在公司总部对分（子）公司进行充分调研的基础上，结合上年度工作业绩情况和本年度市场预测，与分（子）公司协商，合理确定分（子）公司考核的指标值。公司总部应设专人对分（子）公司的市场趋势和发展规划进行跟踪。这样不仅有利于指标值的合理制定，而且有助于加强对分（子）公司经营与发展的指导和监控。

（2）联合利润法。在年初时，由公司总部和分（子）公司各提出一个认为合适的指标值，然后进行算术平均，作为当期考核指标值，也可利用分（子）公司的自报数乘以80%作为上级的要求基数进行简单算术平均，形成指标值。当年终实际完成数超过年初自报数时，对少报部分收取5成罚金，当年完成的指标值超过考核指标值，则利润完成超额部分的70%归分（子）公司所有。

3. 指标体系应有针对性

公司总部对各分（子）公司的考核指标体系应有针对性，不宜搞通用模式，考核指标应体现差别性原则，即考核指标的设置应体现各分（子）公司的特点，明确各分（子）公司的发展定位，并引导其核心竞争力的发展方向。

4. 建立绩效监控机制

（1）日常报表制度

要求分（子）公司定期上报相关指标的数据资料，以报表形式向总部汇报，以便获取绩效信息，有效衡量分（子）公司的绩效水平。

（2）总部领导巡视制度

总部领导或其代表定期、不定期对各分（子）公司进行巡视，与分（子）公司经营层沟通，重点了解各分（子）公司经营者的工作计划和指标进展情况。

（3）定期述职制度

分（子）公司经营者定期到总部述职，向总部高层和相关部门负责人汇报业绩状况和下一步的工作计划，并接受质询。

5. 考核结果与薪酬分配

分（子）公司考核结果在薪酬分配方面的应用可分为两种方式：一是用于分（子）公司经营者的薪酬分配，二是用于分（子）公司的薪酬分配。

（1）用于分（子）公司经营者的薪酬分配

这种方式是将分（子）公司的考核成绩与分（子）公司经营者的绩效工资或奖金挂钩，可参见本书第6章第一节。

（2）用于分（子）公司的薪酬分配

分为两种形式：一种是与分（子）公司的工资总额挂钩；另一种是与分（子）公司的奖金分配挂钩。

①与分（子）公司的工资总额挂钩

这种方式是将分（子）公司的考核成绩与该公司的工资总额进行挂钩，实现对分（子）公司的激励和对工资总额的有效控制。

以下为某子公司的挂钩办法。

$$Q = Q_0 + P(\delta_1 + \delta_2 + \delta_3) \pm \Delta$$

式中 $Q$——当年可提取计入成本的工资总额提取数；

$Q_0$——基础工资总额，$Q_0 = 0.80 \times P$；

$P$——本年度工资总额基数；

$\delta_1$——销售收入完成系数；

$\delta_2$——利润完成系数；

$\delta_3$——流动资金周转率（或净资产收益率）系数；

$\Delta$——修正值，是根据市场情况及其他不可测因素，对计算值进行的补充调整。

②与分（子）公司的奖金分配挂钩

这种方式可在案例一中得到体现。案例一将利润与年终奖挂钩，即利润奖励=实际利润×奖励比例，有效实现对分（子）公司的激励。

# 第二节　职能部门考核

### 案例一：北京某控股有限责任公司的总部职能部门的考核①

北京某控股有限责任公司总部由投资发展部、产权管理部、企业重组部、人力资源部等10个管理部门和组织部、党委宣传部等5个党政部门组成。近年来，公司实施了以战略为核心的部门KPI考核，公司的KPI方案使各部门有了明确的工作目标和责任，大大激发了各部门员工的积极性，各部门的工作效率比以前有了大幅度的提高。

## 一、部门KPI的制定

KPI的制定比较复杂，公司以各部门的职责、职能为基础，根据“SMART”的原则，以时间、数量、质量、成本、满意度等维度来确定部门KPI，见表4—5。

表4—5　　部门KPI

| 部门 | 考核指标 | 指标计算公式（略） |
| --- | --- | --- |
| 投资发展部 | 本期内投资项目（进度）的完成率 | |
| | 项目投资回报率 | |
| | 质量认证达标率 | |
| | 精大稀设备利用率 | |
| | 投资发展研究报告数完成率 | |
| 人力资源部 | 培训人均学时完成率 | |
| | 专业人员流失率 | |
| | HR服务满意度 | |
| | 全系统劳动生产率完成率 | |
| | 培训成本控制率 | |
| | 制定公司政策和制度的效率 | |

① 陈少铃. 部门KPI考核——北京隆达轻工控股有限责任公司的总部管理. 企业管理. 2008，8

续表

| 部门 | 考核指标 | 指标计算公式（略） |
|---|---|---|
| 企业重组部 | 企业不良资产盘活率 | |
| | 本期内调整项目（进度）的完成率 | |
| | 企业重组调整前后的利润率增长率 | |
| | 项目开发费用 | |
| 行政卫生部 | 费用控制完成率 | |
| | 环境卫生达标率 | |
| | 服务满意度 | |
| | 交通安全达标率 | |

## 二、部门 KPI 的考核流程

### （一）部门 KPI 的认定及其权重的确定

根据时间的长短，将各部门 KPI 主要分为年度、季度、月度的 KPI。KPI 的认定及其权重确定具体做法是：

1. 每年年初，由公司领导层根据战略发展目标及当年重点工作任务确定各部门的年度 KPI 及各指标权重，各部门根据公司领导确定的战略目标和年度 KPI 安排年度工作计划。

2. 公司领导层根据公司年度总目标分解成季度目标再确定出部门的季度 KPI 及各指标的权重，各部门根据公司的季度目标和季度 KPI 安排部门的季度工作计划。

3. 根据公司的月度目标再确定出各部门月度的 KPI 及各指标的权重，各部门据此制定月度的工作计划。

### （二）部门 KPI 的考核流程

部门 KPI 考核主要由人力资源部组织和管理。月度考核流程如下：

1. 月底，人力资源部要求各部门递交部门月度工作任务完成情况的报告，并负责对各部门报告的真实性进行审核。出现疑义的部门报告将被退回，并要求该部门提供支持原报告的真实数据或要求该部门修改报告。

2. 审核通过的部门报告作为主要的考核依据，由人力资源部计算出该部门月度 KPI

得分。

3. 各部门月度KPI考核的实际结果送回各部门，并由各部门主管签字确定。

4. 月度部门KPI实际考核结果送交总经理审核，并在月末的经理办公会上根据客观情况（剔除某些非部门能力所及的客观因素的影响）调整部门KPI的实际得分并宣布最终的月度部门KPI考核结果。

季度、年度的部门KPI考核的流程与月度部门KPI考核类似，只不过是考核安排在时间和计算方式上有些不同。

季度部门KPI考核主要安排在每季末，其主要计算公式为：

季度的部门考核结果得分＝（∑本季度内每月KPI考核得分）/3×40%＋本季度的季度KPI考核得分×60%

年度部门KPI考核安排在每年末，其主要计算公式为：

年度的部门考核结果得分＝（∑每季度KPI考核结果得分）/4×40%＋年度KPI考核得分×60%

## 三、部门KPI得分的计算

以公司人力资源部门“制定公司政策和制度的效率”指标为例来说明如何计算部门KPI的实际得分。

集团在年初制定人力资源部的部门KPI时要求在1月1日到3月26日期间完成《企业经营者管理办法》（此办法的主要内容涉及对企业下属公司的董事长、总经理等高级管理人员在招聘、合同签订、薪资待遇、业绩考核、解聘等方面的具体规定），并把“制定公司政策和制度的效率”这一指标定为3月份人力资源部部门KPI指标之一。

但是，人力资源部并没有按时完成或者已有方案领导不同意要返工，直到4月26日才拿出令领导满意的可执行的方案，那么根据公式：

3月份人力资源部“制定公司政策和制度的效率”的KPI＝1－（∑本期内实际$N$天完成制定的政策和制度－∑本期内计划$M$天完成制定的政策和制度）/∑本期内计划$M$天完成制定的政策和制度＝1－［（4月26日－1月1日）/（3月26日－1月1日）－1］＝1－31/85＝0.64，也就是说这个目标只完成了64%。

## 案例二：××市通信分公司职能部室绩效管理办法实施细则①

### 一、考核依据

季度考核的依据是反映市公司的总体发展战略和年度工作安排的 KPI，包括主要工作任务目标、工作职责及服务两方面。

1. 主要工作任务目标是各职能部室事先根据年度主要工作任务目标和市公司工作安排及要求，确定本季度主要工作任务目标及其效果与时限的要求，考核主要工作任务目标的完成情况。

2. 工作职责及服务是以各职能部室工作说明书的工作职责和要求为依据，考核各职能部室履行工作职责的情况，并评估各职能部室在履行工作职责当中的服务意识、工作效率和服务质量。

### 二、考核时间

季度末后的 3 个工作日完成。

### 三、职能部室季度主要工作任务目标协议书

职能部室季度主要工作任务目标协议书是考核主要工作任务目标的载体与工具。

主要工作任务目标是各职能部室负责人作出的承诺。它是各职能部室根据本职能部室的年度工作任务目标和市公司工作安排及要求，经市公司领导认可，对本职能部室在本季度内应完成的主要工作任务事项及其效果与时限的要求达成的共识。

### 四、职能部室季度绩效目标考核表

主要内容包括：

1. 职能部室主要工作任务目标的完成情况，包括负责人自我评价和公司绩效管理委员会的考核打分。

2. 有关原因分析，是指职能部室负责人对绩效目标完成情况的有关原因的分析说明。

### 五、履行工作职责及服务评价表

职能部室履行工作职责及服务评价表是工作职责及服务要素考核运作的载体与工具，它

---

① 皇甫刚. 绩效考核与管理案例. 北京：电力工业出版社，2005

通过对照职能部室工作说明书，考核各职能部室工作职责的履行，并评估各职能部室在履行工作职责当中的服务意识、服务效率和服务质量。

## 六、考核指标的权重

主要工作任务目标占 60％，履行工作职责占 20％，服务占 20％。

## 七、考核评分权重

公司绩效管理委员会成员对职能部室工作绩效的季度考核评分，其权重分配是：市公司总经理的考核评分占 30％，市公司分管副总经理的考核评分占 30％，市公司其他两位副总经理的考核评分各占 20％。即：

职能部室季度工作绩效的考核原始评分＝市公司总经理的考核评分×30％＋市公司分管副总经理的考核评分×30％＋市公司副总经理的考核评分×20％＋市公司副总经理的考核评分×20％

## 八、考核程序

1. 每季度末，各职能部室负责人根据本部室年度工作任务目标、市公司的要求、市公司工作安排，提出下一季度本部室的主要工作任务目标。

2. 各职能部室负责人与市公司分管副总经理就主要任务目标的内容进行沟通、评议和审定。

3. 当职能部室负责人与市公司分管副总经理对此达成共识后，由各职能部室负责人将确认的内容填入职能部室季度主要工作任务目标协议书。

4. 每个季度末后的 3 个工作日，首先，各职能部室负责人对绩效目标完成情况进行自我评价，并记入职能部室年度绩效目标考核表；其次，公司绩效管理委员会根据各职能部室主要工作任务目标完成的实际情况和履行工作职责及服务状况，在职能部室季度绩效目标考核表和履行工作职责及服务评价表上，对职能部室的工作绩效进行考核打分，并提出意见。

### 案例三：某企业职能部门考核

该企业强调职能部门既是公司战略的推进者，负有监督、管理、支持和服务一线部门的责任，也是公司战略的具体执行者，在相应职能领域内负有实现业绩目标的责任。

职能部门考核指标分为关键业绩指标（KPI）和基础业绩指标（CPI）两大类。KPI 是指基于战略目标的具有增值作用的绩效指标，尽可能量化，主要依据公司目标、部门

目标、部门关键职能等因素确定，强调输入和输出过程的控制。部门级KPI在不同阶段会有些变化和调整，是部门绩效考核的主要内容。CPI是指基于部门正常工作职责范围的绩效指标，具有一定的通用性和稳定性，一般出现较大波动时才会对公司整体绩效产生影响。在对部门进行绩效考评时，CPI相对次要，不需要耗费大量精力收集数据和进行复杂的评价。

表4—6　　经营策划部业绩指标

| KPI | 考评标准 |
|---|---|
| 1. 经营计划完成率 | 有效分解经营计划，督办事项的经营计划完成率达100% |
| 2. 合同文本准确率 | 合同编制及时，无任何法律纠纷，编审合格率达100% |
| 3. 公司总体规划制定与推进 | 重点工作推进实施进度和效果评价 |
| 4. 全面预算编制与控制准确性 | 公司预算编制准确，严格控制预算支出，预算与实际支出误差不超过1% |
| 5. 市场拓展 | 按时、保质完成公司市场拓展目标 |
| 6. 项目实施进度 | 根据期初确定的时间、阶段性成果和质量标准进行考核 |
| CPI | 衡量标准 |
| 1. 基础管理 | 制度执行有效性；资料归档及时准确性；员工考核及时准确性 |
| 2. 制度建设完善性 | 制定、更新、完善公司管理制度达到预定目标要求 |
| 3. 信息更新 | 现有的信息系统资源利用情况；部门信息传递及时性 |
| 4. 统计报表及时准确性 | 统计报告及时，报表准确率100% |
| 5. 员工培训 | 培训时间累计3天/月，培训人次80次 |
| 6. 部门协作性 | 能积极主动与其他部门协调工作，相互配合，不推诿扯皮，无投诉 |

## 案例四：某铝业公司职能部门考核办法①

### 一、考核指标的基本结构

#### （一）通用指标

通用指标为月度绩效考核指标，由管理制度、部门团队建设和月工作计划三项构成。

1. 管理制度主要考核职能部门各项管理制度是否健全。

2. 部门团队建设主要考核部门的团结协作精神、凝聚力、培训及队伍建设。

① 荣亚平，张丹凤. 以目标管理为中心的职能部门绩效考核制度

3. 月工作计划包括：

(1) 月重点工作计划

按各部门与公司签订的《目标责任书》的目标分解的阶段性任务。

(2) 突发性工作

月初难以预见的或根据市场及外部环境的突发性变化带来的当月突发性（包括生产、经营、技术、管理等方面）工作。主要依据来源于上级部门的通知、文件；公司经理办公会；各项专题会；领导临时交办的工作。

### （二）专项指标

专项指标为月度绩效考核指标。职责履行情况考核是部室考核的重点，分值占考核总分的 70%。该责任目标体系对应的考核细则主要依据部门职责分别确定，每个部门各不相同，有硬指标的按量化目标进行考核，没有硬指标的按职责进行考核。

### （三）辅助指标

辅助指标为年度绩效考核时使用的指标。包括：年度提供公司决策频率（次数）、解决基层实际问题的能力及为基层单位服务情况、改革创新情况、部门工作量及工作效率、与其他部门协作和提供支持情况、部门费用使用情况六项。

## 二、考核运行程序

考核分为月度考核和年度考核。

### （一）月度考核

1. 每月初，由各部门根据签订的年度《目标责任书》制定本部门月度工作计划，并将计划落实到具体的员工，由主管经理签字认可后生效。月度计划包括：工作事项、月进度目标、完成时间、责任人、考核标准、实际完成情况及时间、可供检查的材料、备注等项目。

2. 每月末，各部门主管填写月计划表中“实际完成情况”和“可供检查的材料”栏。如未完成应在“备注”栏中说明原因。

3. 公司考核小组召开考评会议，由各部门主管在会上陈述当月工作完成情况，再分别转交主管经理对工作完成情况进行确认后，由考核小组集体评定考核得分。

4. 部门工作目标的实现情况间接地、综合地反映了部门主管的工作业绩，各部门主管的当月考核分数比照部门考核得分产生。

5. 为鼓励各部门的团队精神，部门绩效分数决定了部门内员工的绩效评估分数的分布情况，要求符合正态分布比例。

**（二）年度考核**

1. 每年年初，由公司总经理召开各部门主管会议，明确全年工作的指导思想，确定全年工作目标，并对部门工作按职责进行分工，确定工作推进时间表。通过设置目标，统一各部门的思想和行动，保证公司各级形成一致的工作方向。

2. 各部门主管针对部门目标和薄弱环节，重点抓关键环节和重要步骤，对重点工作制定改进措施和计划。同时部门主管要组织部门员工就部门目标的制定进行讨论，并要求员工制定个人工作计划。通过全员参与，提高计划的准确性，并使部门员工成为目标控制过程的一部分，减少今后工作阻力，为今后绩效考核结果反馈建立良好的沟通平台。

3. 各部门制定本部门《年度工作计划》，经主管经理审核，公司总经理批准后，在每年1月底，公司总经理与各部门主管签订《目标责任书》。各部门参照该办法将计划分解落实到员工，同各岗位签订《岗位目标任务书》，使每个员工明确本年度工作重点和努力的方向。

4. 每年12月底，首先由各部门主管结合全年部门的工作情况进行述职，公司考核小组在查阅各部门月度考核的基础上，对照《目标责任书》逐项计划的完成情况进行检查、考核，对《目标责任书》完成状况（数量、质量）进行整体评估，并结合辅助指标考核确定部门年度考核得分。

部门年度考核得分＝月度考核平均分×60％＋辅助指标考核×40％

若《目标责任书》中有一项或若干项工作目标未开展或未完成，则在该部门年度考核得分的基础上按一定的比例予以扣减。

## 案例五：某发电企业部门考核办法

### 一、考核周期

部门考核分为月度考核和年度考核。

### 二、考核内容

**（一）部门月度考核内容**

生产部门和生产管理部门考核以 KPI 为主，辅以工作计划；职能部门考核以 KPI 和工作计划为主。

此外，后勤服务部、党群工作部考核内容还包括工作质量评价，其中工作计划和 KPI 完成情况占 80%，工作质量占 20%。

#### （二）部门年度考核内容

部门年度考核是月度考核结果的平均值。

## 三、部门月度考核

#### （一）月度工作计划的确定

1. 每年初，由公司高层根据上级下达的生产经营任务、公司的发展战略、上一年度经营管理目标完成情况、外部环境变化等因素确定公司发电量、利润等指标的目标值。

2. 公司召开由各部门参加的工作会议，确定完成发电量、利润等指标所需要的条件，各部门需要提供哪些保证和支持，并形成会议纪要。

3. 各部门根据会议纪要的内容及部门的重点工作制定本部门的年度工作目标或计划，报综合办公室。

4. 综合办公室在此基础上制定公司年度综合计划，报公司领导审批。

5. 公司领导与各部门签订《年度目标责任书》。

6. 各部门根据《年度目标责任书》和公司领导临时下达的工作任务制定《月度工作计划书》。

#### （二）部门《月度工作计划书》的确定

1. 各部门每月×日前将下月《月度工作计划书》送交综合办公室，由综合办公室审核后报总经理批准，并由综合办公室备案。

2.《月度工作计划书》的填制要求如下：

（1）《月度工作计划书》中“工作标准”的填写必须做到量化或细化。

（2）各项工作内容的完成时间须填写具体，凡是需要跨月度完成的，必须写明本月度完成部分的进度与结果。

（3）各项工作内容分为 A、B、C 三类，A 类为与公司的发电量、利润等指标直接或间接相关的工作（以会议纪要为依据），B 类为公司领导下达的其他工作，C 类为部门主要工作。

3. 周计划是对各部门月度工作计划的分解和细化，周计划作为工作日常监督检查机制，不进行月度考核。

### （三）月度考核流程

1. 每月末，各项指标数据来源部门将所负责指标的月度完成情况数据提交人力资源部，由人力资源部汇总后送交公司绩效考核领导小组。

2. 各部门对《月度工作计划书》完成情况及业绩考核表中各项指标完成情况进行自评。

3. 绩效考核领导小组根据各部门月度工作计划完成情况、人力资源部汇总的各项指标完成情况统计数据及部门自评分，对部门《月度工作计划书》及业绩考核表进行评分。

4. 人力资源部组织各部门员工代表对后勤服务部、党群工作部进行工作质量测评。

5. 人力资源部汇总统计各部门《月度工作计划书》及业绩考核表考核得分（后勤服务部、党群工作部还包括工作质量测评得分），计算各部门月度考核分数。

## 四、部门年度考核

### （一）部门年度考核初始分数的计算

部门年度考核初始分数为部门月度考核得分平均值。人力资源部于次年 1 月 15 日前，将各部门上年度月度考核结果汇总并计算出年度考核初始分数。

### （二）部门年度考核成绩的确定

各部门的年度考核成绩与发电量、利润等公司整体经营指标相联系，计算公式为：

部门年度考核成绩 ＝ 部门年度考核初始分数× ［1＋（发电量完成率×40％＋利润增长率×60％）×生产经营指标相关系数］

各部门具体挂钩指标及相关系数见表 4—7。

表 4—7　　各部门年度考核成绩挂钩指标及相关系数表

| 部门 | 相关系数 | 部门 | 相关系数 |
|---|---|---|---|
| 发电运行部 | 1 | 财务部 | 0.5 |
| 设备技术部 | 1 | 人力资源部 | 0.5 |
| 检修部 | 0.9 | 综合办公室 | 0.5 |
| 发电工程部 | 0.8 | 党群工作部 | 0.5 |
| 安健环部 | 0.8 | 后勤服务部 | 0.5 |
| 物资供应部 | 0.8 | | |

## 五、部门考核“一票否决”规定

发生以下重大安全生产事故，部门考核成绩直接计为 0 分：

1. 人身重伤、死亡及群伤事故。
2. 重大及以上设备事故。
3. 垮坝和水淹厂房事故。
4. 重大及以上火灾事故。
5. 公司责任引起的电网事故。
6. 重大及以上交通事故。
7. 重大及以上环境保护事件。
8. 二级以上职业危害事故。

### 案例六：××公司职能部门考核

职能部门考核内容分为两部分：工作业绩考核和部门协作满意度考核。

## 一、工作业绩

考核职能部门工作计划完成情况及部门核心职责的履行情况，占考核总成绩的 70%，见表 4—8。

表 4—8　　财务处工作业绩考核表

| 考核指标 | 权重（%） | 指标标准 | 自评分 | 考核分 |
|---|---|---|---|---|
| 工作计划执行情况 | 55 | 1. 工作计划项全部完成得 55 分<br>2. 由于本部门原因未完成全部工作计划，每有一项工作未及时完成或未到达要求扣 11 分，扣完为止 | | |
| 财务预算控制率 | 10 | 1. 财务预算控制率 100%，其他费用可控成本等于预算值得 10 分<br>2. 财务预算控制率 100%，每超 1%扣 2 分<br>3. 其他费用中可控成本高于预算值，每增加 1%扣 2 分 | | |
| 成本费用控制 | 10 | 1. 成本费用控制在目标值之内，得 10 分<br>2. 成本费用控制超出目标值，得 0 分 | | |
| 货币资金期末余额 | 10 | 1. 货币资金期末余额达到或超过目标值得 10 分<br>2. 货币资金期末余额低于目标值，得 0 分 | | |
| 财务报表编制及时准确性 | 10 | 1. 财务报表按时报出，并且准确无误得 10 分<br>2. 财务报表不按规定时间报出，每次扣 2 分<br>3. 财务报表发生差错，每次扣 2 分 | | |

续表

| 考核指标 | 权重（%） | 指标标准 | 自评分 | 考核分 |
| --- | --- | --- | --- | --- |
| 本部门内考核及时准确性 | 5 | 1. 本部门内考核及时准确得5分<br>2. 未能及时或准确进行内部考核，得0分 | | |
| 合计 | 100 | — | | |
| 主管领导调整分 | — | — | — | |

## 二、部门协作满意度

考核业务相关部门的协作、服务意识，包括工作配合主动性、工作配合及时性、解决问题时间、信息反馈及时性、服务质量五个考核要素，占考核总成绩的30%，见表4—9。

表4—9　　部门协作满意度考核表

| 考核指标 | 权重（%） | 考核等级与考核标准 | | | | 考核分 |
| --- | --- | --- | --- | --- | --- | --- |
| | | 超出目标 | 达到目标 | 接近目标 | 远低于目标 | |
| | | A（15～20） | B（10～14） | C（5～9） | D（0～4） | |
| 主动性 | 20 | 经常主动去其他部门询问是否有工作协作需要 | 有时去其他部门询问是否有工作协作需要 | 几乎不去其他部门询问是否有工作协作需要 | 从来不去其他部门询问是否有工作协作需要 | |
| 响应时间 | 20 | 其他部门提出合理工作协助要求时，每次及时响应 | 其他部门提出合理工作协助要求时，多数及时响应 | 其他部门提出合理工作协助要求时，少数及时响应 | 其他部门提出合理工作协助要求时，从不及时响应 | |
| 解决问题时间 | 20 | 尽快协助，解决问题远低于预期时间 | 尽快协助，解决问题在预期时间内 | 尽快协助，解决问题超出预期时间 | 对于需协助解决的问题根本不处理 | |
| 信息反馈及时性 | 20 | 协助工作完成后，每次都及时将完成情况反馈到要求协助部门 | 协助工作完成后，多数能及时将完成情况反馈到要求协助部门 | 协助工作完成后，偶尔能及时将完成情况反馈到要求协助部门 | 协助工作完成后，从来没有及时将完成情况反馈到要求协助部门 | |
| 服务质量 | 20 | 其他部门对协助工作结果非常满意 | 其他部门对协助工作结果比较满意 | 其他部门对协助工作结果不太满意 | 其他部门对协助工作结果很不满意 | |

## 案例七：××公司职能部门工作计划考核法

职能部门考核采取工作计划考核法。工作计划考核分工作计划制定、工作计划执行两项内容，所占权重分别为50%、50%。部门工作计划由部门负责人在月初制定，工作计划需明确工作计划要项、工作计划目标及重要程度，见表4—10。

表4—11中，“工作计划制定情况”考核“工作计划要项”中本月重点工作的体现情况。“工作计划执行情况”分工作量、工作质量和工作及时性三个维度进行考核。

表4—10　部门月度工作计划表

部门：________　部门负责人：________　填表日期：____年____月____日

| 工作计划要项 | 工作计划目标 | 重要程度 | 归口部门 | 是否为重点工作 | 工作计划完成情况 | 备注 |
|---|---|---|---|---|---|---|
| | | | | | | |
| | | | | | | |
| | | | | | | |
| | | | | | | |
| | | | | | | |

表4—11　部门月度工作计划考核表

部门：　部门负责人：　考核者：　考核日期：

| 考核项 | | 权重(%) | 考核标准 | | | | 主管领导评分 | 备注 |
|---|---|---|---|---|---|---|---|---|
| | | | A | B | C | D | | |
| 工作计划制定情况 | | 50 | 所列计划任务全部是重点工作，都能反映考核当期的主要矛盾（45～50）分 | 所列计划任务的80%以上是重点工作，能反映考核当期的主要矛盾（35～44）分 | 所列计划任务的50%～80%是重点工作，基本能反映当期的主要矛盾（25～34）分 | 所列计划任务50%以下是重点工作，不能反映当期的主要矛盾（0～24）分 | | |
| 工作计划执行情况 | 工作量 | 15 | 工作任务量较大，工作有一定难度；纯工作时间较长，经常需要加班，精力耗费强度较大（13～15）分 | 有一定的工作任务量，难度一般；纯工作时间一般在6小时上下，有时需要加班，精力耗费强度一般（10～12）分 | 工作任务量一般，难度一般；纯工作时间一般在5小时上下，加班很少，精力耗费强度一般（6～9）分 | 工作任务量较小，纯工作时间平均每天在4小时上下，精力耗费强度不大（0～5）分 | | |
| | 工作质量 | 20 | 各项任务完成质量高，工作任务一次达标率达100%，考核周期内所有重要工作没有出现任何质量问题（18～20）分 | 各项任务完成质量一般，工作任务一次达标率不低于80%，考核周期内所有重要工作基本符合质量要求（13～17）分 | 各项任务完成质量一般，工作任务一次达标率在50%～80%之间，考核周期内所有重要工作基本符合质量要求（8～12）分 | 各项任务完成质量较低，工作任务一次达标率低于50%，多项工作出现质量问题，造成一定影响（0～7）分 | | |
| | 工作及时性 | 15 | 按时完成全部的工作计划，并及时总结（13～15）分 | 能按时完成80%以上的工作计划，并能认真分析逾期原因，改进工作（10～12）分 | 能按时完成50%～80%的工作计划，能分析逾期原因（6～9）分 | 能按时完成50%以下的工作计划（0～5）分 | | |
| 合计 | | 100 | — | | | | | |

工作计划制定流程如下：

1. 年初，根据企业战略和生产经营目标，制定部门的年度工作计划，经上级审批后以年度目标责任书形式下达。

2. 根据年度目标责任书，部门将年度工作计划分解到各考核周期。

3. 每个考核周期初，职能部门负责人需根据考核期内工作目标、领导下达的重点工作和部门重点工作制定部门工作计划，工作计划应明确工作要项、工作目标、工作期限等。根据实际情况，部门工作计划可进行动态调整，调整需经主管领导批准后备案。

4. 考核周期末，考核者根据职能部门工作计划完成情况进行考核。

## 案例点评

职能部门是相对于业务部门而言，对企业生产承担辅助和支持职能，对承担企业生产经营指标的部门进行指导、监督、管理的部门。职能部门的绩效考核是企业内部管理的核心之一，但由于其自身工作的特殊性，也是企业绩效考核的难点。

### 一、案例分析

本节选取七个职能部门考核的案例，每个案例尽量选取不同的考核方法。其中，案例一为 KPI 考核法；案例二为工作任务＋工作职责＋服务考核法；案例三为关键业绩指标＋基础业绩指标（即 KPI＋CPI）考核法；案例四将考核指标分为通用指标、专项指标、辅助指标，其中以工作计划、职责指标为主；案例五为 KPI＋职责指标＋工作计划考核法；案例六为工作业绩＋部门协作满意度考核法；案例七为工作计划考核法。

职能部门考核存在多种考核方法，如工作计划考核法、指标考核法、满意度评价法、与业务部门或企业级指标挂钩法等。这些方法在所选案例中都有体现，每种方法各有优缺点和适用条件，企业在具体的实施过程中，多数情况下会将几种方法结合使用，扬长避短，以便更好、更为全面地考察职能部门的绩效表现。

（一）工作计划考核法

1. 工作计划考核的内容

鉴于职能部门指标不易量化的特点，职能部门可采用工作计划考核法。工作计划考核法根据不同企业的实际情况而有所不同。

案例四和案例五中，工作计划考核侧重于计划的完成情况；案例七中，工作计划考核内容分为工作计划制定和工作计划执行两部分。

（1）工作计划制定

制定工作计划时，需确定工作计划要项、计划目标及每项工作计划的重要程度。工作计划制定情况主要考核所列工作计划是否能反映考核当期的重点工作。

将工作计划制定作为一项考核内容，可以引导职能部门主动关注考核当期部门的重点工作，关注企业目标与部门目标的结合。同时，可以有效防止职能部门在制定工作计划时，仅将容易完成的工作任务列入考核计划的情况发生。

（2）工作计划执行

工作计划执行分工作量、工作质量和工作及时性三个考核维度进行考核。工作量考核工作负荷度，工作质量考核工作一次达标率，工作及时性考核是否按时完成工作计划。

2. 工作计划考核法的优缺点及适用条件

（1）优点

①工作计划考核法可以有效避免职能部门指标中的定量指标过少、指标标准难以量化和具体化等问题。

②工作计划考核法具有充分的灵活性，可以兼顾企业的战略和短期任务，可以根据实际情况的变化对计划进行动态调整。

③通过目标管理的方法可有效监控和促使职能部门完成既定工作目标。

④工作计划通过上下协商制定，有利于形成对企业目标的一致认识，同时有利于沟通文化的形成。

（2）缺点

①计划的制订存在很大的主观性，工作完成有一定难度的工作计划有可能不被列入工作计划，并且每项工作计划权重的分配也存在一定的随意性。计划制定的有效性在很大程度上取决于部门自身的自觉性和主管领导的审核。

②工作计划虽有目标和标准，但考核的主观性仍较大，过于依赖考核者的主观判断，容易流于形式。

（3）适用条件

工作计划考核法需要企业存在一定的管理基础和条件，否则很容易流于形式。

①企业有明确的战略目标。

②计划制定流程清晰明确，企业计划可以通过部门计划得到有效支撑，部门年度工作计划可以有效进行分解，存在计划制定的牵头部门和计划执行的监控、管理部门。

③绩效计划执行情况都能得到有效监控，绩效数据得以及时收集和记录，以此作为考核的依据。

④主管领导充分重视考核及绩效计划的审核，考核主体能够避免主观判断，根据计划执行情况进行考核。

⑤工作计划考核在允许的情况下尽量加快考核频率，以月为考核周期较为恰当，或者实行月记录、季考核。

（二）指标考核法

职能部门的指标主要来源于企业战略目标分解、核心职责提炼和对相关部门的支持性工作等。

职能部门指标考核主要有以下两种方式：

1. KPI 考核法

KPI 考核法即关键绩效指标考核法。职能部门工作不易显化和量化，但并非职能部门不能承担 KPI。职能部门 KPI 是由公司级 KPI 通过平衡记分卡、鱼骨图等方式分解而来的。

案例一中，职能部门考核即采用 KPI 考核法，案例中详细说明了部门 KPI 分解及考核的流程。KPI 分为月度 KPI、季度 KPI 和年度 KPI，对于月度不能衡量的指标则放入季度或年度进行考核。

案例一将职能部门考核指标全部转化为量化指标，通过数学表达式计算。这种指标全部量化的方式，能够使职能部门的指标全部得以有效衡量，大大削弱了考核的主观性。但是，需要指出，这种将考核指标全部转化为量化指标、过于追求指标量化的方式存在着一定的不足。采用此种方法，可以使指标本身的表现方式是量化的，但是一些相关数据的收集存在困难，甚至数据收集的成本远远超出考核所带来的收益，致使考核者放弃对考核数据的收集而依赖于主观判断，从而使量化失效，导致量化＝没有量化。

2. KPI＋CPI 考核法

KPI 是企业层指标从上往下层层分解得出的，CPI 是从部门核心职责中提炼出来的指标。

案例三中职能部门的考核即采用这种方式。该企业首先将部门考核指标分为 KPI 和 CPI 两大类。KPI 从公司目标上层层分解而得出，在不同阶段指标和标准会有相应的调整，是动态的考核指标，是职能部门考核的主体部分。如案例中经营策划部的经营计划完成率、合同文本准确率、项目实施进度等。CPI 是基于部门核心职责提炼而成的，是相对静态的考核指标，如案例中的统计报表及时准确性等。CPI 中可设置一定的部门通用指标，如案例中的“基础管理”指标。

从企业层指标进行分解，得出部门级考核指标，使职能部门能从企业整体利益出发，明确职能部门在企业经营业绩实现过程中需要直接作出的贡献和对其他部门提供的支持，使职能部门明确自身对企业经营的贡献，明确需要为哪些部门提供何种服务与支持，为什么要提供这些支持，从而使职能部门形成合力，共同从企业利益出发，避免部门各自为政的现象。企业层指标分解下来，不一定能包含部门全部重要工作，因此，需要从部门核心职责中提炼部分指标作为补充。

指标考核相对于工作计划考核而言，考核依据更为直观和有说服力。但是，采用指标考核仍存在一定的不足和难点，突出表现为以下方面：

（1）各个部门之间指标的多少和可量化程度不均衡。

（2）职能部门工作的灵活性和机动性使考核指标提取困难。

（3）职能部门考核指标及标准不易量化和衡量，如何使指标量化和便于衡量是指标考核法能否有效的关键点。

（4）职能部门很多指标完成情况的数据提供者是部门自身，在一定程度上使考核存在不真实性。

（三）满意度评价法

满意度评价法是通过对职能部门日常工作输出对象和业务联系密切的部门进行调查，以此来反映职能部门工作情况的一种方法。满意度评价法一般作为其他考核方法的辅助手段，适宜与其他方法结合使用，以便全面反映被考核部门的工作情况。

案例六中，将部门协作满意度作为一项考核内容，考核业务相关部门的协作、服务意识，包括主动性、响应时间、解决问题时间、信息反馈及时性、服务质量五个考核要素。

案例二中，将服务作为职能部室考核内容之一，评估各职能部室在履行工作职责当中的服务意识、服务效率和服务质量。

案例五中的工作质量测评也属于满意度考核的范围。

（四）职能部门与企业级重要指标挂钩

职能部门与企业级重要生产经营指标挂钩的方式，一方面将职能部门与企业业绩相联系，肯定职能部门对企业整体业绩的贡献；另一方面将企业的绩效压力有效传递到职能部门，使其能关注自身工作与企业的关系，形成各部门之间的绩效合力。

案例五中，职能部门的年度考核成绩与企业的核心指标发电量完成率、利润增长率挂钩，并根据各个职能部门的工作对核心指标的影响程度确定了不同的挂钩系数。

但是，由于职能部门并不能有效地、直接地影响企业及业务部门的工作业绩，因此，将其考核成绩与企业级指标挂钩的办法对职能部门存在不公之处，需结合企业实际情况应用。

（五）以上几种方法的自由组合

根据企业的实际情况，以上几种方法可进行自由组合，以便更好、更为全面地反映职能部门的工作业绩。

案例五的 KPI＋职责指标＋工作计划考核法，是一种比较合理的组合。

任何一种考核方法都有其适用性和不足，企业需根据自身情况进行灵活选择，不能局限和迷信任何一种方法，也不能对考核失去信心。考核方法没有最好，只有最适合与否。

## 二、案例启示及相关知识链接

### （一）职能部门的特点

1. 事务性工作居多，工作不易衡量

职能部门承担的工作多为对业务部门工作的支持和服务，承担监督、管理职能，工作多为事务性工作，具体承担的指标任务较少，基本都属于定性工作，定量化的工作较少。因此，职能部门的工作不易衡量。

2. 多为过程性工作，成果不易显化

职能部门的工作多为完成某项工作任务或目标的过程性工作，对业务部门的工作进行有效支撑，并通过业务部门的工作成果予以表现。如企业某项经营目标为销售额突破 100 万，人力资源部需通过招聘销售人员、对销售人员进行有效培训等工作对该项目标进行支持，其工作成果需通过营销部的销售额来体现，但无法明确区分销售额的增长中人力资源部的工作成果占多大比重。

3. 与企业直接经济效益的相关性弱

作为管理和支持部门，职能部门的工作一般相对远离直接经济效益，其工作成果虽然可以间接地影响企业的效益，但是与企业具体的利润产生没有直接的关联。

4. 具体工作内容不固定，临时阶段性工作较多

职能部门工作内容多为事务性工作，工作内容不固定，临时、非计划性工作多，整体计划性较差。

5. 职能部门是职能服务支撑性部门

职能部门并非企业的生产单位，其通过对生产部门的有效支撑和服务，使企业正常运作，间接保障企业整体经营目标的实现。

### （二）职能部门考核难点及存在的问题

1. 可量化指标过少，定性指标不易衡量，考核主观性偏大

职能部门大部分工作很难量化，对职能部门的很多考核指标都是定性的，从部门职责或重点工作任务中直接提炼。定性指标目标值和评分标准的制定较为困难。同时，定性指标的考核标准不易衡量，绩效监控存在一定程度的困难，因而造成考核时过于依赖考核者的主观评价，难以实现考核的客观性和科学性，考核易流于形式。

2. 业务部门与职能部门指标难以平衡

业务部门承担指标过多且考核标准明确，职能部门定量指标过少，客观上造成业务部门和职能部门之间考核的不平衡。业务部门由于指标和标准明确，易被扣分，职能部门由于指标本身的主观性，很难被扣分，导致业务部门考核过严、职能部门考核过宽，业务部门干得越多，扣得越多，最终导致职能部门考核分数普遍高于业务部门，很大程度上打击了业务部

门的工作积极性。

3. 考核主体的选择及其存在的问题

职能部门考核主体一般而言有三种选择形式。

（1）主管领导

主管领导相对而言最了解职能部门的工作情况，但是，不同的主管领导对所主管部门的考核必然存在着宽严不一的问题，难以实现真正的平衡。考核过严，会造成所主管部门考核成绩相对下降，久而久之，主管领导对部门的考核普遍趋于宽松，致使职能部门分数趋于平均，无法体现不同职能部门之间绩效的差异，考核逐渐流于形式。

（2）主管领导、各职能部门负责人组成考核小组

不同职能部门之间工作情况不能全面了解，考核仅依赖于对该部门甚至部门负责人的主观印象，分数不一定能真实反映被考核部门的工作业绩。同时，考核小组的形式客观上分散了主管领导的考核权力。

（3）主管领导、各业务部门和职能部门负责人组成考核小组

职能部门承担对业务部门的监督和管理责任，因此业务部门考核主体的存在，不能避免业务部门利用考核权力公报私仇的问题。

4. 将职能部门的归口管理指标作为其考核指标

职能部门对业务部门某些指标承担监督和管理职能，一些企业把这些指标作为职能部门的考核指标，但存在一个问题，即职能部门对这些指标并不完全可控。如供电企业的生产技术部，承担对各工区的大部分生产指标进行监督和管理的职能，任何一项指标未完成，生产技术部均需承担连带责任。但生产技术部不可能同时对所有生产指标实现全面有效监督，因此指标对其并不具备完全可控性。

（三）职能部门考核的其他思考

1. 职能部门与业务部门考核的平衡

由于职能部门考核主观性和弹性较大，较多地取决于考核者的主观判断，因此，职能部门很难被扣到分，而业务部门考核难度系数大，考核标准较为明确和严格，容易导致职能部门考核分数普遍高于业务部门的情况。对于这种情况，可从以下两个方面对职能部门和业务部门的考核予以平衡：

（1）通过考核系数、难度系数、加分项予以平衡

①对于同等考核等级或考核分数，设定业务部门的考核系数比职能部门略高，保证业务部门在被扣到分后仍能保持与职能部门水平相当的工资收入。

②对不同的部门设定难度系数，工作复杂性高、难度系数大、工作压力大等的部门设定较高的难度系数，而工作重复性高、常规性工作占较大比例、工作复杂性低的部门设定较低

的难度系数。

③考核时设立“加分项”，使容易被扣分的部门也容易被加分。

(2) 通过考核相对系数予以平衡

职能部门考核分数与职能部门考核平均分数相比较，得出考核相对系数，作为该职能部门的考核系数。如经理办公室考核系数=经理办公室考核分数/所有职能部门考核平均分数。

2. 考核方法的综合平衡

由于职能部门自身工作的复杂性，单一的考核方法不足以全面反映职能部门的工作绩效，因此可综合平衡、优化组合几种考核方法，针对企业自身的特点选择合适的考核模式，如指标考核+计划考核+满意度考核模式、计划考核+与企业级指标挂钩模式等。考核方法的选取没有对错之分，只有适合与否。

3. 考核内容的确定与动态跟踪管理

职能部门工作存在较大的灵活性和临时性，且工作过程不易监控，因此，考核内容的确定及动态跟踪管理就显得尤为重要。在考核期初，职能部门负责人应与主管领导协商制定绩效计划，对考核内容达成一致，有效引导职能部门的工作方向。在考核过程中，应根据临时性工作任务及时调整工作重点，与主管领导协商变更绩效计划。此外，对于计划完成情况也应进行有效跟踪，为最终的考核提供参考依据，避免考核过于主观。

4. 企业的执行力及领导的支持影响考核的效果

企业的执行力对于考核的效果有着至关重要的影响，考核体系设计得再完美，企业的执行力不高，也会使考核很快就流于形式，难以产生应有的效果。尤其对于国有企业，人情因素、追求平均和“和谐”的企业文化、管理观念落后、管理制度不健全、工作流程重复繁杂、不愿承担责任等因素严重影响着企业的执行力，在这种情况下要推行绩效考核且使考核发挥其应有的作用，就取决于中高层领导者的改革魄力和对考核的支持度。

# 第三节　销售人员考核

### 案例一：某啤酒企业销售人员绩效考核与薪资分配体系

公司销售人员的绩效考核与薪资分配体系分为固定部分、硬性指标考核部分、软性指标考核部分三部分。

固定部分即业务人员基本工资，如基本生活费、通信费等，不需考核，每月固定发放，用于销售人员基本业务开展和保障其生存。固定部分薪资金额为 1 000 元。

硬性指标考核部分为量化指标考核，主要是销售量指标的考核。硬性指标考核体现销量与薪资挂钩，体现公司对销售人员工作绩效的评价。

软性指标考核部分为定性指标考核，包括渠道管理、价格体系管理、客户关系管理、信息反馈、工作态度、顾客满意度等指标。

硬性指标与软性指标考核分数比例为 80％与 20％。硬性指标考核与软性指标考核采取积分制，绩效考核分数的每一分在薪资分配中按 50 元兑现。

薪资金额计算公式：薪资金额＝固定部分＋（$a\times 80+\sum b$）$\times 50$，其中，$a$ 为硬性指标调整系数，$\sum b$ 为每项软性指标考核分数的合计数。

例如：某销售人员 2007 年 5 月销售量考核计划销量为 100 吨，实际完成 120 吨，其他软性指标考核分数分别为 3 分、4 分、2 分、1 分、3 分。

则该销售人员 2007 年 5 月的薪资金额＝1 000＋［本月实际销售量/本月计划销售量×80＋(3＋4＋2＋1＋3)］×50＝1 000＋［120/100×80＋（3＋4＋2＋1＋3)］×50＝6 450 元

### 案例二：某企业销售人员目标管理考核法

## 一、销售人员岗位职责

销售人员的岗位职责主要包括：协助经销商建设、完善销售渠道；协助经销商做好零售终端管理；货款管理；库存查询和订单管理；促销执行；收集市场信息和市场策略建议；处理或协助处理争议和消费者投诉。

## 二、销售人员的考核

### （一）考核指标

销售人员的考核指标包括三个：销售额、费用率、回款率。

### （二）目标管理

销售人员考核采取目标管理法。目标值的制定采取自下而上、再自上而下的过程，签订目标责任书。

销售额目标的制定考虑区域销售历史和市场潜力，费用率目标的制定考虑竞争和销售增长带来的规模经济性。

### （三）考核周期

月度、季度、半年、年度考核。

### （四）考核责任承担者

由直接上级考核，财务部协作执行，营销主管领导审批。

### （五）激励政策

结合销售额、费用率、回款率制定激励政策。其中，回款率下限以设定的铺货量和经销正常经营（订货量和结算）为条件，未满足条件的不能发放提成；以销售额和回款率目标完成情况，制定组合提成方案；按月度（季度）六成发放提成，年度总结发放余额。

### （六）考核结果应用

考核结果主要应用于核算提成工资。

## 三、考核示例

以 A 销售人员的考核为例，说明考核的过程。

### （一）绩效目标

A 业务员 2005 年 7 月销售额目标为 25 万元，费用率为 8%，铺货额 5 万元。

### （二）激励政策

1. 销售额

基础提成 1%，未完成销售额指标的无提成，超过销售额指标部分 20%以内的按 1.5%计提，超过 20%以上部分提 2%。

2. 费用率

费用率 8%以内，奖励节约部分的 20%，8%～10%部分扣超过部分的 50%，费用率超过 10%的无提成。

3. 回款率

扣除铺货额，当月全额回款。

### （三）A 销售人员绩效完成情况

A 业务员 7 月完成销售额 30 万元，费用率 9%，当月全额回款。

### （四）考核结果

A 销售人员提成工资核算：25×1%＋5×1.5%－30×0.5%＝1 750

## 案例三：某软件工程公司销售人员绩效考核方案

## 一、绩效考核体系

销售人员绩效考核采用平衡记分卡（BSC）体系，从财务、业务流程、客户及学习能力四个角度提炼销售人员的考核指标，见表 4—12。

## 二、考核结果计算

财务指标为提成基本标准，绩效考核得分满分为 100 分，主要计算业务流程、客户满意度、业务素质及业务创新，计算公式如下：

考核成绩＝业务流程×40%＋客户满意度×30%＋业务素质×30%＋创新

## 三、考核结果应用

主要用于薪酬计算。计算公式如下：[销售提成×回款率－销售费用超出部分×偿付比重]×绩效得分/绩效标准分，其中，绩效标准分为 85 分。

表 4—12　　销售人员考核指标及标准

| 考核指标 | | 考核内容及标准 | 备注 |
|---|---|---|---|
| 财务 | 销售额 | 设定销售额标准及对应的提成比率 | 基本标准分 |
| | 费用率 | 低于 8%，奖励比重为 50%；<br>8%～12%，高于 8%的部分，按 50%偿付；<br>高于 12%，取消提成资格 | |
| | 回款率 | 与提成工资挂钩<br>提成工资＝销售额×提成率×回款率 | |
| 业务流程 | 终端管理规范性 | 终端管理制度执行规范性；各级产品的报价及销售价格管理 | |
| | 促销执行力 | 促销活动执行情况、促销政策推广执行情况、促销活动开展力度、促销效果 | |
| | 终端开拓率 | 终端客户数量、质量及增长率 | |
| 客户 | 经销商满意度 | 经销商对销售人员的支持满意度和渠道满意度 | |
| | 经销商培训率 | 每两个月对经销商进行一次业务培训 | |
| | 经销商信息沟通 | 定期与经销商进行业务信息沟通，填写业务信息沟通反馈表 | |
| | 客户投诉处理率 | 12 小时内回复客户投诉意见，3 天内解决客户投诉，重大投诉或无法解决的投诉 3 天内反馈公司 | |
| 学习能力 | 工作能力 | 考核销售人员的市场认知、产品认知、业务熟悉、基本业务素质等 | |
| | 工作态度 | 考核工作责任感、工作合作、信息收集及道德素质 | |
| | 纪律性 | 遵守和维护公司各项规章制度 | |
| | 创新指标 | 考核销售人员管理创新和参与性，考核创新建议 | 附加分，每项创新建议加 1～2 分 |

## 案例四：某公司营销人员的 KPI 考核①

### 一、KPI 考核目的

1. 使员工的努力与组织的目标保持一致，保障公司战略目标的实现。

2. 对员工实行价值评价，体现个人对组织的价值贡献。

① 杨涓子. 最新绩效考核与薪酬管理案例及操作要点分析. 北京：企业管理出版社，2005

3. 员工收入与业绩挂钩，体现个人对组织的价值贡献。

4. 保持并提升员工的工作意愿，发展员工的能力。

## 二、工资构成

标准工资＝岗位工资＋绩效工资

1. 实际工资组成如下：

实际工资＝岗位工资×岗位工资考核分/100＋绩效工资×绩效工资考核分/100

岗位工资＝标准工资×岗位工资考核权重

绩效工资＝标准工资×绩效工资考核权重

2. 销售类员工按销售管理类和销售类设置2种绩效考核权重，见表4—13。

表4—13　　销售类人员考核权重

| 销售岗位类别 | 岗位工资考核权重 | 绩效工资考核权重 | 最高分设置 |
|---|---|---|---|
| 销售管理类 | 75% | 25% | 130 |
| 销售类 | 80% | 20% | 120 |

## 三、考核周期

按月打分，按季度考核。季度考核成绩为基本季度3个月考核分的平均值，考核人可以对此值进行修正，并提供相应的书面修正意见，经中心总经理和业务管理中心总经理批准后生效。

## 四、操作方法

1. 考核人填写被考核人的“职位说明书”。

2. 被考核人填写本人的“财年工作任务书”。

3. 考核人填写被考核人的“绩效考核表”。

## 五、KPI考核指标

销售类人员考核指标体现在“绩效考核表”，包括岗位考核指标系列和绩效考核指标系列。

### （一）岗位考核指标

岗位考核指标主要包括以下几个指标：季度重点工作完成情况（按照工作任务书进行考

核）；销售系统填写情况（主要考核销售项目进展情况及下一步行动计划）；收集新项目信息情况；其他指标。

### （二）绩效考核指标

绩效考核指标主要包括以下几个指标：销售额；销售毛利；欠款情况；上次考核人要求的其他指标。

## 案例五：某公司销售人员绩效考核方案

### 一、考核指标及解释

#### （一）考核指标

销售人员的考核指标由财务指标和管理指标两部分组成，具体见表 4—14。

财务指标与管理指标分别考核，管理指标考核满分为 10 分，财务指标考核不计分，只计算完成值。

**表 4—14　　销售人员考核指标**

| 岗位 | 财务指标 | 管理指标 |
|---|---|---|
| 大区经理 | 1. 销售目标完成率<br>2. 销售费用率<br>3. 回款率 | 1. 团队管理<br>2. 报表及时准确性 |
| 区域经理 | 1. 销售目标完成率<br>2. 回款率 | 1. 经销商管理<br>2. 团队管理<br>3. 新增客户 |
| 销售主管 | 1. 销售目标完成率<br>2. 回款率 | 1. 经销（分销）商管理<br>2. 团队管理<br>3. 新增客户 |
| 销售代表 | 1. 销售目标完成率<br>2. 回款率 | 1. 铺货率<br>2. 终端活动执行<br>3. 报表及时准确性 |

#### （二）考核指标解释

销售目标完成率＝实际销售额/目标销售额×100％

回款率＝实际到账金额/销售额×100%

销售费用率＝（部门费用＋导购费用＋特殊陈列费用＋广宣品费用）÷销售收入×100%

部门费用＝差旅费＋租赁费＋邮电费＋交际应酬费＋办公费＋水电费＋客诉费

导购费用＝导购工资＋导购提成＋导购绩效工资＋管理费＋销售奖励＋其他费用

特殊陈列费用：包括专架、端架、堆头、DM等费用（不含进场费）。

广宣品费用：包括广宣品、赠品、礼品、广告牌、店招等费用。

## 二、考核周期、考核方式、考核依据

### （一）考核周期

上月26日—当月25日。

### （二）考核方式

采用直接上级考核的方式，大区经理考核区域经理，区域经理考核销售主管，销售主管考核销售代表。

### （三）考核报表上报时间

每月底最后一日上报。

### （四）考核报表包括

当月绩效考核表，下月销售目标任务分解表，当月回款明细，分销量数据和进、销、存数据，客户拜访记录，铺货记录。

## 三、绩效工资的发放

### （一）销售人员绩效工资计算方法

销售人员的绩效工资根据绩效工资基数和绩效考核结果计算。

大区经理绩效工资＝绩效工资基数×（销售目标完成率×35%＋回款率×35%＋销售费用率×10%＋管理指标考核系数×20%）

管理指标考核系数＝考核得分/10

区域经理绩效工资＝绩效工资基数×（销售目标完成率×30%＋回款率×30%＋管理指

标考核系数×40%）

销售主管、销售员绩效工资计算方法与区域经理相同。

### （二）销售人员绩效工资发放的其他规定

1. 个人销售目标达成低于50%以下无绩效工资，个人销售目标达成60%～110%之间的按实际达成发放绩效工资，个人销售目标达成110%以上的绩效工资不封顶。

2. 新入职员工当月出勤天数低于15天（不含15天），不进行主观评鉴考核，无主观评鉴工资；根据销售目标及实际达成情况进行考核并发放绩效工资（个人业绩不能与他人进行业绩资源共享）。

3. 离职员工离职当月出勤不满15天（不含15天），不进行主观评鉴考核，无主观评鉴工资；根据销售目标及实际达成情况进行考核并发放绩效工资（个人业绩不能与他人进行业绩资源共享）。

4. 团队未完成当月销售目标任务，员工完成个人销售目标任务，可根据员工实际达成情况发放个人绩效工资，原则上个人销售目标完成业绩不再与其他员工进行资源共享（例：区域经理完成的销售目标任务额及绩效工资，其下属员工未实际完成，不能共享区域经理的销售业绩；下属员工完成的销售业绩属于员工个人业绩，与此同时共享为团队整体业绩）；团队完成当月销售目标任务，员工根据个人销售目标任务实际达成情况发放个人绩效工资。

## 四、绩效考核结果在其他方面的运用

1. 销售业绩连续6个月以上完成销售目标任务的给予岗位晋级、工资调整、特别奖等奖励。

2. 销售业绩3个月以上未完成销售目标任务的给予末位淘汰、调岗、调薪等惩罚。

# 案例六：Z公司销售人员考核办法

## 一、考核指标

### （一）工作业绩

工作业绩指标考核为销售完成率考核。工作业绩考核得分=实际销售量/计划销售量。

计划销售量目标值制定方式：下月计划销售量=（本月计划销售量+本月实际销售量）/2，每月据此制定下月考核指标。如本月和下月相比，管理区域变化和产品种类变化，则根据实际情况调整该月考核指标。

**（二）客户建设**

本指标主要考核原有客户和新增客户数目的增减变化，每减少 1 个客户扣 1 分，每增加 1 个客户加 1 分，总分值控制在 5 分之内。

**（三）工作及时性**

考核临时工作任务完成的及时性。每滞后 1 次扣 1 分，当月无滞后加 1 分，连续 3 个月无滞后从第 4 个月起加 2 分，总分控制在 10 分之内。

**（四）工作纪律**

违反 1 次公司规章制度扣 1 分，没有违反加 1 分，连续 3 个月无违反从第 4 个月起加 2 分。

**（五）超期款**

考核客户的回款期限。每超期 1 万元扣 1 分，总分控制在 10 分之内。

**（六）贡献系数**

考虑不同区域市场考核目标起点不同，对整体贡献程度不同，设贡献系数指标对考核结果进行调整。本指标值范围±5 分，按照个人当月实际销量与同一层次考核对象的平均销量的比值，大于 1 则为正激励，比值乘于 5；小于 1 则为负激励，比值乘于－5。

## 二、考核结果计算

每月工作业绩考核得分为基本分，在此基础上对其他指标完成情况进行加减，并进行贡献系数调整。

考核成绩＝工作业绩考核成绩＋其他指标得分＋贡献系数调整分

## 案例七：××公司销售人员考核方案

销售人员考核内容分为工作业绩、工作态度、工作能力三个方面，见表 4—15。

销售人员考核周期为月度考核，由直接上级负责考核，部门负责人审核。

表 4—15 销售人员考核表

被考核人： 考核时间：

| 考核项目 | | 权重（%） | 指标定义 | 考核分 |
|---|---|---|---|---|
| 工作业绩（60%） | 实收款目标达成率 | 40 | 实收款目标达成率＝当月收款额/当月计划销售额×100% | |
| | 收款率 | 10 | 收款率＝1－（当月销售额－当月收款额）/当月销售额 | |
| | 销售额目标达成率 | 10 | 销售额目标达成率＝当月实际销售额/当月计划销售额×100% | |
| 工作态度（20%） | 积极性 | 8 | 凡事主动、做事积极，尽最大努力把工作做好 | |
| | 协调性 | 6 | 为部门的绩效所做的内部沟通、外部沟通 | |
| | 忠诚度 | 6 | 凡事能以公司利益为前提，并忠于职守 | |
| 工作能力（20%） | 计划能力 | 8 | 年度计划、月度计划、专案计划的能力 | |
| | 执行能力 | 6 | 各项计划的执行控制及采取改善措施的能力 | |
| | 工作品质 | 6 | 各种资料、各项作业的品质 | |
| 分数合计 | | | | |
| 审核分 | | | | |

**案例点评**

销售人员作为企业利润实现的直接载体，其积极性的发挥对企业有着至关重要的影响。由于销售人员的工作业绩较为显性化，因此，对于销售人员的考核，常见的方法是定量考核，如采用销售量、回款率等指标进行考核。但是从实践来看，定量考核的方式出现很多问题。销售人员的考核应采取何种方式，需要根据企业的实际而定。

## 一、案例分析

本节选取七个销售人员考核的案例，大致反映了当前企业对于销售人员的考核方法。其中，案例一采取硬性指标与软性指标考核相结合的方法；案例二为目标管理方法；案例三采取平衡记分卡建立销售人员的 KPI；案例四为岗位考核＋绩效考核模式；案例五为财务指标＋管理指标模式；案例六以业绩考核为主，兼顾其他；案例七将销售人员考核分为工作业绩考核、工作态度考核与工作能力考核三个方面。

不同销售人员考核方法之间的矛盾主要集中在是采取定量考核还是定量与定性兼顾考核，即：考核结果（如销售量、回款率），还是过程考核（如客户体系建设、渠道管理）与结果考核兼顾。采用何种形式取决于企业的实际情况及市场发展阶段。

（一）结果考核

结果考核即仅关注销售人员的工作成果，以量化的业绩指标来考核销售人员，对其达成工作目标的过程不予考核。

案例二中，销售人员的考核指标为三个：销售额、费用率、回款率。三个指标均为结果指标，根据三个指标的完成情况确定提成工资。这三个指标基本能够反映销售人员的销售业绩，相比有些企业单独以销售额一个指标来片面考核销售人员的方法，该企业的考核指标具有一定的全面性。费用率指标的考核能够使企业的销售成本得以控制，而回款率指标的考核能够有效保证销售利润的实现。

案例的优点在于指标少，指标易于衡量，考核过程简便。但是，案例中只考核结果指标、缺乏过程指标的方式，不能全面反映销售执行情况，销售人员可能以牺牲企业的利益去片面追求指标任务的实现，不利于企业的长远发展。

结果考核是最容易、最直接的一种考核方法，指标容易提取，标准容易确定，数据容易获得，能够以少量的指标来衡量销售人员的业绩成效，即以结果论英雄。但是，结果考核的方法使销售人员仅仅关注销售任务的完成，易造成销售人员急功近利，采取多种手段来操纵销售指标，忽视市场基础工作建设，可能会带来诸如终端陈列不到位、串货现象增多、企业信誉形象下降等严重的问题，使企业失去业绩持续增长的基础。

但是，结果考核并非一无是处，结果考核适用于企业发展初期和产品市场初期。在创业初期，企业的首要任务是打开产品销路，这时，销售人员的考核可采用结果导向，以简单、明确为主，促使销售人员快速、灵活地把握市场机会，开拓、占领市场。但是，这种考核方式不宜长久，待企业闯开市场后，即需考虑加入过程考核。

（二）结果考核＋过程考核

结果考核＋过程考核的考核方式是较为合理和全面的考核方式。过程性指标包括定量和定性两种。定量指标如案例三中的终端开拓率、经销商满意度、客户投诉处理率等，定性指标如工作态度指标。

本节选取的案例中，除案例二之外均为兼顾结果考核与过程考核的考核模式，区别在于考核指标的设计和选取方法不同。

案例一将销售人员的薪资体系分为固定部分、硬性指标考核部分和软性指标考核部分三部分。硬性指标为销售量考核，软性指标包括渠道管理、价格体系管理等指标。硬性指标与软性指标的考核权重分别为80％和20％。

案例三采用平衡记分卡的方法，从财务、业务流程、客户及学习能力四个方面构建销售人员的KPI体系。财务指标包括销售额、费用率、回款率，业务流程指标包括终端管理规范性、促销执行力、终端开拓率，客户指标包括经销商满意度、客户投诉处理率等，学习能力指标包括工作能力、工作态度、纪律性和创新指标。创新指标为案例三的独特之处，将销售人员的创新建议纳入考核体系。

案例四将销售类人员的考核指标分为岗位考核指标和绩效考核指标。岗位考核指标包括季度重点工作完成情况、销售系统填写情况和收集新项目信息情况。绩效考核指标包括销售额、销售毛利、欠款情况等。

案例五将销售人员的考核指标分为财务指标和管理指标，从大区经理到销售代表的财务指标大致相同，但管理指标依据各个岗位的职责设置，不尽相同。管理指标是实现财务指标的基础和保障，例如，只有新增客户的增加，销售目标的完成才有长期的保证。

案例六以工作业绩考核为主，同时兼顾其他指标的考核。工作业绩考核得分为考核基本分，在此基础上结合其他指标情况进行分数的加减和调整。案例中，工作业绩考核为销售完成率考核。其他指标包括客户建设、工作及时性、工作纪律等。本案例中，考虑区域市场考核目标的起点以及对整体的贡献程度，设置贡献系数调整指标，这是本案例的一个特色。贡献系数调整指标是将个人实际销量与同一层次考核对象平均值进行比较，得出调整系数。贡献系数调整指标的设置，能够削弱不同区域市场销售对象不同而导致的考核不公平现象。

案例七将考核内容分为工作业绩、工作态度、工作能力三个方面。工作业绩考核为结果考核指标，是考核的主体内容；工作态度和工作能力考核为过程性考核。与其他案例相比，本案例中过程性指标对于销售过程的控制性不强。并且，由于销售人员自身的特点，其工作态度和工作能力不易衡量，考核主观性较强，易流于形式。

## 二、案例启示及相关知识链接

### （一）销售人员的考核特点

销售人员作为一类特殊的群体，具有不同于其他群体的鲜明的考核特点。主要表现在以下几个方面：

1. 绩效易于衡量

销售人员由于自身的工作特点，工作成果易显化和衡量，可量化指标较多，指标易于提取，指标的数据信息易于获取，因而绩效水平易于通过结果指标衡量。

2. 结果导向，过程不易监控

销售人员具有鲜明的结果导向性，通过销售量、回款率等指标可有效衡量销售人员的工作业绩，但是，由于销售人员工作的独立性和灵活性，其工作过程不易监控，过程性的绩效信息不易获取。

3. 考核与薪酬紧密联系

销售人员的考核一般与薪酬紧密相关，如销售量考核与提成工资联系等。通过薪酬制度的保障使考核具有较强的激励性，使销售人员的考核激励约束内化。

### （二）销售人员考核中存在的问题

1. 销售目标的制定

销售人员的目标一般来源于公司年初销售目标的分解，但公司在制定销售人员的销售目标时，往往没有对市场进行合理预测，也没有对自身竞争力、业绩增长要素进行评估，通常仅在上年度目标的基础上进行增长，造成销售目标与市场实际情况脱节。

此外，在销售目标进行分解的过程中，企业往往疏于考虑各个市场区域的特点和实际情况，仅仅对目标进行"切蛋糕"式的划分，导致所在市场基础好或差的销售人员之间考核存在不公平。

2. 考核指标设计

（1）重结果、轻过程

由于结果考核是最容易、最直接的一种考核办法，因而被很多企业所采纳，最常用的一种考核指标就是销量完成率。结果指标使销售人员仅关注完成目标任务，忽视市场基础工作建设，甚至采取多种手段操纵结果指标，带来很多市场问题。

（2）盲目求全

与前一种情况相反，一些企业对销售人员的考核盲目追求指标的全面性，罗列过多的考核指标，从而使销售人员失去工作的重点。盲目追求指标全面的情况下，必然带来定性指标的增多，从而使考核结果中主观因素的影响偏大，削弱销售人员的工作重心。

3. 考核的公平性

销售人员的工作业绩很大程度上受限于市场的基础，同时，不同产品的特征（如是否易于被人们接受）也影响着销售人员的工作业绩。一些企业没有考虑到外界市场因素，对不同市场、不同产品设置相同的销售目标额度或提成比例，导致一些销售人员付出与回报不成正比，考核有失公正，严重影响销售人员的积极性。

4. 考核信息的缺失

销售人员由于自身的工作特点，经常独立开展销售工作，其工作期间的行为和表现不易被监督和管理，考核信息的缺失造成对销售人员的过程性指标难以衡量，从而使此类指标的考核过于主观化。

（三）销售人员考核应注意的问题

1. 合理设定销售目标

销售人员的绩效考核可以采取目标考核的方式，按照公司的年度销售目标，把目标分解到具体产品或销售区域中，然后分配给具体的销售人员。

划分销售目标时，应充分考虑区域市场的成熟程度以及市场所处阶段的淡旺季。在设定销售人员的销售目标时，应根据销售人员上一考核期的业绩表现，结合区域市场发展潜力、促销力度以及竞争者力量的增减预测，合理确定销售人员的销售目标。

在销售业务中，不变是相对的，变化是绝对的，故销售目标制定后，不能是一成不变的，需根据市场变化情况进行适时调整，以保证销售人员的工作业绩和薪资水平不受不可控的市场因素的影响。

2. 过程指标与结果指标的选择

销售人员的考核宜采用过程与结果兼顾的考核方式，仅在企业创业初期和产品市场发展初期，可适当考虑采用结果考核的方式。

结果指标应以销售量为主，同时应兼顾费用率、回款率等其他结果控制指标。结果指标的考核是销售人员考核的主体。

过程指标应充分体现对销售过程的监控性，如案例三中的终端管理规范性、促销执行力、终端开拓率等。过程考核指标包括定量指标与定性指标两种。定量指标包括客户拜访次数、终端开拓率、经销商满意度、客户满意度、新客户开发数等。定性指标包括工作热情、工作态度、创新能力、学习精神、忠诚度等。需要说明的是，过程考核指标应为辅助考核指标，即过程控制指标不宜过多，否则容易冲淡销售人员的工作重点。

销售人员考核指标的选择应与企业实际情况相结合，指标的设计应体现企业的特殊性和导向性，并根据企业不同发展阶段、企业销售政策以及外部市场的变化对指标进行适时调整。

3. 不同市场发展阶段考核指标的设置

在不同的市场发展阶段，企业的营销策略和工作重点不同，销售人员的工作重点也相应存在差异，故需结合不同发展阶段及不同的策略要求来提炼考核指标。

在企业的创业期，考核的内容应简单、明确，以结果为导向，结果考核指标应在考核中占绝对比例的权重。

在企业的成长期，考核内容应由结果导向转变为以结果为主、强化行为的考核方法。行为考核的权重最好设置在20%～40%之间，结果考核在60%～80%之间。结果和行为之间的比例关系主要取决于销售队伍存在问题的严重性和正规化管理的紧迫性。

在企业的成熟期，在结果考核和过程考核的基础上，可适当考虑增加对销售人员工作能力的考核。

4. 合理解决产品与市场不同导致的不公平

产品与市场不同易引起不同销售人员之间绩效与薪酬不匹配，其解决方法，除了对销售目标进行合理预测和调整之外，还可考虑以下方式：

（1）同一规格的产品设置相同的提成比例，但对于新开拓市场或基础不好的市场，设置相对较高的补助，以此来达到内部的公平。

（2）同一规格产品设置相同的提成比例，同级别销售人员设置相同的底薪和补助，但对不同市场确定不同的考核系数，考核系数根据以往的销售情况和销售难易水平确定。例如，

A 区市场销售情况处于一般水平，则设定该系数为 1；B 区市场基础和销售情况较好，则系数可设定为 0.8；C 区市场为新开拓市场，则可将系数设定为 1.1。设定系数时，要考虑公司以往的销售情况，同时还需根据实际情况进行动态调整。

5. 获取考核信息

要对销售人员进行有效考核，就必须充分掌握有关信息，这些信息必须能够全面准确反映实际状况与预定标准之间的差异程度。

首先，做好销售信息日常记录工作，销售信息主要来源于销售报表、销售发票、销售访问记录、销售费用账单等。

其次，通过销售工作计划报告、销售日报、月度总结和书面报告等形式，掌握销售人员销售计划的完成情况和工作进展。

最后，对客户与消费者的调查、服务满意度的考核，以及日常的客户投诉，也是获取考核信息的重要途径。

# 第四节　中层管理人员考核

## 案例一：××公司中层管理者的考核①

### 一、非生产部门中层管理者的考核办法

1. 非生产部门中层管理者包括副总经理、非生产部门的部门经理、科长。

2. 对非生产部门中层管理者每半年考核一次。

3. 对非生产部门中层管理者的考核分为基础部分、合理化建议两部分。

基础部分包括工作计划完成情况、本人和下属员工岗位规范违纪情况、本人和下属员工行政纪律违纪情况、业务相关单位的考核、直接上级评议。合理化建议包括被考核人的合理化建议、下属的合理化建议。

4. 由人力资源部查阅被考核人在考核周期内是否有严重违纪情况，并通知其直接上级。有严重违纪情况的不能参加考核。

5. 由被考核人和其直接上级共同核查被考核人的工作计划完成情况。该项满分为 300 分，具体内容根据被考核人的工作计划确定。

6. 由业务相关单位或个人对被考核人领导的单位的工作状况进行考核，结果交给被考核人的直接上级。该项满分为 200 分，具体内容根据部门间的工作流程确定。该项考核由人力资源部和被考核人的直接上级共同确定考核人的数量和人选，挑选的原则是有代表性和公平性。

7. 由人力资源部汇总被考核人及其下属员工的个人岗位规范违纪情况，提交被考核人直接上级，以进行考核。该项满分为 200 分。

8. 由人力资源部汇总被考核人及其下属单位的个人行政纪律违纪情况，提交被考核人直接上级，以进行考核。该项满分为 200 分。

9. 由被考核人的直接上级对被考核人进行评议，该项满分为 200 分，格式见表 4—16。

10. 被考核人汇总本人及其下属的合理化建议，提交其直接上级，由直接上级对此项进行考核。被考核人自己的建议：是提出问题的，每条记 50 分；是提出解决方案的，每条记 100 分；建议被采纳实施的，每条记 300 分。被考核人下属的建议：是提出问题的，每条记 25 分；是提出解决方案的，每条记 50 分；建议被采纳实施的，每条记 150 分。

---

① 叶向峰，李剑，张玲，孟庆波. 员工考核与薪酬管理. 北京：企业管理出版社，2002

表 4—16　　管理人员能力考核表

| 部门 | | 职位 | 姓名 | 考核日期 |
|---|---|---|---|---|
| | | | | 年　月　日 |
| 因素 | 考核指标 | 指标编码 | 具体内容 | 得分 |
| 能力因素 | 决策能力 | 01 | 及时决策 | 5　4　3　2　1 |
| | | 02 | 合理决策 | 5　4　3　2　1 |
| | 计划能力 | 11 | 部门计划 | 5　4　3　2　1 |
| | | 12 | 变化管理 | 5　4　3　2　1 |
| | 创新能力 | 21 | 创新提议 | 5　4　3　2　1 |
| | | 22 | 创新管理 | 5　4　3　2　1 |
| | 组织能力 | 31 | 管理能力 | 5　4　3　2　1 |
| | | 32 | 激励能力 | 5　4　3　2　1 |
| 责任因素 | 自律意识 | 41 | 廉洁自律 | 5　4　3　2　1 |
| | | 42 | 自我修养 | 5　4　3　2　1 |
| | 敬业精神 | 51 | 责任心、事业心 | 5　4　3　2　1 |
| | | 52 | 遵守制度 | 5　4　3　2　1 |
| | 学习能力 | 61 | 基础知识 | 5　4　3　2　1 |
| | | 62 | 知识扩展 | 5　4　3　2　1 |
| 调整因素 | 沟通能力 | 71 | 部门间沟通 | 5　4　3　2　1 |
| | | 72 | 部门内沟通 | 5　4　3　2　1 |
| | 公共关系 | 81 | 外部公关 | 5　4　3　2　1 |
| | | 82 | 内部公关 | 5　4　3　2　1 |
| | 信息能力 | 91 | 收集能力 | 5　4　3　2　1 |
| | | 92 | 分析能力 | 5　4　3　2　1 |
| 总得分： | | | | |
| 上级主管意见：<br><br>签字：　年　月　日 | | | | |
| 总经理意见：<br><br>签字：　年　月　日 | | | | |

说明：

1. 上级主管对直接下级经理人员如实评判。
2. 分数加总后为该管理人员上级考核得分。
3. 考核项目详细说明略。

## 二、生产部门中层管理者的考核办法

1. 生产部门中层管理者包括生产部经理、车间主任。

2. 对生产部门中层管理者每半年考核一次。

3. 对生产部门中层管理者的考核分为基础部分、合理化建议两部分。基础部分包括：生产数量、质量、成本指标；本人和下属员工岗位规范违纪情况；本人和下属员工行政纪律违纪情况；直接上级评议。

合理化建议包括被考核人的合理化建议、下属的合理化建议。

4. 由人力资源部查阅被考核人在考核期内是否有严重违纪的情况，并通知其直接上级。有严重违纪情况的不能参加考核。

5. 由被考核人的直接上级从品质部、财务部汇总考核期内被考核人管理的单位的产品质量、产量和成本数据，根据期初确定的标准进行考核。该项满分为 500 分。具体量化指标由生产副总经理和生产部结合公司战略目标以及设备、工艺状况确定。

6. 由人力资源部汇总被考核人及其下属员工的个人岗位规范违纪情况，提交被考核人直接上级，以进行考核。该项满分为 200 分。

7. 由人力资源部汇总被考核人及其下属员工的个人行政违纪情况提交被考核人直接上级，以进行考核。该项满分为 100 分。

8. 由被考核人的直接上级对被考核人进行评议，该项满分为 200 分，格式见表 4—16。

9. 被考核人汇总本人及其下属的合理化建议，提交其直接上级，由直接上级对此项进行考核。被考核人自己的建议：是提出问题的，每条记 50 分；是提出解决方案的，每条记 100 分；建议被采纳实施的，每条记 300 分。被考核人下属的建议：是提出问题的，每条记 25 分；是提出解决方案的，每条记 50 分；建议被采纳实施的，每条记 150 分。

## 三、考核等级

考核结果评级如下：

1. 同时满足下列所有条件者为 A 等：

（1）基础部分的“行政纪律”单项得分不低于该项满分的 95%，基础部分的其他单项得分不低于该项满分的 80%。

（2）基础部分的总分不低于 900 分。

（3）合理化建议部分的总分不低于 100 分。

（4）基础部分与合理化建议部分之和的总分不低于 1 050 分。

2. 同时满足下列所有条件者为 B 等：

（1）基础部分的“行政纪律”单项得分不低于该项满分的80%，基础部分的其他单项的得分不低于该项满分的60%。

（2）基础部分的总分不低于700分。

（3）基础部分与合理化建议部分之和的总分不低于800分。

3. 同时满足下列所有条件者为C等：

（1）基础部分的“行政纪律”单项得分不低于该项满分的60%，基础部分的其他单项得分不低于该项满分的50%。

（2）基础部分的总分低于800分，但不低于500分。

4. 满足下列任一条件者为D等：

（1）基础部分的“行政纪律”单项得分低于该项满分的60%。

（2）基础部分的其他单项得分低于该项满分的50%。

（3）基础部分与合理化建议部分之和的总分低于500分。

## 案例二：A组织中层管理人员的绩效考核①

A组织对于中层管理人员的绩效考核，主要实行与中层管理人员所在单位的绩效考核结果相挂钩的原则，即获得一、二、三等奖的单位，其正职领导享受相应的一、二、三等奖，其副职领导则后推一个等级。例如，如果某部门获得一等奖，则该部门正职领导享受一等奖，而副职领导享受二等奖。另外，对于全面完成了目标任务，但绩效评比中未获得名次的单位，由该单位自行确定给予其正副职领导一定奖励。

中层管理人员绩效考核结果的使用，主要体现在获得一、二、三等奖的单位，其正职领导可以列为优秀中层干部候选人，同时对于机关和全额事业单位的获奖中层管理人员还可享受一定数额的奖金，对于经营性单位的获奖中层管理人员由A组织确定奖励政策，奖金由所在基层单位兑现。绩效考核结果对于中层管理人员各项先进的评选也有一定促进作用。

另外，对于中层管理人员还进行了定期的民主评议，即360度考核，分别由下属员工、其他中层管理人员、主管领导等不同的考核主体对中层管理人员作出评价，并将各方面的评价打分综合，从而得到该中层管理人员考核的最终评价结果。具体的考核表中设有德、能、勤、绩四个指标，见表4—17。

---

① 林筠．绩效管理．西安：西安交通大学出版社，2006

表 4—17　　A组织现行绩效考核表

| 考核指标 | 考核要点 | 评分说明 | 得分 | 说明 |
| --- | --- | --- | --- | --- |
| 德 | 政治立场、思想表现、社会伦理道德、廉洁自律情况 | 优（10分）<br>良（7~9分）<br>一般（4~6分）<br>较差（2~3分）<br>差（1分以下） | | |
| 能 | 专业理论水平、业务工作能力、策划协调能力、开拓创新能力、书面及口头表达能力、知识更新能力 | | | |
| 勤 | 工作态度、工作作风、勤奋敬业精神和遵守劳动纪律情况 | | | |
| 绩 | 履行职责情况，完成工作任务的数量、质量、效率 | | | |

## 案例三：某公司对中层管理人员的绩效考核①

某公司中层管理人员的绩效考核由以下几部分组成：

1. 自我考核：由中层管理人员根据公司下发的考核表进行自我评价。

2. 上级考核：由中层管理人员的主管领导（高层管理者）根据考核表评价打分。

3. 下级考核：由本部门和相关部门（由公司确定）的普通员工根据考核表打分。

4. 同级排序考核：由中层管理人员和高层管理人员对所有中层管理人员进行两两比较，确定优劣，再统计各被考核者的得分进行排序，并依据排名情况和具体得分，按事先确定的公式计算最终得分。

其中，第1、2、3三个层面的考核表相同，考核表及考核标准如表4—18、图4—1所示。

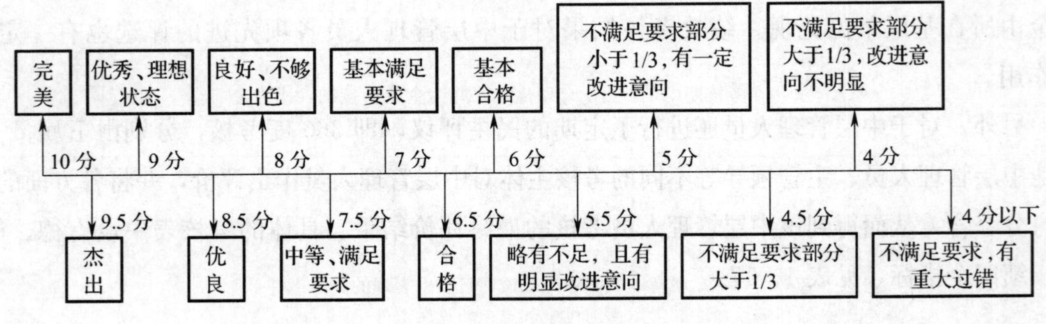


图4—1　考核标准

① 姚裕群．人力资源管理案例教程．北京：中国人民大学出版社，2006

表 4—18　　中层管理人员考核表

姓名：　　职务：　　考核时间：　　年　月　日

| 考核内容 | 考核项目 | 说 明 | 评定等级 | 备注 |
|---|---|---|---|---|
| 基本能力 | 知识 | 是否充分具备现任职务所要求的基础理论知识和实际业务知识，是否具备丰富的本职工作经验 | | |
| 工作能力 | 反应能力 | 是否能充分理解上级意图和指示，干脆利落地完成本职工作；是否能正确把握现状，随机应变，恰当处理各种问题 | | |
| | 协调能力 | 是否具备现任职务所要求的表达能力，能否完成一般的联络和说明工作，在和企业内外人员交涉时是否具备使双方诚服和达成协议的能力 | | |
| | 领导能力 | 是否能充分行使职权，管理好自己的下属，保持下属的士气，并受到下属的认同和尊敬；是否能合理分配各项工作，使职权范围内的各项工作有条不紊；是否具有严于律己、带头示范、承担责任的品质 | | |
| 工作态度 | 纪律性 | 是否严格遵守工作纪律和规章制度；是否严格遵守工作汇报制度，及时进行工作报告；是否严格约束下属的各种违规行为 | | |
| | 协作性 | 在工作中是否充分考虑别人的处境，是否主动配合和协助上级及其他部门做好工作 | | |
| | 积极性和责任感 | 对分配的任务是否不讲条件，主动积极；是否具有高度的责任感和敏锐的觉察力，及时发现和改进各项工作中存在的缺陷；是否能充分激发下属的工作积极性和工作责任感，增进对集体利益的关心程度 | | |
| 工作任务 | 工作强度 | 所承担的工作负荷状况及劳动强度 | | |
| | 工作结果 | 是否能顺利完成本职工作及本职工作的胜任程度；所管理的部门是否运转通畅，未发生各种责任事故 | | |
| 突出表现 | | 在考核期内是否提出合理化建议并为企业所接纳，或为企业作出突出贡献，或进行了给企业带来良好声誉的事项 | | |

打分说明：1. 评定等级以 1～10 分记分，0.5 为最小分值。按图 4—1 所示的考核标准进行打分

2. 各考核者应本着客观公正、实事求是的态度完成对自己的考核

3. 下列打分必须在备注栏中注明：

(1) 9 分以上者必须列举 2 项及以上能够说明该项目杰出表现的具体事件

(2) 9 分者必须列举 1 项能够说明该项目出色表现的具体事件

(3) 6 或 6.5 分者必须列举 1 项不足事件

(4) 5 或 5.5 分者必须列举 1 项过错，并说明已经采取的改进措施

(5) 4 或 4.5 分者必须列举 2 项过错，并说明自己对出现问题的认识

(6) 4 分以下者必须列举 3 项及以上过错，并说明自己的认识和改进思路

## 案例四：山西××公司中层管理人员考核[①]

### 一、考核内容

公司中层管理人员考核包括工作业绩、工作态度和工作能力的综合性考核与评价。

### 二、考核周期

公司中层管理人员评价考核每年一次，于每年年末进行。

### 三、考核程序

1. 被考核者要进行述职，述职在每年年末进行，由公司考核组主持进行。首先被考核者对公司中层管理人员绩效考核评价表（见表4—19）中的各考核要素进行个人自我评价；其次由被考核者在全公司召开的职工代表大会上作述职报告；第三是职工代表评议；第四是公司考核组根据述职者个人的工作表现，考核打分，并对被考核者提出下一年度的工作期望、努力方向和要求。

**表4—19　　公司中层管理人员绩效考核评价表**

姓名________　　单位（部门）________　　职务________　　填表时间________

| 考核要素 | | 考核要点 | 自我评分（打√） | | | | | 公司考核组成员评价（打分） | | | | |
|---|---|---|---|---|---|---|---|---|---|---|---|---|
| | | | 优秀 | 良好 | 一般 | 有差距 | 较差 | 优秀 | 良好 | 一般 | 有差距 | 较差 |
| 工作态度 | 责任心 | 忠实履行职责，勇于承担责任，不推卸责任。工作踏实，一丝不苟地做好本职工作。坚持原则，严格遵守公司各项规章制度，堪为表率，廉洁奉公，诚实 | | | | | | 11～12分 | 9～11分 | 7～9分 | 5～7分 | 0～5分 |
| | | | | | | | | | | | | |
| | 敬业精神 | 爱岗敬业，对工作保持高度的热情，工作中积极主动，勇于克服困难；主动承担上级交办的临时任务。能摆正个人利益和公司利益的关系，任劳任怨，勤勤恳恳，埋头苦干 | | | | | | 11～12分 | 9～11分 | 7～9分 | 5～7分 | 0～5分 |
| | | | | | | | | | | | | |
| | 执行性 | 无论是常规工作，还是临时交办的事务都能保质保量及时完成，开展工作迅速，效率高，效果好 | | | | | | 7～8分 | 6～7分 | 5～6分 | 4～5分 | 0～4分 |
| | | | | | | | | | | | | |

① 皇甫刚. 绩效考核与管理案例. 北京：电力工业出版社，2005

续表

| 考核要素 | | 考核要点 | 自我评分（打√） | | | | | 公司考核组成员评价（打分） | | | | |
|---|---|---|---|---|---|---|---|---|---|---|---|---|
| | | | 优秀 | 良好 | 一般 | 有差距 | 较差 | 优秀 | 良好 | 一般 | 有差距 | 较差 |
| 工作态度 | 团队协作精神 | 不搞本位主义，坚持公司全局观念，积极地与其他部门沟通与合作。团结同志，主持公道，不压制下属的意见，努力提高本部门凝聚力，保持良好的组织工作气氛 | | | | | | 7～8分 | 6～7分 | 5～6分 | 4～5分 | 0～4分 |
| 工作能力 | 组织领导能力 | 正确地对下属下达指示与任务，经常给予员工正确的指导，帮助和培养他们提高工作水平。不断学习，提高管理水平，积极提出合理化的管理改进建议，不断推进本部门的工作进步。采取有效的方法组织与激励下属完成任务。善于处理工作中的矛盾与冲突，面临问题和突发情况能作出正确判断，及时采取措施，妥善解决 | | | | | | 21～24分 | 18～21分 | 15～18分 | 12～15分 | 0～12分 |
| | 计划能力 | 制定和提出切实可行的计划与方案。本人所负责的工作紧张、有序、有条理。有计划地调整和使用资源 | | | | | | 16～18分 | 13～16分 | 10～13分 | 6～10分 | 0～6分 |
| | 沟通能力 | 善于听取和采纳他人意见。关心员工，善于与员工沟通，调动下属的工作积极性。善于与上级和其他部门沟通，协作能力强 | | | | | | 16～18分 | 13～16分 | 10～13分 | 6～10分 | 0～6分 |
| 考核分 | | | | | | | | | | | | |
| 公司考核组期望 | | | | | | | | | | | | |

2. 公司举行述职前，述职人必须向公司考核组提交不超过1000字的书面述职报告。

3. 述职时间共15分钟。其中，述职人述职时间限10分钟，时间一到，述职人应立即结束述职；公司考核组随机提问和述职人答辩5分钟。

4. 述职内容如下：

（1）对工作目标责任书或公司机关部门绩效目标任务表的完成概况作出分析、评价，并就有关原因和有关经验与教训作出总结、说明。

（2）对个人一年来的工作，特别是对工作业绩、工作态度和工作能力作出评价。

## 四、职工民主评议

1. 评议公司中层管理人员的职工代表包括中层管理人员、公司机关员工和各基层单位选举的职工代表。基层单位选出的职工代表名额根据各基层单位在册人员人数按比例分配。

2. 职工代表在民主评议过程中，按照公司中层管理人员民主评议表（见表 4—20）的要求填写；职工代表对被评议人的评分低于 60 分的，要在备注栏内说明其工作态度、能力、业绩等具体、确切的原因，否则以无效票计。

**表 4—20　　公司中层管理人员民主评议表**

| 考核要素 | | 考核要点 | 群众评分（打√） | | | | |
|---|---|---|---|---|---|---|---|
| | | | 优秀 | 良好 | 一般 | 有差距 | 较差 |
| 工作态度 | 责任心 | 忠实履行职责，勇于承担责任，不推卸责任。工作踏实，一丝不苟地做好本职工作。坚持原则，严格遵守公司各项规章制度，堪为表率，廉洁奉公，诚实 | 11～12 分 | 9～11 分 | 7～9 分 | 5～7 分 | 0～5 分 |
| | | | | | | | |
| | 敬业精神 | 爱岗敬业，对工作保持高度的热情，工作中积极主动，勇于克服困难；主动承担上级交办的临时任务。能摆正个人利益和公司利益的关系，任劳任怨，勤勤恳恳，埋头苦干 | 11～12 分 | 9～11 分 | 7～9 分 | 5～7 分 | 0～5 分 |
| | | | | | | | |
| | 执行性 | 无论是常规工作，还是临时交办的事务都能保质保量及时完成，开展工作迅速，效率高，效果好 | 7～8 分 | 6～7 分 | 5～6 分 | 4～5 分 | 0～4 分 |
| | | | | | | | |
| | 团队协作精神 | 不搞本位主义，坚持公司全局观念，积极地与其他部门沟通与合作。团结同志，主持公道，不压制下属的意见，努力提高本部门凝聚力，保持良好的组织工作气氛 | 7～8 分 | 6～7 分 | 5～6 分 | 4～5 分 | 0～4 分 |
| | | | | | | | |
| 工作能力 | 组织领导能力 | 正确地对下属下达指示与任务，经常给予员工正确的指导，帮助和培养他们提高工作水平。不断学习，提高管理水平，积极提出合理化的管理改进建议，不断推进本部门的工作进步。采取有效的方法组织与激励下属完成任务。善于处理工作中的矛盾与冲突，面临问题和突发情况能作出正确判断，及时采取措施，妥善解决 | 21～24 分 | 18～21 分 | 15～18 分 | 12～15 分 | 0～12 分 |
| | | | | | | | |
| | 计划能力 | 制定和提出切实可行的计划与方案。本人所负责的工作紧张、有序、有条理。有计划地调整和使用资源 | 16～18 分 | 13～16 分 | 10～13 分 | 6～10 分 | 0～6 分 |
| | | | | | | | |
| | 沟通能力 | 善于听取和采纳他人意见。关心员工，善于与员工沟通，调动下属的工作积极性。善于与上级和其他部门沟通，协作能力强 | 16～18 分 | 13～16 分 | 10～13 分 | 6～10 分 | 0～6 分 |
| | | | | | | | |
| 民主评议总分 | | 备注 | | | | | |

注：1. 民主评议总分低于 60 分的，请在备注栏内说明原因，否则以无效票计。
2. 民主评议表必须填写总分，同时填写各分项分数，否则以无效票计。

3. 收集汇总民主评议结果时要去掉最高分和最低分后计算平均得分。

## 五、考核结果的综合量化

公司中层管理人员绩效考核的年度综合分＝工作目标责任书或公司机关部门绩效目标评价表（见表 4—21）考核分×50％＋公司考核组的考核平均分×20％＋总经理考核分×10％＋公司分管领导考核分×8％＋民主评议分×12％

**表 4—21　　公司机关部门绩效目标评价表**

部门________　　负责人________　　填表时间________

| 考核内容 | 目标完成程度 | |
|---|---|---|
| | 自我评价（打√） | 公司考核组评价（打分） |
| 工作任务目标完成情况 | 完成 100％，________<br>80％以上，________<br>70％以上，________<br>60％以上，________<br>60％以下，________ | 完成 100％（60 分），________<br>80％以上（48～59 分），________<br>70％以上（42～48 分），________<br>60％以上（36～42 分），________<br>60％以下，与各项目标均有差距（36 分以下），________ |
| 管理改进目标完成情况 | 完成 100％，________<br>80％以上，________<br>70％以上，________<br>60％以上，________<br>60％以下，________ | 完成 100％（40 分），________<br>80％以上（32～39 分），________<br>70％以上（28～32 分），________<br>60％以上（24～28 分），________<br>60％以下，与各项目标均有差距（24 分以下），________ |
| 有关原因分析 | | 公司考核组成员对存在问题的意见： |
| 经验与教训 | | 公司考核组成员的期望： |
| 评价总分 | 评价总分＝工作任务目标完成情况的得分＋管理工作改进目标完成情况的得分 | |
| 公司考核组评语 | 部门负责人签字： | 公司总经理签字： |

## 案例五：某发电企业部门负责人考核办法

## 一、考核周期

部门负责人考核分为季度考核和年度考核。

## 二、考核内容

### （一）部门负责人季度考核内容

部门负责人季度考核内容包括工作业绩、工作态度、工作能力 3 个部分。其中工作业绩占70%，工作态度占15%，工作能力占15%。

1. 工作业绩

部门季度各月度考核成绩平均值作为部门负责人的季度工作业绩考核成绩。

2. 工作态度

包括责任心、积极性、协作性、纪律性4个指标，由被考核者的上级、同级以及本部门员工代表进行评价。

3. 工作能力

包括协调沟通能力、分析判断能力、计划组织能力、文字表达能力4个指标，由被考核者的上级、同级以及本部门员工代表进行评价。

### （二）部门负责人年度考核内容

部门负责人年度考核是季度考核结果的平均值。

## 三、部门负责人季度考核

### （一）工作态度与工作能力考核

1. 考核者

部门负责人的工作态度与工作能力由被考核者的上级、同级以及本部门员工代表进行评价。上级为该部门的分管领导，同级按照考核关系确定，下级则为本部门员工代表（2～4名）。

2. 上级、同级、下级考核权重的分配

上级占60%，同级占25%，下级占15%。

3. 同级考核者的确定

同级考核者应当了解被考核者，即应当与被考核者在工作中有较密切的协作关系，以保证考核结果真实、合理。

4. 工作态度、工作能力考核成绩的分布

工作态度、工作能力成绩80分以上的人数控制在被考核者人数的50%左右。

5. 考核者打分的方法

（1）对所有被考核者打分在同一张考核表上完成。

（2）按评价要素纵向逐一打分。

### （二）部门负责人季度考核流程

1. 部门负责人向绩效考核领导小组提交述职报告并进行述职。

2. 人力资源部组织被考核者的上级、同级以及本部门员工代表对被考核者的工作态度和工作能力进行评价。

3. 人力资源部对工作业绩分数、工作态度及工作能力评价结果进行统计汇总，得出综合考核成绩，并提交绩效考核领导小组。

4. 绩效考核领导小组对考核结果进行审核。

5. 公示考核结果。

## 四、部门负责人年度考核

人力资源部于次年 1 月 15 日前，将各部门负责人上年度季度考核结果汇总，计算季度考核成绩平均值，作为部门负责人年度考核分数。

## 五、部门负责人考核“一票否决”规定

在考核期内有以下情况之一者，考核成绩直接计为 0 分：

1. 严重违反公司规章制度的。

2. 工作失职造成重大安全生产事故的。

3. 工作中有较大失误，造成公司直接或间接的重大经济损失，或影响公司声誉和形象的。

4. 有任何隐瞒事实真相和欺骗公司的行为。

5. 在业务交往中私自收取回扣，损害公司形象和利益的。

6. 利用公司资源招揽、从事私活、谋取私利的。

7. 不服从工作安排及拒绝执行公司管理规定的。

8. 有不利于公司内部团结的言行并造成恶劣影响的。

9. 违反国家有关政策及法规规定的。

**案例点评**

中层管理人员是企业发展规划和当前工作任务贯彻实施的组织者与执行者，是企业管理的中坚力量和企业执行力的保障群体，其积极性和能动性的发挥对于企业的发展和战略目标的实现是至关重要的。因此，中层管理人员考核的有效性和激励性必须予以保证。

中层管理人员作为部门的管理者，其绩效往往通过部门的绩效予以表现。与其他人员考

核不同，中层管理人员仅仅考核工作业绩是远远不够的，中层管理人员在承担工作业绩指标等任务的同时，还肩负着部门的管理责任，即通过对部门的有效管理来保证部门工作业绩的实现。因此，对中层管理人员的考核，在工作业绩考核的基础上，还需对管理能力等方面进行考核。

**一、案例分析**

本节选取五个中层管理人员考核的案例，每个案例在考核内容和考核方式上有所区分。

综合五个案例，虽各具特色，但考核内容主要可概括为工作业绩、工作能力、工作态度、部门协作满意度。值得一提的是，案例一独具特色地将中层管理者本人及下属的合理化建议作为一项考核内容纳入考核体系，这是不多见的。每个案例在考核内容的分类、考核指标细化和考核方式上根据企业的不同而有所区分。

（一）工作业绩考核

工作业绩考核是中层管理人员考核的主体部分，是中层管理人员工作绩效的主要体现。工作业绩的考核方式根据不同企业的实际情况而各具特点。工作业绩考核方式总体分为两种：

1. 个性化考核

考核指标与部门业绩关联，指标具有部门针对性。根据承担的工作任务或指标进行考核，不同管理人员的考核指标和标准不同。案例一、案例二、案例五为此种方式。

2. 通用指标考核

考核指标与部门业绩关联性弱，设定通用的考核指标和标准，所有的管理人员均采用该指标进行考核。案例三、四为此种方式。

案例一中，××公司将中层管理人员分为非生产部门中层管理者和生产部门中层管理者。非生产部门中层管理者考核工作计划的完成情况，由直接上级进行考核。生产部门中层管理者考核部门量化指标，如生产数量、质量、成本指标，由直接上级从指标归口管理部门汇总考核指标完成情况的数据，根据期初确定的考核标准进行考核。此种方式充分考虑到生产部门与非生产部门工作内容与业绩表现形式的不同，根据各自不同的工作特点分别确定考核内容，使考核具有较强的针对性。同时，非生产部门采取工作计划考核的方式符合其自身的工作特点，有效解决了非生产部门没有量化指标的考核难题。非生产部门考核工作计划、生产部门考核绩效指标的方式是较为合理和有效的一种方式。

案例二中，A组织考核体系包括部门考核和中层管理人员考核，中层管理人员业绩考核实行与部门考核挂钩，不再单独考核，案例五也采用了这一做法。这种方式一方面简便易行，避免了重复考核；另一方面，体现了“组织的绩效即为组织管理者的绩效”的原则。

案例三中，中层管理人员工作业绩的考核采取通用指标和标准的方式。中层管理人员的工作业绩考核在案例三中表现为“工作任务”考核，包括工作强度和工作结果两个考核项目。“工作强度”考核所承担的工作负荷状况及劳动强度，“工作结果”考核对本职工作的胜任程度、部门运转通畅程度以及是否发生责任事故。所有中层管理人员均采用相同的指标和标准进行考核。工作任务考核作为考核表中与工作能力、工作态度考核相并列的一项内容，由中层管理人员自我考核、上级考核和下级考核组成。该公司这种将“工作任务”考核分为工作强度和工作结果两个考核项目的方式较为笼统，考核标准描述也过于模糊，不能有效区分中层管理人员的工作绩效，考核时主要取决于考核者的主观印象。考核指标和标准的通用化，虽使考核过程趋于简化，但这种通用的指标不能有效衡量中层管理人员的工作业绩，指标过于泛化，考核没有针对性。除此之外，工作任务考核由自评、上级考核、下级考核共同组成的方式也存在问题。上级作为工作任务、指标的下达者和绩效的管理及监督者，最为了解中层管理人员的工作完成情况，故应作为工作任务的考核者。而下级并不能充分了解上级的工作状况，仅能对上级的管理能力进行评价，不能作为工作任务的考核者。

案例四中，山西××公司中层管理人员的绩效目标评价分为工作任务目标完成情况、管理改进目标完成情况两项内容，由公司考核组根据目标完成比例进行打分。

（二）工作能力考核

中层管理人员通过对部门的有效管理确保部门绩效目标的实现，因此，中层管理人员需具备较高的管理素质和较强的管理能力，工作能力的考核应纳入中层管理人员的考核体系。

由于工作能力的隐性化，使其不易显现和衡量，故中层管理人员工作能力的考核是一个难点。对工作能力的考核一般采取等级评定法，即事先确定各个等级的考核标准和相应分数，将被考核者的工作表现与考核标准对照，从而确定考核分数。

工作能力的考核指标及标准应能体现公司的导向性，公司应根据自身情况确定工作能力的考核指标，明确考核标准，有效引导和激发管理人员的工作能力。考核指标的设定没有好坏之分，以体现公司的管理意图和管理导向为宜。但考核标准的设定应予以明确，标准的定义不应过于模糊。

案例一，中层管理人员能力考核因素分为三类：能力因素，考核指标为决策能力、计划能力、创新能力、组织能力；责任因素，考核指标为自律意识、敬业精神、学习能力；调整因素，考核指标为沟通能力、公共关系和信息能力。每个考核指标细分考核内容，并将考核得分划分为5个等级，明确每个等级的标准。管理人员能力考核由直接上级进行考核。

案例二采用德能勤绩廉考核法对中层管理人员进行360度考核，其中，“能”的考核要点为专业理论水平、业务工作能力、策划协调能力等。考核结果划分为优、良、一般、较差、差五个等级，每个等级设定相应的分数区间。考核方式为民主评议。案例中考核指标和标准过于模糊和笼统，考核时只能凭借主观印象，其结果只能是考核者凭个人印象与好恶随意打分，考核费时费力而没有成效。

案例三中，某公司对中层管理人员的能力考核内容为基本能力和工作能力。基本能力考核职务所要求的基础理论、业务知识及工作经验的具备程度。工作能力考核分为反应能力、协调能力和领导能力。

案例四中，山西××公司工作能力考核分为组织领导能力、计划能力和沟通能力三个考核要素，每个考核要素设立考核要点。考核结果划分为五个等级。

案例五中的中层管理人员能力考核指标与案例四类似，分为协调沟通能力、分析判断能力、计划组织能力、文字表达能力。

案例二、三、四中，考核标准均较为笼统，给考核者的主观性留下很大的余地。同时，考核结果虽划分等级，但各个等级的定义没有明确，如案例四中，“优秀”“良好”“一般”等的标准不明。考核标准的明确程度与考核的有效性高度相关，同时也决定了考核导向性的强弱。

（三）工作态度考核

案例一和案例二的考核指标中包含工作态度指标，前者中有自律意识、敬业精神，后者中有勤奋敬业精神、遵守劳动纪律情况。案例三中，工作态度考核指标为纪律性、协作性、积极性和责任感。案例四将工作态度考核指标分为责任心、敬业精神、执行性、团队协作精神。案例五中的工作态度考核指标有责任心、积极性、协作性、纪律性。从这五个案例可以总结出，常用的中层管理人员工作态度考核指标有责任心、敬业精神、协作性、纪律性。

与工作能力考核指标相同，工作态度考核指标没有好坏之分，以能够体现公司价值导向、反映主观因素与工作业绩的关系为宜。同工作能力考核一样，工作态度考核一般采取民主评议的方式。

（四）其他考核

1. 部门满意度考核

案例一中，将业务相关单位考核列入非生产部门中层管理人员考核内容，对被考核者所在部门相关业务内容及完成情况进行评分。非生产部门是企业的管理和服务部门，将其对其他部门的服务满意度列入考核，能够激发非生产部门的服务意识，促使非生产部门明确自身职责、改进部门工作。

2. 合理化建议考核

案例一将合理化建议纳入中层管理人员的考核体系。合理化建议包括被考核人及下属的合理化建议，分提出问题、提出解决方案、建议被采纳实施三种情况进行考核。将合理化建议作为中层管理人员的考核内容，可以充分利用及激发中层管理人员对于企业管理的关注，让中层管理人员及一般员工参与企业管理，及时发现并解决企业中存在的问题，及时消除隐患，有利于企业优化管理流程、提升管理水平。将合理化建议作为考核内容是案例一的特色，体现了公司对于企业管理的重视及企业的民主化程度，体现考核的导向作用。

**二、案例启示及相关知识链接**

中层管理岗位是企业承上启下的重要层次。对企业各部门来讲，中层管理岗位起到部门决策的作用，它需要围绕企业的总目标的工作要求，对本部门具体实施的方法及部门工作计划进行管理决策。因而，企业对中层管理者的工作业绩、能力的考核成为企业岗位考核的重点。通过对以上案例的分析，可以得出，对中层管理人员可采用以下方式进行考核：

（一）工作业绩

中层管理人员工作业绩的表现形式有以下两种：

1. 企业考核体系中设有部门级考核

因为中层管理人员的工作业绩以部门业绩为载体表现，故中层管理人员的工作业绩可不再单独考核，将部门考核成绩直接作为中层管理人员的工作业绩考核成绩。

2. 企业考核体系中没有部门级考核

这种方式下，工作业绩考核应以中层管理人员所在部门承担的主要任务和指标为对象进行考核。考核指标应具有针对性，体现部门的工作重点和部门核心职责。不应设立通用化的考核指标对所有中层管理人员进行业绩考核。其中，职能部门考核应以工作计划为主，业务部门考核应以绩效指标为主。

工作业绩考核是中层管理人员绩效的主体部分，应占有较大的考核权重。有些企业甚至直接把工作业绩考核成绩作为中层管理人员的考核成绩。

工作业绩考核应以直接上级考核为主，或由相关指标归口管理部门进行考核。

（二）工作能力

工作能力不易显现和衡量，故相比之下，考核时会较多地取决于考核者的主观印象。这时，考核的有效性便与考核指标及标准的明晰程度、企业对考核的重视程度、企业文化等因素密切相关，一旦某个环节出现问题，很容易使该项考核流于形式。

中层管理人员能力考核指标设计应体现企业的价值导向，应能够引导中层管理人员自发提高工作能力。考核标准应尽量明确、细化、便于衡量。

工作能力考核结果的应用存在以下两种方式：

1. 工作能力考核计入考核成绩，与绩效工资挂钩

这种方式能够使中层管理人员充分重视自身能力的提高。但是，能力考核的主观性易造成考核结果的不准确。不准确的考核成绩与绩效工资挂钩的结果是造成绩效与薪酬的不匹配和不公平。

2. 工作能力考核不计入考核成绩，仅作为竞聘、绩效改进等工作的参考依据

这种方式能使考核脱离功利色彩，考核结果更为客观，真实地反映被考核者的工作能力，使被考核者致力于能力的提升。但是，对于绩效文化薄弱的企业，容易因为不与绩效工资挂钩而使工作能力的考核和改进被忽视。

需要说明的是，由于工作能力的提升与下降需要一个较长的周期才能显化，而在很长的时间维持在一个相当的水平，故工作能力考核周期应稍长，以半年或一年为宜。

工作能力的考核可采取民主评议的方式。

（三）工作态度

如果说工作能力考核属于素质考核，工作态度考核则属于行为考核。从考核周期看，工作态度指标是短期考核指标（月度或季度）。

（四）部门协作

部门协作作为考核内容，可以提高部门之间的协作意识，促进管理流程的优化，形成部门之间的绩效合力。部门协作考核可参考本书第 3 章第三节。

（五）其他考核

企业在不同的发展阶段，会有不同的战略和目标。随着企业内外部环境的变化，也存在某段时间以某项任务或目标为主的情况。绩效管理是企业战略执行的载体，故企业可针对自身实际情况设计符合自身特点的考核内容和考核方式，如案例一中的合理化建议考核。

# 第五节　研发人员考核

## 案例一：××技术中心研发人员考核办法①

××技术中心有 150 人，分为 9 个部。平时项目的研发是由技术中心的领导从各部抽调适当的人员组成一个课题组，即成立跨部门的临时团队进行研发，项目完成后团队解散，团队成员回到各自部门。每个课题组有一个负责人，一个研发人员可能同时在几个课题组里面工作。

该技术中心引入“业绩分数累进法”作为研发人员考评定级的量化标准，用于评价考核期内同时在多个项目中工作的研发人员。以下以研发人员甲为例说明“业绩分数累进法”的应用过程。

研发人员甲考核期内参加过 B、C、D 等项目的开发，则“业绩分数累进法”应用过程如下：

### 一、确定项目总体业绩得分

由项目评价委员会在项目完成后进行全面综合评价，针对一个项目，细分成“项目的难易程度”“进度”“完成质量”“经济效益”等项分别打分，排出顺序。

项目 B 的总体业绩分数为 6 分。

### 二、确定研发人员在该项目组中的业绩分数

首先，根据工作量等因素，由项目经理对研发人员甲进行业绩评价，技术中心领导复核；其次，计算研发人员甲在该项目中的业绩分数，计算公式为：项目总体业绩分数×研发人员在该项目中的业绩得分。

例如，项目 B 中，贡献最大的主设计师为 10 分，研发人员甲的工作量相当于主设计师的 3/10，则甲在项目 B 中获得业绩分数 6×3＝18 分。

### 三、依次算出研发人员在其他项目中的业绩分数，累加得出总的业绩分数。

① 王强. 跨团队部门如何进行考核. 人力资源开发与管理. 2002，11

## 案例二：A 公司研发人员的考核①

# 一、背景介绍

### (一) 现状

1. 研发组织结构

目前研发中心有研发一部、研发二部、研发三部、研发四部和项目管理部。研发一部的职责是开发前沿的技术、对技术进行产品转化，并对研发二部、三部、四部的设计图纸进行技术审核把关。研发二部、三部、四部中都配备了相应的研发人员，三个部经常争夺项目，造成很大程度的资源浪费和内部竞争。项目管理部对研发二部、三部、四部的项目立项、项目变更组织内部评审，对研发的进度、阶段成果进行跟踪和监督，但是对项目的延期没有相应的约束和控制机制。

2. 产品特征

虽然设立研发一部进行前沿技术的研究和技术的产品化，但实际上 90％的产品都还局限于市场的跟随，自主开发技术和产品非常有限；研发二部、三部、四部的研发基本都是依据订单来设计，满足客户要求已经让设计师疲于应付，创新更显不足。

3. 零部件

产品个性化的需求多，有 60％的新零件和设计工作，但是研发人员经常不知道已经有其他人员设计过，而重复执行工作，导致研发人的严重浪费。产品设计、生产、装配的周期很长，在规定的时间内常常难以达到要求，延误后由销售部门去给客户解释，销售部门工作非常被动。

4. 项目管理

项目管理、研发流程模式还处于非常原始的阶段。立项管理比较随意，很多时候跳过对研发质量有很大影响的评审环节，到后续阶段才发现问题时已严重影响了项目进度和投入的资源。目前 90％以上的项目都存在延误；明知道产品测试和质量还没有达到要求就开始制造生产并交付给客户，等客户接到产品后发现某些功能不符合要求，返工设计和返工制造的成本和时间大大增加，同时降低了客户对产品的满意度。

项目经理只对技术负责，没有合理控制项目费用的权利，也没有明确的研发费用预算。

需测试的项目繁多。由于测试及设计变更作业不断重复，每次设计变更需要修改的部分

---

① 刘醇. 用考核技术解决技术部的考核问题. 赢周刊. 2006

以及负责修改的人员可能都不同，一旦重复次数过多，研发人员搞不清楚到底是执行第几次的设计变更，导致研发设计文件版本的混乱，造成一再出现错误，延误订单交付的时间。设计人员认为最终由研发一部进行图纸的审核，所以经常出现上百处的图纸错误，甚至是低级错误，研发一部用很多时间审核设计人员图纸，没有发挥应有的作用。由于没有对设计错误进行考核，设计错误一直居高不下。

**（二）组织结构梳理、确定绩效目标**

1. 组织结构梳理

将研发三部、四部并入研发二部，便于资源共享和人员调配，另外设立首席设计师，明确研发一部、二部、项目管理部的部门职责。

2. 确定关键的绩效目标

提高项目管理水平（项目经理、项目管理部）、控制设计进度（项目经理、设计师）、减少设计变更的次数（项目经理、设计师）、提高基础模块和零部件的标准化程度（设计师）、提高阶段成果的准时率（项目经理、设计师）、控制项目费用（项目经理）。

3. 建立明确的项目组和功能部门的绩效考核关系

考核责任者：功能部门主管（部长），依据评价者（项目经理）提供的意见和依据，对下属考核结果的公正性与合理性负责。

考核监督者：功能部门主管的上级（部长的直接上级），监督考核责任者的考核过程与考核结果。

评价者：项目组主管（项目经理），依据被考核者在某一期间的个人绩效和承诺达成情况，作出客观公正的评价，并对评价结果的公正和合理负责。

## 二、指标设计举例

**（一）研发部指标设计**

研发一部的研发人员主要是前沿技术和产品的开发，考核指标为：项目研发成功率、研发进度、产品技术转化次数（创新性的考核指标）、技术信息收集有效性（分为 4 个等级标准）、设计错误、技术服务满意度。

研发二部承担具体 90%的市场项目设计，人员结构分为两类，一类为首席设计师，包括电子首席设计师、结构首席设计师、软件首席设计师；另一类为设计师，包括电子设计师、结构设计师、软件设计师。表 4—20 是对结构设计师的绩效考核表。

首席设计师一般担任项目经理，考核的重点是设计质量（第一次设计到样试修改次数、样试到批试修改次数、产品投入市场的技术稳定性）、基础模块共用率（零备件标准化程度）、费用控制、研发项目成功率（项目市场价值评估）、研发进度控制。

设计师主要担任实际的设计任务，考核的重点是模块共用（标准化程度）、研发进度控制、设计错误、文档编写、技术服务满意度。

表 4—22　　　　　　　　　　　结构设计师绩效考核表

<table>
<tr><td colspan="3">岗位名称</td><td>结构设计师</td><td colspan="3">所属部门</td><td colspan="3">研发二部</td></tr>
<tr><td colspan="4">考核项目</td><td colspan="3">考核指标</td><td rowspan="2">配分</td><td rowspan="2">数据来源</td><td rowspan="2">考核周期</td></tr>
<tr><td colspan="3">项目名称</td><td>计算方式</td><td>最高指标</td><td>考核指标</td><td>最低指标</td></tr>
<tr><td>1</td><td colspan="2">开发完成准时率</td><td>开发完成准时率＝开发实际周期÷开发计划周期×100％</td><td>100％</td><td>120％</td><td>140％</td><td>10</td><td>项目管理部</td><td>月</td></tr>
<tr><td>2</td><td colspan="2">研发项目阶段成果达成率</td><td>研发项目阶段成果达成率＝各项目实际阶段成果达成数÷计划阶段成果达成数×100％</td><td>90％</td><td>85％</td><td>75％</td><td>10</td><td>直接上级</td><td>月</td></tr>
<tr><td>3</td><td colspan="2">基础模块（零部件）共用率</td><td>基础模块（零部件）共用率＝项目共用的基础模块（零部件）数÷项目现有的基础模块（零部件）数×100％</td><td>60％</td><td>50％</td><td>40％</td><td>10</td><td>项目管理部标准化技术员</td><td>月</td></tr>
<tr><td>4</td><td colspan="2">产品投入市场的技术稳定性</td><td>更改次数为 0，得分为 12；更改次数<2，得分为 10；更改次数≥3，得分为 0</td><td></td><td><2</td><td></td><td>10</td><td>营销技术部记录</td><td>月</td></tr>
<tr><td rowspan="4">5</td><td rowspan="2">设计阶段错误</td><td>数量</td><td>A 级错误 10 个内不扣分，超过 10 个每发现一个设计错误扣 0.5 分；B 级错误每发现一个扣 10 分；无错误得 12 分</td><td></td><td>≤10</td><td></td><td>10</td><td>直接上级</td><td>月</td></tr>
<tr><td>再发生数量</td><td>>2 次，得分为 0；≤2 次，得分为 5 分；无发生，得分为 12 分</td><td></td><td>0</td><td></td><td>10</td><td>直接上级</td><td>月</td></tr>
<tr><td rowspan="2">试制阶段错误</td><td>数量</td><td>A 级错误 5 个内不扣分，超过 5 个每发现一个设计错误扣 0.5 分；B 级错误每发现一个扣 5 分，无错误得 6 分</td><td></td><td>≤5</td><td></td><td>5</td><td>直接上级</td><td>月</td></tr>
<tr><td>再发生数量</td><td>>2 次，得分为 0；≤2 次，得分为 5 分；无发生，得分为 6 分</td><td></td><td>0</td><td></td><td>5</td><td>直接上级</td><td>月</td></tr>
<tr><td>6</td><td colspan="2">技术文档编写质量</td><td>符合 A 得分 20～24；符合 B 得分 16～19；符合 C 得分 11～15；符合 D 得分 8～10；符合 E 得分 0～7</td><td></td><td>B</td><td></td><td>20</td><td>直接上级</td><td>月</td></tr>
<tr><td>7</td><td colspan="2">技术服务满意度</td><td>调查折分进行计算</td><td>95</td><td>90</td><td>80</td><td>10</td><td>项目管理部问卷调查</td><td>月</td></tr>
</table>

## （二）项目管理部指标设计

作为协助、支持、配合、组织立项的项目管理部，负责对项目的进度和阶段成果进行监控。例如，项目管理部的技术管理员的考核指标为项目管理水平、决策评审点执行率、技改技措管理水平、技术服务满意度。

## 案例三：JX 公司技术开发部的员工绩效考核与管理方案①

JX 公司将被考核者分为三类：具体作业层——指基层科研及基层科研管理人员；中间管理层——科长或二级部门经理（助理）；高级管理层——一级部门经理（助理）。

在满足公司规章制度的前提下（如考勤等），对基层科研人员的考核要点是项目进度、工作质量及项目难度（见表 4—23），对项目经理的考核要点是项目进度、质量及难度，对基层科研管理人员的考核要点是工作数量、质量及态度，对高层管理人员的考核要点是部门业绩、工作能力及态度。

表 4—23　　绩效考核表（基层科研类）

| 填表日期：　　年　　月　　日<br>姓　名：　　工号：　　部门科室：　　考核时间： | | | |
|---|---|---|---|
| 考勤状况说明： | | | |
| 考核指标 | 考核指标说明 | | 考核成绩 |
| 项目进度 | 较慢 | 工作离计划要求时间短 | 2 分 □ |
| | 勉强 | 稍慢于计划要求时间 | 4 分 □ |
| | 一般 | 符合要求，偶尔超过 | 6 分 □ |
| | 较快 | 少量超过计划要求时间 | 8 分 □ |
| | 很快 | 速度超出明显，工作量比计划要求多 | 10 分 □ |
| 工作质量 | 较差 | 项目成果中可避免的错误频频出现 | 2 分 □ |
| | 勉强 | 错误有一些，但不多 | 4 分 □ |
| | 一般 | 大体满意，偶尔有小错误 | 6 分 □ |
| | 良好 | 工作几乎一直保持正确，有错误自改 | 8 分 □ |
| | 优秀 | 工作一直保持高水准 | 10 分 □ |
| 项目难度 | 较易 | 工作量小，只需很少专业技能或非本专业知识就能解决 | 2 分 □ |
| | 勉强 | 工作量较小，需要一些专业知识及相关的技能 | 4 分 □ |
| | 一般 | 工作量一般，无须付出太多努力就能完成 | 6 分 □ |
| | 较难 | 工作量较大，需要付出较多努力才能完成任务 | 8 分 □ |
| | 很难 | 工作量很大，需要很多的技能和不懈的努力才能完成任务 | 10 分 □ |
| 实得分范围 | 6～8 分 □，10～14 分 □，16～20 分 □，22～26 分 □，28～30 分 □ | | |
| 综合评语 | 较差（D）　勉强（C）　一般（B）　良好（A）　优秀（S） | | |
| （以上内容由第一次考核者填写）<br>第一次考核者签名：<br>第二次考核者意见：<br>第二次考核者签名： | | | |

① 皇甫刚. 绩效考核与管理案例. 北京：电力工业出版社，2005

## 案例四：××制造企业研发人员考核方案[①]

研发人员的主要工作是新机型的开发、旧机型的改良，以及根据客户要求进行机型的设计变更。

研发人员的工作内容包含电控、机械、油路设计三项核心技术。研发部下设研发科和设计科两个科室。研发科负责电控整合，主导电控研发工作，并负责新型计算机的教育训练支持；设计科负责新型机种的机械设计及油路设计整合技术部分，主导新型机种的开发，以及负责与设计变更相关的设计绘图。

研发人员的考核周期为月度和半年度。

### 一、月度考核

公司研发人员的月度考核为目标管理考核，以量化指标为主。设计科考核目标及标准见表4—24。

表4—24　　设计科考核目标及标准

| 考核目标 | 考核指标 | 考核标准 |
| --- | --- | --- |
| 提升研发人员的专业能力 | 教育训练时数 | 训练时数每人每周3小时以上，其中专业知识相关课程每月至少4小时 |
| 积极开发新产品 | 新机商品化日程达标率 | 依照机型种类，分别于4月、6月、8月底前完成设计图稿并完成验机工作 |
| | 新产品开发数 | 每两个月开发一件新产品 |
| 降低保修期内新机故障率 | 保修期内新机故障率 | 保修期内新机故障率小于9%，计算方式：保修期内新机故障报修次数/保修期内新机总数 |
| 提升交货时间准确率 | 交货延误率 | 交货延误率小于2%，计算方式：每月交货延误次数/每月订单总数 |

研发人员的工作目标由公司目标分解到研发部门，研发部门分解到科室，进而分解到个人。结合分解下来的指标及岗位核心职责，进而确定研发人员的考核指标。

由于研发人员的主要工作包括新机型的开发、旧机型的改良、根据客户要求进行设计的变更三项，因此，根据研发人员的工作职责设计以下考核指标：

1. 新机型的开发设计以下考核指标：产品开发成本控制、新产品开发件数、产品开发日程达标率、产品设计质量等。

2. 旧机型的改良设计以下考核指标：产品改良成功率。

3. 根据客户要求进行设计的变更设计以下考核指标：设计变更次数、设计变更周期、

① 陈般若，黄同圳. 研发人员绩效指标与考核制度之建立

产品交货及时性、产品满意度。

此外，客户投诉次数、项目执行进度也作为研发人员的考核指标。

## 二、半年度考核

半年度考核内容分为三部分：目标管理考核、项目执行考核、综合考核。

### （一）目标管理考核

考核权重为 40％，考核内容为考核期间绩效指标的完成情况，以量化指标为主。

### （二）项目执行考核

考核权重为 20％，考核研发人员是否按计划进度完成项目内容，考核结果以项目完成率表示。

### （三）综合考核

综合考核权重为 40％，其考核内容包括协作性（25％）、专业知识（20％）、自发性（20％）、工作态度（20％）、创造力（15％）。综合考核采取行为锚定法详细定义考核标准。

研发人员的目标管理考核与项目执行考核由直接上级进行考核，综合考核由直接上级考核和同级考核组成。同级考核指负责同一项目或负责相同工作的研发人员之间互评。

# 案例五：某科技公司项目与项目成员考核

## 一、绩效考核职责划分

各部门绩效考核职责划分见表 4—25。

表 4—25　　各部门绩效考核职责划分

| 部门名称 | 绩效考核职责 |
|---|---|
| 总裁办公室 | 对项目考核的过程和考核结果运用进行监督 |
| 计划管理部 | 负责项目计划的制订，项目进度相关信息的收集、记录和指标考核 |
| 质量部 | 负责项目质量相关信息的收集、记录和指标考核 |
| 客户部 | 负责项目客户满意度相关信息的收集、记录和指标考核 |
| 人力资源部 | 负责项目与项目成员考核的组织、协调，受理考核申诉，对项目考核和项目成员考核结果进行汇总 |
| 总师室 | 负责项目技术资料汇总情况相关信息的收集、记录和指标考核 |

## 二、项目与项目成员考核的内容

### （一）项目考核的内容

项目考核的内容包括项目进度、项目质量、客户满意度、技术资料汇总 4 个指标。

项目进度权重 30%，采用项目延期率进行考核；项目质量权重 40%，包括硬件、软件、机构、工业设计 4 个具体指标；客户满意度权重 20%，包括工作协作、有责投诉 2 个具体指标；技术资料汇总权重 10%，包括上交及时性、上交数量 2 个具体指标。

项目延期率的计算及计分方法：

项目延期率＝（项目实际执行天数－项目计划执行天数）/项目计划执行天数×100%

项目延期率考核按项目节点进行，对每个阶段延期率考核得分进行加权并求和，得到项目进度考核分数。

延期率＞50%，计 0 分；延期率为负数，表明项目提前，不扣分并适当加分；其他情况分档扣分。详见具体规定。

### （二）项目成员考核的内容

项目成员考核的内容包括个人任务进度、个人任务质量、项目内外协作 3 个指标。

## 三、项目计划的制订与变更

### （一）项目计划的制订

1. 项目正式立项后，计划管理部制定《项目计划书》，确定项目进度、项目质量、客户满意度等方面的具体目标。

2. 由计划管理部《项目计划书》制定人（产品经理）与该项目负责人签字确认。

3. 计划管理部负责人、公司主管领导审核《项目计划书》。

4. 计划管理部将《项目计划书》交人力资源部备案。

### （二）项目计划的变更

项目计划一经确定，原则上不许调整，如因实际需要调整，按以下规定执行：

1. 进度目标调整必须由产品经理或研发部门项目负责人申请，研发部门项目负责人或产品经理审核，计划管理部负责人批准。

2. 质量目标调整必须由产品经理或研发部门项目负责人申请，研发部门项目负责人或产品经理初审，计划管理部负责人、总经理批准。

3. 项目周期在 3 个月以内的项目，各项目标调整不得超过 1 次；项目周期超过 3 个月的项目，各项目标调整不得超过 2 次。

4. 项目计划调整后，由产品经理重新填写《项目计划书》，由产品经理和研发部门该项目负责人签字确认（并附申请调整部门的申请报告和相关人员的书面同意意见）。

## 四、考核流程

### （一）项目考核流程

1. 考核部门分别对归口的指标评分。
2. 人力资源部对各部门的考核分数进行汇总，得出项目的考核成绩。
3. 公司领导对项目的考核成绩进行审核。
4. 人力资源部召开绩效反馈会议，考核部门与项目负责人进行绩效面谈。
5. 各部门有异议可以向人力资源部提出申诉。

### （二）项目成员考核流程

1. 项目成员的直接上级进行考核。
2. 项目负责人对考核成绩进行审核。
3. 直接上级与被考核者进行绩效面谈。
4. 本人有异议可以向人力资源部提出申诉。

## 五、项目成员考核成绩的比例

项目成员个人业绩得分的算术平均分不得超过本部门该项目得分。项目成员考核成绩实行强制分布，依据项目考核成绩的高低确定具体的分布比例，见表 4—26。

表 4—26　　项目成员考核成绩分布

| 项目得分 | 考核成绩分布 | | | |
|---|---|---|---|---|
| | 60 分以下 | 60～69 分 | 70～79 分 | 80 以上 |
| 60 分以下 | 60% | 20% | 10% | 10% |
| 60～69 分 | 10% | 60% | 20% | 10% |
| 70～79 分 | 0 | 20% | 60% | 20% |
| 80 以上 | 0 | 20% | 20% | 60% |

**案例点评**

研发人员是企业的一个特殊群体，其工作方式、团队运作模式、工作绩效的表现形式与生产、营销等其他类别的人员具有很大不同，这也决定了其绩效衡量的方式是不一样的。相对其他人员，研发人员考核指标的提取、考核方式的确定都有一定难度。

**一、案例分析**

本节选取的五个研发人员的考核案例，在考核指标设立、考核方式选取上存在各自的特殊性。

（一）案例一：××技术中心研发人员考核办法

案例一中，××技术中心研发人员考核采取团队考核与个人考核结合的方式进行，独具特色地设计了“业绩分数累进法”作为研发人员的考核方法。项目完成后，首先由项目评价委员会对项目完成情况进行综合评价，之后项目经理依据工作量、贡献程度等对研发人员进行评价，得出个人在项目中的考核分数，项目考核分数与个人考核分数的乘积为研发人员在该项目的考核分数。考核期内项目考核分数的累计即为研发人员的考核成绩。

“业绩分数累进法”极大程度地将个人工作业绩与项目业绩相结合，项目考核分数与项目经理对研发人员的考核分数都将影响研发人员个人的考核成绩，并且是成倍地影响。因此，这种方式将研发人员与项目团队的利益紧密地捆绑在一起，每个研发人员在致力于达成自身工作目标的同时，主动关注项目目标的实现，从而使每个研发人员的工作目标与项目整体目标协调一致，形成绩效合力，保证项目整体目标的实现。

同时，依据研发人员个人在项目中的工作量和贡献大小对其进行打分的方法，使研发人员主动承担更多的工作任务，有效调动研发人员的工作积极性。项目分数累计的方法鼓励研发人员多参加项目，项目参加得越多，考核分数累计越高。这种方式客观上能够促使该技术中心项目立项增多，提高技术中心的科研实力。

单纯以研发人员在项目中的贡献大小对其业绩进行衡量的方式，存在一定的弊端，容易导致研发人员之间的过度竞争。同时，由于以工作量和贡献程度作为衡量方式，因此，项目经理对于研发人员的工作能否进行客观、合理的分配，以及能否准确地衡量其工作贡献，在很大程度上决定着考核的公正公平性。

（二）案例二：A 公司研发人员的考核

案例二中，研发人员的考核指标主要根据公司目标、部门目标分解，同时结合岗位核心职责提炼而成。不同的研发岗位，基于核心职责的不同，设置不同的考核指标，确保考核的针对性及考核与岗位工作的高度相关性。案例中所列出的结构设计师的考核指标具有一定的代表性，能够有效衡量结构设计师的工作业绩，同时，对结构设计师工作业绩的提升具有较强的引导作用。

（三）案例三：JX公司技术开发部的员工绩效考核与管理方案

案例三中，JX公司将研发人员按照工作特点分为具体作业层、中间管理层和高级管理层三类，每个层次设置不同的考核指标。其中，基层科研人员的考核指标分为项目进度、工作质量、项目难度，每个考核指标设置五个等级，规定相应的等级标准。三个考核指标的设立，基本能够反映基层科研人员的主要工作，具有一定的代表性，但指标过于粗放，主观性偏大，不易衡量。同时，需要指出的是，与案例二根据岗位职责提炼不同的考核指标不同，本案例中，所有基层科研人员均采用相同的考核指标，相比之下，欠缺考核的针对性。

（四）案例四：××制造企业研发人员考核方案

案例四中，研发人员的考核采取目标管理与项目团队相结合的考核方式。月度考核为目标管理考核；半年度考核时，在目标管理考核基础上，结合项目执行考核与综合考核评定研发人员的工作绩效和工作表现。目标管理考核岗位绩效指标完成情况，项目执行考核项目执行进度，综合考核内容包括工作态度、工作能力等。

案例充分考虑了绩效指标、项目考核、行为与能力考核等考核内容，考核较为全面。同时，目标管理的方式能够通过岗位绩效目标的实现推动团队绩效目标的实现。

案例中存在的可质疑之处在于，考核周期的固定与项目周期的不固定相冲突，突出表现在“项目执行考核”这一指标。项目执行考核周期应随项目周期进行，而案例中考核周期为半年，故而使二者之间存在一定的冲突。

（五）案例五：某科技公司项目与项目成员考核

案例五中，对项目与项目成员考核的责任作了明确的划分：人力资源部负责考核的组织，其他部门承担与其分管的工作相对应的考核职责。项目考核的常用指标有项目进度、项目质量、项目满意度等，其中，项目进度是考核的难点之一。案例将项目延期率作为考核项目进度的指标，并制定了详细的考核标准。

在项目计划的制订与执行方面，由于不可预见的因素，会遇到项目不能按原计划进行，需要变更的情况，方案对项目计划的变更有具体规定。

方案的一个特色是项目成员考核实行强制分布，项目考核成绩的高低与该项目组成员考核成绩分布比例相关联。例如，项目考核成绩在80分以上，项目成员考核成绩在80分以上的应占60%；而项目考核成绩在60分以下，项目成员考核成绩在80分以上的只能占10%。

## 二、案例启示及相关知识链接

（一）研发人员考核难点及存在的问题

研发人员由于工作本身的特殊性，其工作成果不易衡量，因而研发人员的考核存在一定的难度。

1. 研发人员考核的难点

研发人员考核的难点主要表现在以下几个方面：

(1) 研发人员个人贡献难以衡量

研发人员的工作职责一般不固定，随项目和任务需求的变化而变化，考核内容难以确定；研发人员的工作过程不易监控，其成果只能通过研发成果予以显现，但研发成果一般体现为团队合作成果，个人对于研发成果的贡献难以衡量。

(2) 考核者的选择

研发人员的管理者一般由直线职能管理者和项目团队主管组成，不同管理者对于研发人员绩效信息的获取程度和角度不同。如何选取考核者，以便全面、准确地衡量研发人员的绩效，也是困扰研发人员考核的难题。

(3) 多项目研发人员的综合绩效难以衡量

研发人员在考核期内可能在多个项目团队工作，每个项目有不同的项目主管和不同的工作内容，如何衡量其在多个团队的综合绩效，是研发人员考核的难点之一。

此外，考核指标难以提取、考核过程难以监控等也是研发人员考核的难点问题。

2. 研发人员考核中存在的问题

企业现行对研发人员的考核中，普遍存在以下问题：

(1) 考核指标过于关注研发人员的最终成果，即项目完成情况，忽视环境与客观因素对工作成果的影响，忽视对研发人员的过程控制。

(2) 过分关注研发人员个体的直接产出和成果，不能充分反映研发人员对于团队的贡献，团队绩效与个人绩效没有很好地结合。容易使研发人员倾向于研究风险小、时间短、见效快、容易出成果的短平快项目，不利于企业研发实力的增强和核心竞争力的提升。

(3) 由于研发人员的考核指标不易提取，有些企业采取通用的指标对不同研发人员进行考核，使考核失去了针对性。如案例三中，将项目进度、工作质量、项目难度作为所有基层科研人员的考核指标。

(4) 在研发人员更多地采用项目团队方式工作的情况下，一些企业仍将部门主管作为研发人员的考核者，而忽视最了解研发人员工作情况的项目主管对于考核的作用，使考核取决于部门主管的意志，导致研发人员对考核结果的疑义。

(二) 研发人员考核应注意的问题

1. 研发人员考核的原则

(1) 结果考核为主、行为考核为辅的原则

研发人员的工作是高度结果导向型的工作，对研发人员的评价最终往往都要落实到其工作成果上来。在研发人员的考核中，过度关注研发人员的行为而不是结果本身，往往会带来一系列错误的导向，也容易挫伤研发人员的工作积极性。

(2) 研发项目考核的市场导向原则

目前来说，国内企业层面的研发主要集中在产品开发上，因此在设定研发考核目标时，必须紧密结合公司研发策略，开发在市场上适销对路的产品。

(3) 个人考核与团队考核相结合的原则

在研发人员的考核中，把团队业绩作为研发人员绩效考核的重要指标，有利于培养研发人员的团队合作精神，对研发团队及个人成长均具有重要意义。

2. 研发人员的考核指标

研发人员考核应以结果考核为主，兼顾行为考核。因此，研发人员的考核应设置对研发成果进行控制的指标，同时，还应设置对于工作态度、工作行为进行考核的指标。但是，行为性指标不能过多，否则会影响考核的主观性，并且对研发人员产生错误的导向，使研发人员丧失工作重点。

(1) 结果指标设计

研发人员结果考核指标的设计有两种倾向：一是考核指标与研发目标衔接，从岗位核心职责中提取。这种考核方法具有较强的针对性，能有效衡量不同研发人员之间不同的工作业绩，但是，考核指标的提取存在一定程度的困难。二是考核指标为通用指标。这种方式的指标设置较为简单，考核简便易行，但是，考核的针对性不强，主观性偏大，考核易流于形式。

(2) 行为指标设计

通过行为指标的考核可以实现对研发人员工作过程的有效监控，即通过过程监控保证结果的实现。行为指标的设置根据不同企业的研发导向和实际情况而不同。如一些公司注重设计的准确性、技术文档的编写等，则可设置设计错误数量、技术文档编写质量等作为研发人员的考核指标。

此外，工作态度、协作精神、团队意识、工作压力等也可作为考核指标。需要注意的是，行为指标不能过多，并且应选取与研发人员相关的指标，否则会冲淡研发人员对于研发结果的关注程度。

(3) 其他指标

除结果指标和行为指标外，企业还可以考虑将能力指标、效益指标纳入研发人员的考核。

3. 合理选择考核方式

研发人员的绩效考核方式一般包括员工自我评价、同级考核、上级考核等。

自我评价主要是研发人员对考核期内工作目标的完成情况进行自我评估。

同级考核的主要作用是考核员工的团队协作能力、工作态度等，特别是对于一些需要多人、多部门协作的研发项目来说，这种考核尤为重要。因为受环境因素的影响，研发人员最终的工作成果并不一定能够真实反映其个人贡献，工作行为和工作态度的考评可以作为考核内容的补充，从而全面反映研发人员的工作绩效。

上级考核方式可分为三种：直接上级考核；项目负责人考核；以项目负责人考核为主，二者考核相结合。

伴随充分授权、自主管理、项目组与团队型工作组织的日益普遍，传统的由直接上级作为“单一化”考核主体的方式，对于研发人员已显得不太合理，而应设置“多源化”“多方参与型”的考核主体，以便更加客观地反映研发人员的工作业绩，引导研发行为。

为保证多源考核主体的科学性，需要根据各考核主体对于绩效信息的把握程度、所担当角色与行为特征，确定其参与考核的侧重点及考核权重，使研发人员的考核兼顾民主性、科学性与客观性。

4. 多项目人员考核成绩的累计

研发人员考核期内可能同时参与多个研发项目，多个项目的考核成绩如何累计，也是研发人员考核体系设计的关键点。

案例一引入“业绩分数累进法”，衡量研发人员在各个项目中的贡献程度，将每个项目贡献程度与该项目考核成绩相乘，进行考核成绩的累计。这种方法将研发人员的工作量与考核成绩紧密结合，可有效激励研发人员参与科研项目。

除案例中的方法外，还可考虑采取项目额（成本）加权或重要性评估系数等方法。

（1）项目额（成本）加权法

项目额（成本）加权法是将每个项目的项目额（成本）除以研发人员考核期内参加项目的总项目额（成本），得出的系数作为每个项目考核成绩的加权系数，用于考核成绩的累计。

如某研发人员在考核期内参加A、B、C三个项目，其在三个项目中的考核成绩分别为80分、85分、90分。A、B、C三个项目的项目金额分别为10万元、15万元、15万元。则研发人员的考核成绩＝80×（10/40）＋85×（15/40）＋90×（15/40）＝85.625分。

（2）重要性评估系数法

重要性评估系数法是根据项目的重要性设定不同的加权系数，用于考核成绩的累计。项目重要性评估系数的设定有三种方法：几个项目主管协商设定；研发人员判定；设立专门的评估组，对项目重要性进行评估后设定。

# 第 5 章

# 绩效考核的组织与结果控制

# 第一节　绩效考核的组织机构与职责分工

## 案例一：A公司绩效管理职责分工①

### 一、绩效考核委员会组成及其职责

公司成立绩效考核委员会。

#### （一）委员会成员

1. 主任：总经理。
2. 副主任：党委书记。
3. 秘书长：人力资源部部长。
4. 委员：分管总包副总、分管设计副总、分管研发副总、分管子公司副总、总工程师、设计管理部部长、总包管理部部长、综合管理部部长。

#### （二）绩效考核委员会职责

1. 负责建立、完善公司绩效考核管理制度。
2. 负责组织公司与经营部、总包管理部、设计管理部签订经营责任书。
3. 对各部门（科室）、各岗位的KPI修订进行审批。
4. 监督考核实施过程并负责处理考核中出现的突发事件。
5. 负责对各部门、科室负责人进行年度综合测评。
6. 负责对人力资源部、人力资源部部长的考核结果作特别审查。
7. 对所有部门、岗位的绩效考核结果有最终决定权。

### 二、人力资源部职责

人力资源部是绩效考核工作的执行机构，负责各部门、科室的绩效考核实施工作，具体工作包括：

1. 负责拟定公司绩效考核管理制度并报公司绩效考核委员会。
2. 负责组织修订各部门、各部长（副部长）、各室主任（副主任）绩效考核指标、各指

---

① 赵国军，张和平，陶旭. 破解企业绩效管理中的8大难题. 北京：机械工业出版社，2006

标权重、指标说明等。

3. 负责组织修订设计人员项目考核的考核指标、各指标权重、指标说明等。

4. 负责组织修订总包项目经理经营责任书、设计经理经营责任书、各科室设计任务书中有关激励和考核的条款。

5. 负责修改完善各部门（科室）、各岗位的绩效考核表。

6. 负责监督指导总包管理部与总包项目经理、设计管理部与设计经理签订经营责任书。

7. 负责监督设计管理部、设计经理与各科室签订设计任务书。

8. 负责监督各科室奖金分配的公平合理性。

9. 负责组织召开季度绩效考核工作会议，参加会议人员为各职能部门部长、经营部部长、设计管理部和总包管理部的部长和副部长。

10. 负责各种绩效考核表的发放、回收。

11. 协助各部门、科室开展绩效考核工作。

12. 负责督导、仲裁绩效考核工作。

13. 负责处理绩效考核过程中的员工申诉事宜，确保绩效考核工作公平、公正、公开。

14. 负责考核工作中各项考核数据的收集、处理，并进行统计计算。

15. 负责将各部门（科室）、各岗位考核结果统一保存备案。

## 三、各部门（科室）职责

负责绩效考核的实施工作。

1. 在人力资源部统一指导下，定期修订本部门主管级以下各岗位的考核指标、各指标权重、指标说明等。

2. 负责对本部门主管级以下各岗位、本科室设计人员进行关键业绩、能力态度考核。

3. 负责对本部门副部长进行关键业绩、能力态度考核。

4. 对其他部门、科室进行满意度考核。

# 案例二：B 公司绩效管理职责分工

## 一、绩效管理委员会组成及职责

为保证绩效管理工作的顺利开展，强化绩效管理执行力度，公司成立绩效管理委员会。

### （一）绩效管理委员会组成

由主任和委员组成，公司总经理任主任，公司其他领导、各部门负责人和工会代表任委员。

**（二）绩效管理委员会职责**

1. 全面负责公司绩效管理体系的构建及绩效管理的指导、监督工作。

2. 负责部门及其负责人绩效考核结果的审核、调整。

3. 负责绩效考核结果申诉的最终处理。

4. 负责部门绩效计划变更申请的审批。

绩效管理委员会为非常设机构，其日常工作由劳动人事处负责。

## 二、劳动人事处的绩效管理职责

1. 组织、监督绩效管理工作，确保绩效管理体系有效运行。

2. 负责部门负责人绩效考核的组织及实施。

3. 负责各种绩效管理相关资料、数据、记录的归档管理。

4. 负责绩效考核结果的汇总及归档管理。

5. 负责受理绩效考核申诉，并作出初步处理。

6. 负责绩效管理制度的修订与维护。

7. 负责绩效管理委员会的日常工作等。

## 三、经理办公室的绩效管理职责

1. 负责根据公司年度经营工作会议组织制定公司年度工作目标。

2. 负责汇总、审核各部门的绩效计划。

3. 负责部门绩效考核的组织及实施。

4. 负责监督各部门绩效计划的执行等。

## 四、各部门的绩效管理职责

1. 各职能管理部门根据专业职能分工，负责及时记录、整理、提供归口管理绩效指标的相关信息。

2. 各部门内部班组（科室）及其员工的绩效管理由各部门在公司统一安排下自主进行。

# 第二节　绩效考核流程

## 案例一：某公司季度绩效考核实施流程①

### （一）分发绩效考核表

绩效考核开始日前 3 日，绩效考核委员会组织召开季度绩效考核工作会议，参加人员除公司绩效考核委员会全体成员外，还包括各直营店的店长。人力资源部向各直营店发放各级门店季度绩效考核表，并说明考核注意事项。每季度第一个工作日为绩效考核开始日。

### （二）考核数据提供

绩效考核第 1～3 日，财务部负责人向人力资源部和各直营店提供各个门店、各部门、各组的考核指标目标值、实际完成值等财务数据；营运部门负责向人力资源部和各个直营店提供考核数据资料；各门店向人力资源部提供员工考勤数据。

### （三）支持岗位人员绩效考核

绩效考核第 1～5 日，店长对支持岗位人员进行关键业绩、能力态度考核。

### （四）业务岗位人员关键业绩考核

绩效考核第 4～5 日，核算统计岗位根据财务部提供的财务数据，计算各个业务岗位人员的关键业绩得分。

### （五）业务岗位人员能力态度考核

绩效考核第 5 日，店长对业务岗位员工进行能力态度考核。

### （六）绩效考核结果统计计算

绩效考核第 6 日，核算统计岗位对支持性岗位员工、业务岗位员工（自制部门除外）、自制部门岗位员工的绩效考核结果进行统计计算，并根据强制分布规则确定各个员工的考核结果等级。

---

① 赵国军，张和平，陶旭. 破解企业绩效管理中的 8 大难题. 北京：机械工业出版社，2006

**（七）绩效考核结果审批**

绩效考核第 6 日，店长审批本店员工的季度绩效考核结果。

**（八）绩效考核结果反馈**

绩效考核第 6 日，店长向员工反馈季度绩效考核结果。

**（九）绩效考核结果上报**

绩效考核第 6 日下午 17：00 前将考核结果上报公司人力资源部。

**（十）绩效考核结果的审批**

绩效考核第 7 日，绩效考核委员会审批各岗位绩效考核结果。

**（十一）月度绩效工资的计算**

绩效考核第 7～12 日，人力资源部计算直营店各个岗位的月度绩效工资，并在绩效考核第 13 日前交财务部，财务部据此发放绩效工资。

**（十二）季度奖金的计算**

绩效考核第 7～10 日，核算统计岗位计算本店各个员工的季度奖金数额，店长审核后报人力资源部。

**（十三）季度奖金的审批**

绩效考核第 11 日，绩效考核委员会审批各个岗位的季度奖金。

**（十四）季度奖金的发放**

人力资源部负责在绩效考核第 13 日前将奖金数额报财务部，财务部据此发放季度奖金。

**（十五）绩效考核工作总结会**

绩效考核第 20 日，召开绩效考核季度总结会议，同时通报下季度绩效考核目标。

## 案例二：某研究院下属某研究所部门年度考核流程

第一步：被考核部门责任人进行部门工作目标和工作计划任务完成情况的总结，并进行自评。

第二步：各业务归口部门根据被考核部门工作目标和工作计划任务的完成情况日常检查记录进行评分，作为主管领导考核的依据。

第三步：有工作协作关系的部门对被考核部门进行部门协作考核评分。

第四步：部门责任人代表部门，向绩效考核领导小组进行部门工作目标和工作计划任务完成情况的汇报。

第五步：主管领导参考部门自评分，依据归口部门的评分，对被考核部门进行考核。

第六步：所办公室对考评数据进行整理、汇总，根据部门工作业绩考核分数和部门协作考核分数计算出各部门年度综合初始考核成绩。

第七步：所主要领导对各部门年度初始考核成绩进行整体平衡。

第八步：所办公室根据部门年度初始考核成绩、所年度结算收入指标计划完成情况和生产经营指标相关系数计算部门年度综合考核成绩。

第九步：部门年度综合考核成绩提交所绩效考核领导小组审核、调整。

第十步：所领导与部门责任人进行绩效面谈，协商制定部门绩效改进计划。

第十一步：对考核结果有异议的被考核部门可提出申诉，申诉者无权查看原始打分记录。

第十二步：考核结果公示。

第十三步：由人力资源处根据部门年度考核结果计发部门绩效工资。

## 案例三：某公司机关部室年度绩效考核流程（见表 5—1）

表 5—1　　机关部室年度绩效考核流程表

| 流程 | 工作事项 | 备注 |
|---|---|---|
| 第一步 | 年度绩效计划开始：<br>根据公司年度目标计划以所承担的安全、服务、效益、管理、技术更新改造等经济指标和日常性工作为主要内容，制定本部室《年度工作业绩目标责任书》 | 1. 每年 1—2 月份<br>2. 绩效考核办公室印发《关于制定＜部室年度工作业绩目标责任书＞的通知》，启动年度绩效管理工作 |
| 第二步 | 1. 部室将《年度工作业绩目标责任书》送公司主管领导审核、调整，经公司绩效考核委员会评估认定后，与公司主要领导签订《年度工作业绩目标责任书》，作为年度业绩考核的基本依据<br>2. 签订的《年度工作业绩目标责任书》，送绩效考核办公室备案 | 1. 每年 1—2 月份<br>2. 绩效考核办公室印发《关于制定＜部室年度工作业绩目标责任书＞的通知》，启动年度绩效管理工作 |
| 第三步 | 根据年度计划和公司部署，制定半年计划并组织实施 | 每年 1—6 月 |

续表

| 流程 | 工作事项 | 备注 |
| --- | --- | --- |
| 第四步 | 半年考核：<br>1. 部室准备书面《上半年工作业绩述职报告》<br>2. 部室将《上半年工作业绩述职报告》及自我考评，报主管领导签署考核意见后送绩效考核办公室<br>3. 公司绩效考核委员会对部室进行半年考核 | 1. 每年7月1日—15日<br>2. 绩效考核办公室印发《关于对部室进行半年考核的通知》，作为半年考核的开始 |
| 第五步 | 根据年度计划的上半年完成情况和公司部署，制定下半年计划并组织实施 | 每年7—12月 |
| 第六步 | 年度考核：<br>1. 部室准备书面《部室年度工作业绩述职报告》<br>2. 绩效考核办公室收集汇总工作业绩指标完成信息<br>3. 公司绩效考核委员会召开年度部室（及正职）年度绩效考核工作会：<br>（1）正职代表部室进行述职，按照部室绩效考核量表自评分<br>（2）部室主管领导和其他考核委员对部室绩效进行评议<br>（3）相关人员对部室按照绩效考核量表进行评分<br>（4）部室主管领导和其他考核委员对部室按照绩效考核量表进行评分<br>（5）绩效考核办公室汇总自评分、相关人员测评分、主管领导评分、考核委员评分。按照1∶2∶2∶5的比例计算部室年度综合考核成绩<br>（6）参照自评分、相关人员测评分、主管领导评分、考核委员评分，公司绩效考核委员会对部室年度考核成绩进行调整，得出审定分 | 1. 每年12月<br>2. 绩效考核办公室印发《关于对部室进行年度考核的通知》，作为年度考核的开始<br>3. 部室考核可与正职人员考核结合起来<br>4. 年度考核可与年度工作会结合进行<br>5. 民主测评可以采用绩效考核委员会上相关人员评分或职工座谈会等可行的多种形式 |
| 第七步 | 部室年度绩效考核结果公示 | 绩效考评会后3个工作日内 |
| 第八步 | 根据部门年度考核分数，由人力资源部按照部室责任风险系数、绩效工资基数和考核分数计发部室年度绩效工资，并告知部室<br>年度考核结束 | 部室绩效工资总额采取平时预发50%，预留50%并年终结算的办法 |

## 案例点评

### 一、案例分析

绩效考核的组织是绩效考核得以实施的保障，明确绩效管理职责分工、明晰绩效考核流程等是确保绩效管理体系有效运行的基础。

下面就绩效考核的组织机构与职责分工、绩效考核流程两部分的案例进行分析。

## 第一节　绩效考核的组织机构与职责分工

本节的两个案例基本反映了现行企业绩效管理的组织机构及其职责划分。基于职责分工，绩效管理的组织机构大体可以分为领导机构、绩效计划（目标）综合管理部门、绩效管理的组织和服务部门、绩效管理的实施部门四部分。

（一）绩效管理的领导机构

一般而言，公司需成立绩效管理的领导机构，进行统筹管理。领导机构一般由公司中高层领导组成，机构名称各异，如案例一、二中的绩效考核委员会、绩效管理委员会，或考核领导小组等。

领导机构主要负责绩效管理体系整体构建、总体指导以及制度修订批复工作；负责绩效计划（目标）的审核；负责绩效管理监督及突发、特殊事件处理工作；负责考核结果的最终裁定及申诉结果的最终处理等工作。一些企业的绩效管理领导机构同样承担具体的考核工作，如案例一中，绩效考核委员会需负责签订经营责任书，负责对各部门、科室负责人的年度综合测评等工作。

（二）绩效计划（目标）综合管理部门

该部门主要承担公司年度工作目标的分解、各部门工作计划的制定和综合平衡，以及对绩效计划执行的跟踪管理和监督等工作。

该职责一般由企业的计划部门或经理工作部承担，有时由企业的核心职能部门联合组成。案例一中该项工作由人力资源部承担，案例二中该项工作由经理办公室承担。

（三）绩效管理的组织和服务部门

一般为人力资源部门，负责为公司绩效考核工作提供具体指导和技术支撑，负责绩效管理制度制定、修订的组织工作，承担公司各部门绩效考核的组织、实施，以及公司员工考核的组织、监督、指导工作。有时人力资源部还负责考核结果申诉的初步处理工作。

（四）绩效管理的实施部门

公司各部门一般负责本部门员工绩效考核的组织与实施，即实行二级考核。同时，各部门需配合公司各项考核工作。

各部门还可作为考核部门或考核信息提供者为公司的绩效考核工作服务。如案例一中，各部门需对其他部门、科室进行满意度评估；案例二中，各职能部门根据专业职能分工，记录、整理、提供归口管理绩效指标相关信息。

另外，有些企业还成立独立的绩效管理监督部门，确保绩效考核的公开性、公平性，负责处理绩效申诉调查等，一般由企业的监察部门或工会组成。

## 第二节　绩效考核流程

（一）案例一：某公司季度绩效考核实施流程

案例一是一家零售企业基层员工的季度考核流程，该流程主要包括考核数据提供、绩效考核、考核结果计算、店长对考核结果审核、考核结果反馈、考核结果上报、考核委员会对考核结果审核、绩效工资和奖金计算、考核工作总结等环节。在考核方式上，不是单纯的直线经理考核，具体做法是：支持岗位由店长考核，业务岗位的能力、态度指标由店长考核，业绩由核算统计人员考核。该企业没有以绩效工资和奖金计算、发放作为考核流程的结束，而是最后增加了考核工作总结这个环节，这有利于考核工作的不断改进。

（二）案例二：某研究院下属某研究所部门年度考核流程

案例二包含以下几个主要步骤：被考核部门自评，业务归口部门评价，主管领导评价（参考自评分，依据归口部门评分），考核领导小组审核、调整，所领导与部门负责人进行绩效面谈。不同于在部门考核流程中常见的业务归口部门考核、领导审核的思路，该研究所的做法是主管领导参考业务归口部门的评分作出评价，这有利于发挥主管领导在考核中的作用，但需要主管领导多花费一点时间。

（三）案例三：某公司机关部室年度绩效考核流程

案例三包含了三个流程：部门年度计划与年度目标责任书制定流程、部门半年考核流程、部门年度考核流程。从流程看，该公司考核的重点在年度考核，年度考核采用360度评价，即自评、相关人员评价、主管领导评价、考核委员评价，并规定了每一评价方的评价分数在总分中所占的比重。360度评价的优缺点参见本书第3章第2节的案例点评。案例中的部门年度计划制定流程过于简单，没有沟通、讨论、修改的环节。

**二、案例启示及相关知识链接**

绩效考核的组织及实施需关注以下内容及环节，在此基础上才能确保考核的有效性和可行性。

（一）明确绩效管理组织机构及考核职责分工

一般而言，企业需成立考核的总体指导机构，即绩效管理委员会，对整个考核体系构建和考核实施进行指导和监督。人力资源部应作为考核实施的具体组织机构，提供技术指导，确保考核工作顺利开展。其他各部门需配合人力资源部进行考核工作，如负责本部门员工的考核等。明确考核职责分工，才能确保考核工作的有效推行。

（二）高层领导的全力支持

高层领导的全力支持是考核得以顺利推行的有效保证。高层领导的支持能够使考核得到重视，使考核的整个流程顺畅，各个考核层级的主动性和参与热情得以充分调动，从而确保考核的执行力。

（三）各个部门及员工的共同参与

绩效考核不仅仅是人力资源部的事情，而是公司各个部门全力支持、共同承担的责任。

人力资源部通过制度保证、技术指导和组织实施工作使公司考核工作有效推行。各个部门承担部门内员工考核的组织、实施工作，承担考核指标的分解落实工作，有时还需承担对其他部门的考核工作。各个部门的参与和支持能够使绩效考核得以有效推行。员工作为被考核者或考核者，其参与的主动性和责任心也是保证考核工作有效性的重要因素。

### （四）考核过程的公开与公平

绩效考核的过程要坚持“公开、公平、公正”，主要表现在：考核过程、考核规则、考核结果公开透明；建立考核监督机制；允许考核申诉等。

# 第三节 绩效考核结果修正

## 案例一：××公司调节系数法

### 一、确定部门等级

以“百分制”法汇总考核结果，根据部门最终考核得分从高往低排定名次，按表5—2中的控制比例将部门绩效成绩归入4个考核等级。

表5—2 部门等级及分布比例

| 部门等级 | 先进部门 | 良好部门 | 合格部门 | 基本合格部门 |
|---|---|---|---|---|
| 分布比例 | 约占10% | 约占30% | 约占50% | 约占10% |

### 二、确定部门绩效“调节系数”

先进部门：部门负责人的“调节系数”为1.8，其他员工的“调节系数”为1.5。

良好部门：部门负责人的“调节系数”为1.5，其他员工的“调节系数”为1.2。

合格部门：部门负责人和员工的“调节系数”均为1.0。

基本合格部门：部门负责人的“调节系数”为0.6，其他员工的“调节系数”为0.8。

### 三、最终考核得分

员工最终绩效考核得分＝员工绩效考核得分×调节系数

## 案例二：××公司部门考核修正系数法

部门考核结束后，人力资源部对各部门员工的考核成绩进行汇总，确定各部门员工考核成绩的最高分、最低分和平均分，形成部门考核成绩汇总表（见表5—3），提交公司绩效考核委员会。

绩效考核委员会对部门考核成绩进行综合评定，根据各部门员工之间考核成绩的宽严不一给出修正系数。对于考核尺度严格、考核成绩偏低的部门，给出大于1的修正系数，对于考核成绩偏高的部门，给出小于1的修正系数。

部门最终考核成绩＝部门考核成绩×修正系数

员工最终考核成绩＝员工考核成绩×修正系数

表 5—3　　部门考核成绩汇总表

| 部门 | 最高分 | 最低分 | 平均分 | 修正系数区间 | 修正系数 |
| --- | --- | --- | --- | --- | --- |
| 生产技术部 | 110 | 76 | 98 | 0.5～1.5 | |
| 人力资源部 | 108 | 84 | 96 | 0.5～1.5 | |
| 营销部 | 112 | 85 | 105 | 0.5～1.5 | |
| ……… | | | | | |
| ……… | | | | | |
| ……… | | | | | |
| ……… | | | | | |

## 案例三：××公司考核结果修正方案

为消除部门之间、员工之间考核分数的宽严不一，使考核更趋于公平，××公司特制定对绩效考核结果的修正方案。

### 一、部门考核结果修正

1. 将各部门考核得分由高到低进行总排序。

2. 确定部门分数的中位数。如部门数量为奇数，则中位数为排序处于中间位置的部门分数；如部门数量为偶数，则最接近中间位置、且分数最趋于平均分的部门分数为中位数。

3. 用部门考核分数除以中位数分数，得出部门修正系数。

### 二、员工考核结果修正

1. 计算各部门员工考核的平均分，得到各部门平均分。

2. 将各部门平均分进行排序。

3. 确定部门平均分的中位数。如部门数量为奇数，则中位数为排序处于中间位置的部门平均分；如部门数量为偶数，则最接近中间位置、且分数最趋于总平均分的部门平均分为中位数。

4. 计算部门平均分与中位数分数的差数。

5. 部门内员工考核同时加减此差数，得出员工修正后的考核分。

## 案例四：××公司普通员工绩效排名计算方法和计算过程[①]

为了使各部门给员工打分时产生的“比较误差”不至于过大，需要对各部门员工的得分进行调整处理，以使其具有可比性。

1. 按部门列出每一位员工的姓名、考核分数。

2. 一次调整：计算各部门员工考评分数的平均分$A$，将该部门员工考核分数调整系数定为（$100/A$），并计算一次调整后得分（$S\times100/A$）。

3. 二次调整：设得分最低的部门分数为1，其他部门得分除以得分最低部门分数求出部门权分；以部门权分乘以员工一次调整得分，得到二次调整得分。

4. 重新排序。

注：部门权分不要大于一次调整后（最高分＋最低分）/（2×最低分），如大于该数，将权分开方后可以直接使用。例如，权分为1、1.21、1.369、1.44。最高达到1.44，则将权分全部开方使用，即权分应为1、1.1、1.17、1.2。“部门得分”为部门经理的业绩得分。

考核分数调整结果见表5—4。

表5—4　　普通员工绩效排名计算表

| 部门 | 姓名 | 得分（$S$） | 部门平均分（$A$） | 一次调整（$100/A$） | 一次调整后得分（$S\times100/A$） | 部门得分 | 部门权分 | 二次调整后得分 |
|---|---|---|---|---|---|---|---|---|
| A | A01 | 86分 | 78分 | 100/78=1.282 | 110.252 | 70分 | 1.000 | 110.25 |
| | A02 | 84分 | | | 107.688 | | | 107.69 |
| | A03 | 80分 | | | 102.56 | | | 102.56 |
| | A04 | 78分 | | | 99.996 | | | 100.00 |
| | A05 | 76分 | | | 97.432 | | | 97.43 |
| | A06 | 72分 | | | 92.304 | | | 92.30 |
| | A07 | 70分 | | | 89.74 | | | 89.74 |
| B | B01 | 80分 | 72分 | 100/72=1.389 | 111.12 | 81分 | 1.157 | 128.57 |
| | B02 | 78分 | | | 108.342 | | | 125.35 |
| | B03 | 70分 | | | 97.23 | | | 112.50 |
| | B04 | 60分 | | | 83.34 | | | 96.42 |

① 林筠. 绩效管理. 西安交通大学出版社，2006

续表

| 部门 | 姓名 | 得分（S） | 部门平均分（A） | 一次调整（100/A） | 一次调整后得分（S×100/A） | 部门得分 | 部门权分 | 二次调整后得分 |
|---|---|---|---|---|---|---|---|---|
| C | C01 | 100分 | 96分 | 100/96=1.042 | 104.2 | 85分 | 1.214 | 126.50 |
| | C02 | 96分 | | | 100.032 | | | 121.44 |
| | C03 | 92分 | | | 95.864 | | | 116.38 |
| D | D01 | 100分 | 84分 | 100/84=1.190 | 119 | 76分 | 1.086 | 129.23 |
| | D02 | 96分 | | | 114.24 | | | 124.06 |
| | D03 | 88分 | | | 104.72 | | | 113.73 |
| | D04 | 76分 | | | 90.44 | | | 98.22 |
| | D05 | 60分 | | | 71.4 | | | 77.54 |

# 第四节　考核等级分布控制

## 案例一：××企业考核等级分布

在对被考核人员或部门的综合考核结果进行最终处理时，分为七个等级标准，见表5—5。

表 5—5　考核等级分布

| 考核等级 | A级 | B级 | C级 | D级 | E级 | F级 | G级 |
| --- | --- | --- | --- | --- | --- | --- | --- |
| 考核分数 | 90～100 | 80～90 | 70～80 | 60～70 | 50～60 | 40～50 | 20～40 |
| 考核系数 | 2.0 | 1.5 | 1.2 | 1.0 | 0.8 | 0.6 | 0.3 |

各考核等级标准：

A级：出色，工作绩效始终超越本职位常规标准要求，通常具有下列表现：在规定的时间之前完成任务，完成任务的数量、质量等明显超出规定的标准，得到来自客户的高度评价；或者就自身岗位而言，以创造性的方式作出重大贡献或在工作方法方面有极大的推广价值。

B级：优良，工作绩效经常超出本职位常规标准要求，通常具有下列表现：严格按照规定的时间要求完成任务并经常提前完成任务，经常在数量、质量上超出规定的标准，获得客户的满意。

C级：介于B级（优良）与D级（尚可）之间。

D级：尚可，工作绩效经常维持或偶尔超出本职位常规标准要求，通常具有下列表现：基本上达到规定的时间、数量、质量等工作标准，没有客户的不满意。

E级：需改进，工作绩效基本维持或偶尔未达到本职位常规标准要求，通常具有下列表现：偶有小的疏漏，有时在时间、数量、质量上达不到规定的工作标准，偶尔有客户的投诉。

F级：介于E级（需改进）与G级（不良）之间。

G级：不良，工作绩效显著低于本职位常规工作标准的要求，通常具有下列表现：工作中出现大的失误，或在时间、数量、质量上达不到规定的工作标准，经常突击完成任务，经常有投诉发生。

## 案例二：××公司部门及员工强制分布法

部门考核成绩按强制比例分为 S、A、B、C、D 五级，见表 5—6。

表 5—6　　部门考核等级分布

| 考核等级 | S | A | B | C | D |
|---|---|---|---|---|---|
| 强制比例 | 10% | 15% | 50% | 15% | 10% |

根据部门考核成绩，部门内员工考核等级按比例强制分为 S、A、B、C、D 五级，见表 5—7。

表 5—7　　员工考核等级分布

| 员工等级<br>部门等级 | S | A | B | C | D |
|---|---|---|---|---|---|
| S，A | 20% | 20% | 35% | 15% | 10% |
| B | 15% | 20% | 30% | 20% | 15% |
| C，D | 10% | 15% | 35% | 20% | 20% |

## 案例三：××公司强制分布比例（见表 5—8）

表 5—8　　综合评定个人等级与得分系数对应表

| 综合评定个人等级 | 优秀 | 合格 | 基本合格 | | | 不合格 |
|---|---|---|---|---|---|---|
| 综合评定个人得分 | 90～100 | 80～89 | 75～79 | 65～74 | 60～64 | 60 以下 |
| 个人得分系数 | 1.05 | 0.95 | 0.85 | 0.8 | 0.75 | 0.3 |
| 比例限制 | ≤15% | | | | | |

## 案例四：××公司员工考核分布比例

员工考核成绩实行强制分布，各个等级分布比例根据部门人数而定。

超过 10 人的部门，员工考核等级分布比例见表 5—9。

表 5—9 员工考核等级分布（超过 10 人）

| 部门考核等级 \ 分布比例 | S级 | A级 | B级 | C级 | D级 |
|---|---|---|---|---|---|
| S级 | 不超过 15% | 30% | 55% | 0 | 0 |
| A级 | 不超过 10% | 25% | 60% | 至少 5% | 0 |
| B级 | 不超过 5% | 20% | 65% | 至少 5% | 至少 5% |
| C级 | 0 | 不超过 15% | 70% | 至少 10% | 至少 5% |
| D级 | 0 | 不超过 10% | 70% | 至少 15% | 至少 5% |

少于 10 人的部门，员工考核等级分布比例见表 5—10。

表 5—10 员工考核等级分布（少于 10 人）

| 部门考核等级 \ 分布比例 | S级 | A级 | B级 | C级 | D级 |
|---|---|---|---|---|---|
| S级 | 1 | 2 | 剩余人员 | 0 | 0 |
| A级 | 1 | 1 | 剩余人员 | 1 | 0 |
| B级 | 0 | 2 | 剩余人员 | 1 | 0 |
| C级 | 0 | 1 | 剩余人员 | 1 | 1 |
| D级 | 0 | 1 | 剩余人员 | 2 | 1 |

## 案例五："差额分布法"实施案例[①]

### 一、客户基本背景

客户是某投资集团公司，其投资下属企业 8 家（其中全资子公司 3 家，控股子公司 5 家），集团公司组织架构包括行政系统（包括行政部、人力资源部）、财务系统（包括财务部、投资部、审计部）和企管系统（发展部、企管部、信息中心）。随着投资规模的不断扩大，总部职能部门管理效率低下逐渐成为公司持续发展的制约因素，于是客户就委托我们开展管理咨询项目。

① 林彬．用差额分布法让绩效考核结果合理分布

## 二、客户在绩效考核管理上面临的问题

客户前两年开始实施绩效考核管理，但是在绩效考核中存在很多问题，包括：考核指标与工作职责不匹配；考核信息不太客观；考核程序不明确；考核关系不合理；考核者较为随意等。

但是，考核者和被考核者都感觉最突出的问题在于实施强制分布措施，公司原有的绩效考核管理制度规定：

1. 部门员工由部门经理执行考核，部门员工考核结果实施强制分布，即考核结果要满足“正态分布”，每个部门的员工考核结果要满足以下要求：

（1）考核得分介于“91～100”的员工数量占员工总数的 5%左右。

（2）考核得分介于“81～90”的员工数量占员工总数的 15%左右。

（3）考核得分介于“71～80”的员工数量占员工总数的 60%左右。

（4）考核得分介于“61～70”的员工数量占员工总数的 15%左右。

（5）考核得分介于“0～60”的员工数量占员工总数的 5%左右。

2. 部门经理由分管副总执行考核，不需要进行强制分布。

应该说考核者还是较为严格地执行了强制分布法，然而人力资源部对于每次考核结果总是觉得不对劲，公司领导也在每次考核分析会上表示对考核结果极为不满。表 5—11 是人力资源部提供给我们的一次考核结果。

**表 5—11　　某公司 2002 年第四季度员工绩效考核得分汇总表**

| 部门 | 姓名 | 职位 | 考核得分 | 部门 | 姓名 | 职位 | 考核得分 |
|---|---|---|---|---|---|---|---|
| 人力资源部 | ××× | 经理 | 79 | 审计部 | ××× | 经理 | 85 |
| | ××× | 招聘培训专员 | 80 | | ××× | 审计专员 | 80 |
| | ××× | 绩效考核专员 | 79 | | ××× | 审计专员 | 80 |
| | ××× | 薪酬福利专员 | 82 | 投资部 | ××× | 经理 | 88 |
| 行政部 | ××× | 经理 | 80 | | ××× | 投资分析专员 | 81 |
| | ××× | 总裁秘书 | 82 | | ××× | 投资分析专员 | 78 |
| | ××× | 文秘 | 75 | | ××× | 投资分析专员 | 79 |
| | ××× | 公共关系专员 | 78 | | ××× | 投资分析专员 | 75 |
| | ××× | 采购库管专员 | 79 | 财务部 | ××× | 经理 | 85 |
| | ××× | 保安队长 | 80 | | ××× | 财务分析专员 | 82 |
| | ××× | 车队队长 | 69 | | ××× | 财务分析专员 | 78 |
| | ××× | 前台 | 75 | | ××× | 融资专员 | 80 |

续表

| 部门 | 姓名 | 职位 | 考核得分 | 部门 | 姓名 | 职位 | 考核得分 |
|---|---|---|---|---|---|---|---|
| 财务部 | ××× | 会计 | 75 | 企管部 | ××× | 考核专员 | 80 |
| | ××× | 出纳 | 68 | | ××× | 企管专员 | 78 |
| 发展部 | ××× | 经理 | 80 | | ××× | 企管专员 | 76 |
| | ××× | 行业分析专员 | 80 | | ××× | 企管专员 | 75 |
| | ××× | 行业分析专员 | 78 | | ××× | 企管专员 | 68 |
| | ××× | 战略规划专员 | 85 | 信息中心 | ××× | 经理 | 80 |
| 企管部 | ××× | 经理 | 90 | | ××× | 信息专员 | 80 |
| | ××× | 计划专员 | 85 | | ××× | 网络专员 | 78 |

首先，“趋中现象”非常严重，大部分员工的考核结果都集中在80分左右，其中得分在“75～85”之间的员工占员工数量的90%。而从单个部门来说，都满足了公司绩效考核关于考核结果强制分布的要求。另外，“部门经理考核结果不实行强制分布”的管理条文引起了部分员工的强烈异议。

## 三、措施修改建议

经过系统的调查之后，针对该公司在绩效考核管理中存在的问题，我们提出了相应的建议。对于强制分布法，重点提出了以下一系列有效的措施，来保证绩效考核结果的合理分布：

1. 各部门员工（不包括部门经理）绩效考核得分控制

（1）部门内员工最低考核得分不得高于65分（含65分）；

（2）部门内任何两个员工的考核得分差距不得少于4分（含4分）。

2. 对于员工人数少于4人（含4人，不包括部门经理）的部门，员工的绩效考核结果可以不遵循上条款中“部门内员工最低考核得分不得高于65分”的规定，但是必须要有相应的说明。

3. 公司副总裁在审核分管部门的基层员工考核得分时，如果发现有不公正现象或者考核结果分布不合理时，可以要求考核者进行重新考核，也可以直接对考核得分进行修正，以保证分管部门员工考核结果满足合理分布的要求，但是修正考核得分要遵循以下规定：

（1）加分：有事实表明被考核者的考核得分偏低，可以进行加分，但是加分幅度不得高于8分（含8分）。

（2）扣分：有事实表明被考核者的考核得分偏高，可以进行扣分，但是扣分幅度不得高于8分（含8分）。

（3）对考核得分进行修正时要与考核者进行沟通以达成共识。

（4）对考核得分进行修正时要附上相应的依据。

4. 各部门经理绩效考核得分控制

（1）部门经理最低考核得分不得高于70分（含70分）。

（2）任何两个部门经理的考核得分差距不得少于3分（含3分）。

5. 公司总裁在审核中层管理人员（部门经理）考核得分时，如果发现有不公正现象或者考核结果分布不合理时，可以要求考核者进行重新考核，也可以直接对考核得分进行修正，以保证中层管理人员考核结果满足合理分布的要求，但是修正考核得分要遵循以下规定：

（1）加分：有事实表明被考核者的考核得分偏低，可以进行加分，但是加分幅度不得高于6分（含6分）。

（2）扣分：有事实表明被考核者的考核得分偏高，可以进行扣分，但是扣分幅度不得高于6分（含6分）。

（3）对考核得分进行修正时要与考核者进行沟通以达成共识。

（4）对考核得分进行修正时要附上相应的依据。

## 四、执行措施后的效果

客户采取了我们的建议之后，绩效考核系统整体上得到了明显的优化，尤其是在考核结果的分布上已经不再为先前的种种不正常现象而感到不知所措了。以下是该公司当年第2季度的考核统计情况：

### （一）部门经理

1. 考核得分介于“91～100”的部门经理1个。

2. 考核得分介于“81～90”的部门经理2个。

3. 考核得分介于“71～80”的部门经理2个。

4. 考核得分介于“61～70”的部门经理2个。

5. 考核得分介于“0～60”的部门经理1个。

### （二）部门员工

1. 考核得分介于“91～100”的员工数量2个。

2. 考核得分介于“81～90”的员工数量6个。

3. 考核得分介于“71～80”的员工数量13个。

4. 考核得分介于“61～70”的员工数量8个。

5. 考核得分介于“0～60”的员工数量3个。

对于这样的考核结果，不管是人力资源部还是公司领导，都表示这是比较正常的。当然，他们也意识到，为了实现强制分布，确实有一些人为因素，他们也期望随着公司绩效考核体系的不断完善，希望有一天能够不用实施强制分布法，员工的绩效考核结果也能实现合理的分布，当然这需要企业各方面管理的全面提升作为前提，是一个不断完善、不断提高的过程。

## 案例六：某公司“整体绩效优劣控制法”实施案例①

### 一、实施方案

整体绩效优劣控制法依据单位总体的年度绩效大小来确定该单位优等人数的基本等级。整体绩效好，则考评优等的人数可以多些。具体的考核过程是，每月末上级经营管理部门、分公司经营班子、各部门经理分别根据当月分公司KPI、部门KPI和员工KPI评议出所得分数。然后，上级经营管理部门根据分公司所得分评议出该分公司的考核等级（见表5—12）；分公司经营管理部门根据本公司考核等级及部门得分排序，评议出各部门考核等级（见表5—13）；各部门经理根据本部门考核等级及员工得分排序，评议出下属员工的考核等级（见表5—14）。

表5—12　分公司KPI考核分与考核等级对应表

| 优 | 良 | 中 | 可 | 差 |
|---|---|---|---|---|
| 考核分≥100 | 100>考核分≥90 | 90>考核分≥80 | 80>考核分≥70 | 70>考核分 |

表5—13　分公司各部门考核等级比例表

| 分公司＼部门 | 优 | 良 | 中 | 可 | 差 |
|---|---|---|---|---|---|
| 优 | 15% | 30% | 50% | 5% | — |
| 良 | 10% | 20% | 50% | 15% | 5% |
| 中 | 5% | 15% | 50% | 20% | 10% |
| 可 | — | 10% | 50% | 25% | 15% |
| 差 | — | 5% | 50% | 30% | 15% |

① 郭伟. 强制比例分布，想说爱你不容易

表 5—14　　各部门员工考核等级比例表

| 部门＼员工 | 优 | 良 | 中 | 可 | 差 |
|---|---|---|---|---|---|
| 优 | 15% | 30% | 50% | 5% | — |
| 良 | 10% | 20% | 50% | 15% | 5% |
| 中 | 5% | 15% | 50% | 20% | 10% |
| 可 | — | 10% | 50% | 25% | 15% |
| 差 | — | 5% | 50% | 30% | 15% |

## 二、实施过程

从实施的情况看，大体分为三个阶段：

### （一）强力推行阶段

认识基本一致后，公司成立了以主管集团内部管理的副总裁为经理的项目组，以项目组为主要力量，以分公司一家一家“过筛子”的方式，在集团数十家分公司全力推行以强制比例分布为特色的绩效管理体系。一般的步骤是，项目组先“传经布道”，讲明绩效管理体系的意义与操作要领，初步达成各级主管认识上的一致；接着协助分公司经营管理部梳理组织流程与部门职责，更新绩效指标，构建 KPI 库，做好绩效管理的基础准备工作；然后协助经营管理部与人力资源部做出当月的部门与员工的计划与考核。完成一家分公司后，再将其中已经熟悉这套体系的经营管理部、人力资源部人员抽调至项目组，以“滚雪球”的方式再向下一家推行。可以说，这种手把手教的方式取得了较好效果。

### （二）激烈反弹阶段

绩效考核推行后，各级主管喜忧参半。一方面，绩效考核提供了很好的管理工具，也使得员工的工作主动性得到很好发挥；但另一方面，强制比例分布要求每月必须排出一定比例的“中”“可”“差”的人员，对于已经习惯了不是评“优”就是评“良”的主管来说，是件非常艰难的事。理论上说，基础工作做扎实了肯定是能评出来的，但实际情况是，基础工作不可能一蹴而就，尤其对高速发展的公司来说，上上下下的关注点都放在经营业绩上，对管理总是或多或少有所忽视。2003 年下半年，集团开始将绩效与薪酬挂钩，引起激烈反弹。一时间，对项目组的意见纷纷，投诉的、告状的、消极对抗的，层出不穷。集团决定，一方面坚定不移地推行绩效管理体系，另一方面对项目组进行了改组。

### （三）柳暗花明阶段

第 2 年，绩效管理体系取得较大进展。首先，各级主管在实际工作中切实感受到了绩效管理的作用，观念发生了根本性改变；其次，集团在推行方式上作了调整，从原有的强力推行改为通过培训引导、激励式等方式，效果更为显著；三是针对分公司提出的各种问题，集团适时作了部分调整。下半年起，各家分公司主动要求推行绩效管理的多了，要求项目组给予支持的多了。KPI 考核方式逐步落地生根，对集团整体绩效大幅度提升提供了有力保障。

**案例点评**

考核结果控制涉及两方面内容：第一，消除考核者宽严不一带来的考核分数的不可比性；第二，使考核分数保持合理分布，以便有效区分被考核者的绩效差别，避免考核分数过度集中。第三节和第四节即针对这两方面问题选取案例。第三节是考核结果修正，第四节是考核等级分布控制。

考核结果修正的主要目的是解决考核者宽严不一对考核结果的影响，使不同部门之间员工的绩效具有相对可比性。考核等级分布控制的主要目的在于有效避免分数过于集中，强调绩效差异，突出绩优者的表率作用。此外，等级分布控制还可有效避免绩效工资总额失控。

## 第三节　考核结果修正

### 一、案例分析

本部分选取四个案例，每个案例采取不同的考核分数修正方法。案例一采取调节系数法，将部门考核结果与员工考核结果挂钩；案例二通过修正系数平衡各部门之间考核成绩的宽严不一；案例三利用中位数修正考核分数；案例四将考核分数进行两次调整。每个案例中的方法都能对考核结果起到修正作用，区别仅在于修正的力度和方向不同。

（一）案例一：××公司调节系数法

本案例首先将部门考核结果强制划分 4 个考核等级，即先进部门、良好部门、合格部门、基本合格部门，每个部门考核等级对应一个调节系数，将调节系数与员工考核成绩相乘，即得员工的最终考核成绩。

1. 优点

（1）用部门考核成绩修正员工考核成绩，将部门考核成绩与员工考核成绩挂钩，使部门与员工利益捆绑，增强部门绩效凝聚力。

（2）由于部门绩效应是员工联合绩效的体现，部门考核与员工考核挂钩的方法，可以有效削弱和解决部门考核与员工考核结果的不一致性，使部门与员工整体绩效趋于平衡。

（3）部门负责人的调节系数大于部门内员工的调节系数的做法，突出了部门负责人和员工对部门绩效贡献的差异性。

(4) 可有效引导员工关注部门整体绩效的实现和绩效水平的提高，形成部门绩效向心力。

2. 不足之处

(1) 本方法假设部门考核是准确而有效的。员工考核成绩通过部门考核成绩修正，部门考核的有效性就决定了该方法的有效性，即部门考核的成败决定了员工考核成绩修正的有效性。

(2) 本方法使员工的考核结果进一步放大或缓冲，即优秀部门的优者更优、差者不差，部门内部存在搭便车现象；绩效较差的部门优者不优、差者更差，出现城门失火、殃及池鱼的情况。

(二) 案例二：××公司部门考核修正系数法

本案例中，通过绩效考核委员会对部门考核成绩汇总表中各部门员工考核最高分、最低分及平均分的审核，确定部门的修正系数，对考核尺度宽松而导致部门员工考核成绩相对偏高的部门，给予小于 1 的修正系数，对考核尺度严格而导致部门员工考核成绩普遍偏低的部门，给予大于 1 的修正系数。

这种方法通过确定部门修正系数，在一定程度上可修正各部门在考核评分过程中，由于不同考核者考核尺度宽严不一而造成的员工之间的分数差异，从而使员工的考核成绩具有相对公平性和相对可比性。

不足之处主要表现在：修正系数是绩效考核委员会通过对各部门考核成绩汇总情况的分析主观确定的，因而修正系数的合适与否、偏离程度决定了该方法的成效。

(三) 案例三：××公司考核结果修正方案

本案例首先将部门考核成绩排序，确定部门考核成绩的中位数。将部门考核分数与中位数分数相除得出部门修正系数，用于调整部门的考核成绩。计算部门内员工考核平均分与中位数的差数，用于调整部门内员工的考核成绩。

本案例将中位数用于部门考核结果的修正，即将中位数所在部门的考核成绩假定为部门平均应达到的绩效水平。部门考核分数与中位数分数的比值即部门修正系数，该修正系数可以确定该部门绩效在全体部门绩效中的相对位置。这种通过部门之间绩效的相对比较，而非部门自身绩效水平与绩效标准的比较确定考核结果的方法，可以解决部门之间工作的不可比性，建立部门之间的竞争意识，同时也可使绩效工资总额得以控制。

员工考核结果修正存在一个假定，即部门员工平均绩效水平是客观、真实的，不存在宽大化倾向。案例将各部门员工平均分排序确定中位数，以此中位数的分数作为公司员工平均绩效水平，部门内员工考核平均分作为部门员工绩效水平，二者之间的差数假定为是由考核者的主观作用造成的。部门内员工考核分数与此分数相加减，可消除此主观因素的影响，从而使各个部门之间员工的绩效水平具有相对可比性。

本案例中的方法，能够使部门及员工的考核成绩具有一定的可比性，但存在不足之处。首先计算方法稍显复杂，其次员工考核结果修正的假定不一定成立，因而在此假定基础上的结果修正分数不一定客观合理。

（四）案例四：××公司普通员工绩效排名计算方法和计算过程

本案例将员工的考核分数进行两次调整，第一次经 $S \times 100/A$ 调整后使各部门员工考核分数宽严不一得以纠正，调整后的分数使各部门员工考核的分数有了相互比较的基础。第二次调整，即一次调整后得分乘以部门权分后，使员工考核得分与其所在的部门考核得分相关联。

本案例中的方法能够使各个部门之间员工的绩效水平具有较好的可比性，并且使部门绩效与员工绩效有效结合。本方法的不足在于计算过程复杂。

## 第四节　考核等级分布控制

本部分选取六个案例，案例一采取根据考核成绩划分等级的方法，案例二为强制分布法，案例三、案例四为强制分布法的柔和处理，案例五采取“差额分布法”确定考核等级，案例六涉及分公司、部门、员工三个层次的考核成绩分布问题。

（一）案例一：××企业考核等级分布

本案例事先规定考核分数与考核等级的对应关系，根据部门或员工的考核分数所在区间确定考核等级。这种方法是较为常见的考核等级分布的方法，在考核公正、公平、有效的情况下，该方法能够对员工的考核等级分布进行有效控制。

1. 该方法的优点

（1）简单、易操作。

（2）事先规定考核分数与考核等级的对应关系，可以使员工对于自身考核成绩有一定预期，在得知考核分数的同时，明确自身所处的考核等级。

（3）明确各个等级的标准，对员工的绩效行为具有一定的引导作用。

2. 该方法的不足

（1）受中国传统“中庸”和“以和为贵”思想影响严重，考核者不愿将员工考核成绩分出三六九等。因此，在这种等级分布方式下，很容易出现考核分数趋于集中，员工考核等级集中在前几个等级的情况，导致考核的等级分布失去作用。

（2）对考核结果的控制力弱，考核前很难预知员工各个等级的分布比例。

（3）根据考核等级确定考核系数，进而决定绩效工资发放的方法，有可能导致绩效工资过高，工资总额失控。

（4）不同部门之间的绩效成绩不具备可比性，单纯以原始考核分数作为评定考核等级、确定考核系数的依据，没有剔除不同部门考核者的主观因素和考核标准的宽严对考核结果的影响，易使考核失去横向公平性。

（二）案例二：××公司部门及员工强制分布法

本案例是典型的强制分布法，将部门及员工的考核成绩均采取强制分布，强制规定各个等级的分布比例。首先确定部门考核等级，根据部门考核成绩排序情况，将部门纳入相应的考核等级。员工分布比例根据部门考核等级确定，部门考核等级越高，部门内员工绩优等级的比例越大，相应地，较差的比例越少。反之亦然。

1. 案例中方法的优点

（1）确保每个考核等级均有一定的比例分布，有效避免考核等级全部集中于前几个等级的情况。

（2）打破考核者的“老好人”现象，迫使考核者区分员工绩效优劣，有利于激励先进，惩罚后进。

（3）使员工在考核中不进则退，促进员工的内部竞争，激发员工潜力。

（4）根据部门等级确定员工各等级比例的方法，使强制分布法的力度和缺陷得以适度调整，使部门绩效与员工绩效得以有效联系，有利于部门内部产生绩效合力。

2. 案例中方法的不足

（1）强制分配的理论基础是正态分布，但是部门及员工的考核不一定呈正态分布，即不一定各个等级都存在一定的分布比例。

（2）强调部门内部竞争，忽视不同部门员工之间绩效的横向可比性。不同部门同一考核等级的员工之间绩效不一定相同。部门内员工考核等级的强制分布，易使员工在进行横向对比之后产生不公平感。

（3）强制分配易产生两种结果，一种是过度竞争，一种是轮流坐庄。

（4）对于员工人数较少的部门，强制分布难以实施。

（三）案例三：××公司强制分布比例

本案例是对强制分布法的柔和性调整，即仅仅限制优秀的比例，对于其他考核等级的分布比例不予限制。这种方法使强制分布的力度和冲突明显减弱，既能避免分数普遍趋高，又不致引起过多的矛盾冲突。案例中的不足体现在：

1. 不能避免考核分数普遍趋于中间层级的情况，对考核结果的控制能力相对较弱。

2. 不同部门之间的绩效水平存在差异性，对于绩效水平较高和较低的部门规定同样的优秀员工比例不合理。

（四）案例四：××公司员工考核分布比例

本案例是在案例二和案例三基础上进行的优化。本案例的特色在于：

1. 控制较高等级的最高比例和较低等级的最低比例，对于中间层级控制力相对放松。与案例三相似，是对强制分布的柔和化处理。

2. 考虑到人数较少的部门实施强制分布难度较大，本案例将部门人数超过 10 人与少于 10 人的部门内员工等级分布比例作不同规定，是对案例二方法的优化。

本案例方法与以上案例方法相比，更具可行性和公正性。

（五）案例五："差额分布法"实施案例

本案例独具特色地采取"差额分布法"对考核结果进行控制，即限定最低考核分数和任何两个考核分数之间的最小差距，从而使考核结果得以合理分布。

这种方法能够使考核成绩拉开差距，避免考核分数趋中趋高，确保考核成绩在各个分数段合理分布，增强员工之间绩效的可比性。同时，与限定等级比例的方法相比，这种方法更易于被各级考核者及员工接受。

但部门内员工最低考核得分不得高于 65 分（含 65 分）、部门内任何两个员工的考核得分差距不得少于 4 分（含 4 分）之类的规定缺乏有说服力的理由，难以获得考核者和被考核者的认同。

（六）案例六：某公司"整体绩效优劣控制法"实施案例

本案例的考核成绩分布控制的思路与案例二基本相同，差别在于涉及三个层面：分公司、部门、个人。从该方法的推行过程可以看出，考核者和被考核者通常会对强制分布有抵触。强制分布的结果要得到绝大多数员工的认同，需要有客观、公正的考核标准；考核者要不怕得罪人，敢于坚持原则。

**二、案例启示及相关知识链接**

（一）原始考核结果易存在的问题

1. 各部门考核内容不同，导致考核结果之间的可比性差

不同的部门承担不同的职责及工作任务，其计划目标由不同的主管制定，考核内容的不同、工作任务的难易、考核标准的高低等都导致不同部门及员工的考核存在着很大的差异性，这种差异性的存在使考核结果之间没有相对可比性。

2. 考核者之间考核尺度宽严不一

不同考核者对考核的理解不同，对考核尺度的把握宽严不一。有些考核者打分较为宽松，则其负责的被考核者分数会普遍偏高；有些考核者打分趋于严格，则其负责的被考核者分数相对偏低。这种不同考核者之间的主观差异性，使考核分数带有较大的主观色彩，大大降低了考核的公正与公平性。

3. 考核分数过于集中

很多企业，以国企最为突出，考核者出于种种考虑，不愿按照实际绩效水平拉开被考核者之间的得分差距，打分产生“趋中效应”，即考核分数集中在某一固定的范围内变动，或普遍偏高，或分数趋中。

（二）考核结果修正

鉴于原始考核结果易出现以上种种问题，因此，需要对原始考核结果进行适当调整，以使考核结果具有可比性，确保考核的公正与公平。

1. 考核结果修正的原则

（1）保证部门内部绩效相对关系不变，在此基础上增强部门之间绩效的可比性。

（2）强调部门整体绩效与部门员工绩效的一致性，员工考核结果需与部门整体绩效进行一定程度的关联。

2. 考核结果修正的方法

考核结果修正存在多种方法，如第三节的四个案例，每种方法都有其优点和不足，进行方案选择时需注意其适用条件，扬长避短。对常见的几种方法，案例分析中已进行总结和评析，在此不再赘述。

以下介绍另外一种方法：标准分法。

标准分是一种由原始分推导出来的相对地位量数，用来说明原始分在分数中的相对位置。标准分的作用在于能够确定个体在总体中的位置，使不同部门之间的绩效可以进行比较。较为常用的标准分为 $Z$ 分数和 $T$ 分数。

（1）$Z$ 分数

公式如下：

$$z=\frac{x-u}{\sigma},\sigma=\sqrt{\frac{1}{N}\sum_{i}^{N}(x_i-u)^2}$$

其中 $x$ 为原始分数，$u$ 为平均分，$\sigma$ 为标准差，$N$ 为样本总量。

$Z$ 分数可使不同工作性质的岗位人员间具有可比性。但是，它只能表明个体在集体中的相对位置，却不能描述集体状况。如各部门绩效普遍有所提高时，标准分有正有负。必须注意到，负分只表明该部门在企业中的相对地位下降，并不一定表明企业绩效有所下降。

（2）$T$ 分数

公式：$T=10Z+50$

$T$ 分数的意义在于扩大数字倍数以便于计算。

由于标准分常为小数和负数，与人们日常习惯不符。为使其成为正数，在数值上与原始分相接近，一般将标准分 $Z$ 通过线性变换变为 $T$ 分数。

（三）考核等级分布控制

1. 强制分布法

实现考核等级分布控制最常用的是强制分布法。强制分布法的核心思想就是通过对考核结果进行修正和调整，使考核结果满足预先设定的等级分布。

强制分布法能够有效解决考核分数过于集中的问题，使考核结果得以合理分布，但是，强制分布法易存在以下问题：

（1）轮流坐庄

强制分布法要求必须将被考核者分出三六九等，而中国文化注重和谐与中庸，考核者一般不愿意将考核分数拉开差距。一旦强制推行，易以轮流坐庄来解决问题。

（2）公平问题

不同部门的整体素质不同，如按强制分布法分布，则可能导致不同部门之间相同等级的员工素质各异，使部门之间的横向对比产生不公平。

（3）适用范围问题

强制分布法适用于人数较多的部门。对于人数较少的部门，强制分布法难以实施。

2. 强制分布法的改进

强制分布法有其优点，也存在不足之处。但是，强制分布法可以通过一定的手段予以改进。

（1）部门绩效与考核分布比例结合

根据部门绩效确定部门内员工各等级分布比例，对绩效优秀部门的优秀员工比例给予一定的倾斜。

（2）模糊比例

模糊规定各等级比例的上下限，或仅限制优秀员工比例，对其余等级不作规定。

（3）人数较少部门的比例

对于人数少的部门，可不强行规定各等级人数，而由其直管领导根据其绩效实际，直接评价出等级。

（4）其他方法

除以上方法之外，还可通过其他方法处理解决分数的分布问题，从而弥补强制分布带来的弊端。

# 第 6 章

# 绩效考核结果的运用

# 第一节 绩效考核结果在经营者年薪制方面的运用

### 案例一：深圳市国有企业经营者年薪制实施办法

本办法适用于在深圳市设立的国有市属一级企业。其他国有控股企业可参照执行。

本办法中的经营者指企业的董事长和总经理，通过市场化选聘的总经理除外。董事会和经营班子其他成员，没有特殊贡献的，其收入一般不得高于董事长、总经理的收入。

## 一、年薪收入的构成及核定办法

（一）经营者年薪收入由基本年薪、效绩年薪和奖励年薪构成。

（二）经营者基本年薪是指经营者年度的基本收入。根据市政府公布的企业分类定级结果，参考市场上经营者工资水平、上年度国有企业经营者基本工资水平和公务员工资标准确定：

一类企业经营者基本年薪为 12 万元；

二类企业经营者基本年薪为 10.8 万元；

三类企业经营者基本年薪为 9.6 万元。

经营者基本年薪每年根据物价的变动与经济增长情况作适当调整，由市劳动部门提出调整方案，报市政府审批。

（三）经营者效绩年薪是按企业综合经济效益确定的经营者年度收入。效绩年薪具体计算办法为：

3×基本年薪×（效绩评价分值－60）/40

效绩评价分值由市国资部门组织资产经营公司根据财政部企业效绩评价指标体系进行测算。

经营者效绩年薪计算结果为负数时，视效绩年薪为零。

（四）经营者奖励年薪指产权单位对经营者完成经营目标的奖励。不同类型企业奖励年薪系数有所区别，垄断性企业奖励系数为 0.8，竞争性企业奖励系数为 1，扭亏增盈企业奖励系数为 1.3，其具体办法由各资产经营公司根据不同行业的特点分别制定。奖励年薪方案须报市劳动部门备案。

各资产公司发放给经营者的奖励年薪总额不得超过经营者基本年薪总额的 1.5 倍。经营者奖励年薪最高不得超过本人基本年薪的 4 倍。经营者奖励年薪计算结果为负数时，应相应扣减经营者任期内所提取的风险抵押金。

（五）实行年薪制的经营者，不得再享受本企业内部的工资、奖金、津贴等工资性收入以及其他补贴，如住房补贴、物价补贴和通信补贴等，国家另有规定除外。

严格控制经营者的职务消费，防止将职务消费转化为个人收入。

## 二、年薪收入的支付

（六）经营者的基本年薪列入企业成本，由企业按月以现金形式支付。

（七）经营者的效绩年薪列入企业成本，企业一次性以现金形式提取。其中 60％直接支付给经营者，40％上交资产经营公司保管，以风险抵押金的形式延期支付。

（八）经营者的奖励年薪由资产公司从企业上缴利润中支付。其中 60％以现金直接支付给经营者，40％由资产经营公司保管，以风险抵押金的形式延期支付。

资产经营公司对具备条件的企业可采取股份的形式支付奖励年薪。

（九）风险抵押金实行专户专存管理，其利息收入归经营者所有。

（十）经营者基本年薪和效绩年薪在企业工资总额外单列。

（十一）经营者年薪收入为税前收入。

（十二）经营者任期审计或离任审计结果与任期内的年度审计报告相符的，经资产经营公司确认满一年后，一次性支付全部风险抵押金；任期审计或离任审计结果与任期内的年度审计报告不符的，由资产经营公司根据情节严重程度，相应扣减风险抵押金，并报市劳动部门备案。

### 案例二：深圳市某建设投资控股公司产权代表责任人年度薪酬管理暂行办法

## 一、适用范围

（一）控股公司直属的全资企业的总经理。

（二）控股公司直属的国有独资有限公司的董事长。

（三）控股公司控股的有限责任公司和股份有限公司的董事长。

## 二、年度薪酬的构成和标准

（四）由基本薪酬、年功薪酬和激励薪酬构成。计算公式是：

年度薪酬＝基本薪酬＋年功薪酬＋激励薪酬

（五）按照直属企业的资产规模和盈利水平，将企业划分为五个档次。根据企业的档次，确定产权代表责任人的基本薪酬和年功薪酬标准。

（六）根据企业规模和盈利水平的变化，企业的档次及产权代表责任人的基本薪酬和年功薪酬标准应及时进行调整。

个别情况特殊的企业（如亏损企业、历史遗留问题较大的企业等），经控股公司董事局研究决定，可视具体情况另行规定产权代表责任人的基本薪酬和年功薪酬标准。

（七）基本薪酬是企业向产权代表责任人支付的固定收入，逐月以现金形式支付（一年支付 12 个月）。具体标准为：

A 档企业——最高每月 1.4 万元；

B 档企业——最高每月 1.2 万元；

C 档企业——最高每月 1 万元；

D 档企业——最高每月 0.8 万元；

E 档企业——最高每月 0.5 万元。

（八）年功薪酬是产权代表责任人在每年完成控股公司下达的年度利润计划后所获得的收入，经年度考核后以现金形式支付。具体标准为：

A 档企业——最高每月 23.2 万元；

B 档企业——最高每月 15.6 万元；

C 档企业——最高每月 13 万元；

D 档企业——最高每月 10.4 万元；

E 档企业——最高每月 6 万元。

（九）激励薪酬是产权代表责任人超额完成年度利润计划后，根据超额利润计算所获得的奖励薪酬。

激励薪酬以分段累进方式计算，具体标准为：

1. 超额完成利润计划的 10%（含 10%）以内，激励薪酬按 1.5%计算。

2. 超额完成利润计划的 10%～20%（含 20%）以内，激励薪酬按 1.65%计算。

3. 超额完成利润计划的 20%～30%（含 30%）以内，激励薪酬按 1.82%计算。

4. 超额完成利润计划的 30%以上，由董事局给予特别奖励。

（十）激励薪酬的一部分可以用于为产权代表责任人购买一定数量的商业保险，其余以模拟期股（以下简称期股）或激励期权（以下简称期权）的方式支付。期股或期权在没有变现或行权前是一个设置专门账户进行管理的账面值。

期股适用于所有企业，期权只适用于上市公司。

（十一）期股和期权不能转让、不能交易、不能用于抵押以偿还债务。

（十二）期股（或期权）分正期股（或正期权）和负期股（或负期权）两种类型。正期股（或正期权）指产权代表责任人超额完成年度利润计划所获得的奖励，负期股（或负期权）指产权代表责任人为完成年度利润计划所应承担的经济处罚。

（十三）产权代表责任人未完成年度利润计划，不获得年功薪酬和激励薪酬。

现实利润与年度利润计划相差 30％以内的，按照与（六）对应的标准计算应扣减的薪酬数额，并折算为负期股或负期权，作为扣减项计入相应账户。

现实利润与年度利润计划相差超过 30％以上的，按上款扣减薪酬，并由董事局视具体情况决定处罚办法。

（十四）期股在产权代表责任人持有期间享受模拟分红，并可按规定分期变现；期权在行权前是一种权利，可在规定的时间按规定的价格行权，但不参与企业年度分红派现。

## 三、年度薪酬的计算

（十五）产权代表责任人年功薪酬和激励薪酬的实得数额根据年末对产权代表责任人进行综合考评得出的综合考评系数确定。

产权代表责任人当年实得的年功薪酬＝年功薪酬标准×综合考评得分系数

产权代表责任人当年实得的激励薪酬＝激励薪酬标准×综合考评得分系数

若产权代表责任人当年应扣减激励薪酬，则扣减数额不受综合考评得分系数调整。

（十六）产权代表责任人应得的激励薪酬按规定折算成期股或期权。计算公式是：

产权代表人应得（扣）的期股＝当年应得（扣）的激励薪酬÷当年末每股净资产

产权代表人应得（扣）的期权＝当年应得（扣）的激励薪酬÷折扣价

具体计算办法见《模拟期股实施细则》与《激励期权实施细则》。

（综合考评得分系数即薪酬系数＝综合得分％≤1）

（产权代表的年功薪酬和激励薪酬由薪酬系数确定计发；薪酬系数是按百分制计分方法，由综合考评得分确定。综合考评的指标主要是物质文明与精神文明的各项指标。具体考核方法略）

### 案例三：××集团经营者年薪制实行办法

## 一、经营者年薪收入的确定

（一）经营者年薪收入由基本年薪和效益年薪组成。

（二）基本年薪是经营者较稳定的基本岗位收入，主要根据公司规模及所在地生活水平和工资水平确定，并与国有资产保值增值情况和上交收益情况挂钩。计算公式为：

基本年薪＝最低工资×基本年薪系数（见表 6—1）×12

表 6—1　　上年净资产与基本年薪系数对照表

| 序号 | 上年净资产 $A$ | 基薪系数 | 序号 | 上年净资产 $A$ | 基薪系数 |
|---|---|---|---|---|---|
| 1 | $A>10$ 亿元 | 35 | 5 | 0.5 亿元 $<A\leqslant 1$ 亿元 | 15 |
| 2 | 5 亿元 $<A\leqslant 10$ 亿元 | 30 | 6 | 0.3 亿元 $<A\leqslant 0.5$ 亿元 | 10 |
| 3 | 3 亿元 $<A\leqslant 5$ 亿元 | 25 | 7 | $A\leqslant 0.3$ 亿元 | 8 |
| 4 | 1 亿元 $<A\leqslant 3$ 亿元 | 20 | | | |

（三）效益年薪是根据经营者经营业绩考核确定的奖励工资，主要根据利润完成情况和上交收益情况等指标确定，对承担任务的公司还要考核其任务完成情况。

（四）在实现国有资产保值增值的前提下，完成集团公司确定的目标利润和上交收益，且净资产利润高于或等于银行同期一年期贷款利率，经营者可获取全部基本年薪和效益年薪，效益年薪的计算公式为：

效益年薪＝基本年薪＋超额利润×浮动系数（见表 6—2）

表 6—2　　超额利润与浮动系数对照表

| 超额利润 $P$（万元） | 浮动系数 | 超额利润 $P$（万元） | 浮动系数 |
|---|---|---|---|
| $P\leqslant 500$ 的部分 | 4% | $3\,000<P\leqslant 5\,000$的部分 | 2.5% |
| $500<P\leqslant 1\,000$的部分 | 3.5% | $5\,000<P\leqslant 10\,000$的部分 | 2% |
| $1\,000<P\leqslant 3\,000$的部分 | 3% | $P>10\,000$的部分 | 1.5% |

（五）在实现国有资产保值增值的前提下，完成集团公司确定的目标利润和上交收益，但净资产利润率低于银行同期一年期贷款利率，经营者可获取全部基本年薪和效益年薪，效益年薪的计算公式为：

效益年薪＝基本年薪＋超额利润×浮动系数×（净资产利润率÷一年期贷款利率）

（六）在实现国有资产保值增值的前提下，未完成集团公司确定的目标利润，经营者可获取全部基本年薪和部分效益年薪，效益年薪的计算公式为：

效益年薪＝基本年薪×实现利润÷目标利润

（七）未实现国有资产保值增值的经营者，不得获取效益年薪，同时按相应比例扣减基本年薪，直至按所在地最低工资标准发放经营者年薪。

（八）未按规定完成集团公司上交收益的，一律不得获取效益年薪，并视情节扣减基本年薪。

（九）经营者效益年薪在基本年薪 2 倍以内的，以现金形式全额发放，超过 2 倍的部分不直接兑现，由所在公司为其建立补充养老保险，待离任或退休时一次性领取，或待条件成熟时按规定转化为所在公司的股权。

## 二、年薪的支付和管理

（十）经营者年薪由公司支付，基本年薪按月发放，年终统一结算。

（十一）经营者的效益年薪由集团公司统一考核确定，并经董事会、股东大会通过后，由公司按办法兑现。

（十二）经营者年薪申报和考核程序

1. 每年 2 月底前，公司按本办法规定将上年度各项考核指标以及测算的董事长、总经理年薪数额报集团公司人力资源部。

2. 集团公司对公司提供的考核材料进行审核，并对公司进行审计，确定考核结论。

（十三）经营者除按本办法领取应得的年薪收入外，不得再享受本公司及其投资公司提供的工资、奖金、津贴、补贴及其他工资收入和福利等。

（十四）公司应接受集团公司审计部门或集团公司指定机构的审计，公司应如实提供相关财务指标及数据。虚盈实亏的公司，对经营者获取的效益年薪集团公司将责令其退回，并给予相应的行政、经济处罚。

（十五）经营者年薪收入应依法纳税。

（十六）经营者应依法参加社会保险。住房、补充养老保险应报集团公司同意、董事会或股东大会批准后方可实施。

（十七）经营者在经营生产中出现安全质量等方面重大责任事故或其他对集团公司、本公司造成重大不利影响的事件，应扣发年薪收入的 20%～50%，直至全部取消年薪收入。

### 案例四：武汉市国有资产经营公司关于企业法定代表人考核奖惩实行办法

## 一、年薪制的对象及构成

国资公司对企业法定代表人实行年薪制。年薪收入由基薪收入、风险收入和年功收入三部分组成。其中，基薪收入是年度经营的基本报酬，风险收入是年度经营效益的具体体现，年功收入是以前年度经营业绩的累积报酬。

## 二、基薪收入的确定

基薪收入由国资公司根据企业上年度的效益确定。

1. 工商企业法定代表人基薪收入的标准见表 6—3。

表 6—3　　　　工商企业法定代表人基薪收入标准表

| 企业类型 | 净利润指标（万元） | 基薪收入（万元） |
| --- | --- | --- |
| 盈利企业 | 70～350 | 2.4 |
| | 350～700 | 2.7 |
| | 700～1 500 | 3.0 |
| | 1 500～2 500 | 3.3 |
| | 2 500～4 000 | 3.6 |
| | 4 000～6 000 | 3.9 |
| | 6 000以上 | 4.2 |
| 微利企业 | 0～70 | 1.8 |
| 亏损企业 | <0 | 按所在企业目前工资水平，报国资公司批准确定 |

注：以上净利润指标分组含下限不含上限

2. 金融企业法定代表人的基薪收入由国资公司参照金融行业法定代表人收入的行业特征另行确定。

## 三、风险收入的确定

风险收入由国资公司根据经营责任书及企业实际经营业绩核定。具体办法为：

1. 完成或超额完成经营责任书考核指标的企业法定代表人风险收入按表 6—4 中的公式计算，其风险收入最低额不低于5 000元。

表 6—4　　完成或超额完成经营责任书考核指标的企业法定代表人风险收入计算公式表

| 企业类型 | 考核指标值 $a$（万元） | 实际完成值 $b$（万元） | 风险收入（万元） |
| --- | --- | --- | --- |
| 盈利及微利企业 | $a$ | $b \geqslant a$ | $3‰ \times a + 1‰ \times (b-a)$ |
| 亏损企业 | $a$ | $b \geqslant a$ | $[3‰ \times a + 1‰ \times (b-a)] \times 120\%$ |

2. 完成经营责任书指标 50%以上、100%以下的企业法定代表人风险收入计算公式见表 6—5。

表 6—5　　完成经营责任书指标 50%以上、100%以下的企业法定代表人风险收入计算公式表

| 考核指标 $a$（万元） | 实际完成值 $b$（万元） | 风险收入（万元） |
| --- | --- | --- |
| $a$ | $80\% \times a \leqslant b < 100\% \times a$ | $b \times 3‰ \times 70\%$ |
| $a$ | $60\% \times a \leqslant b < 80\% \times a$ | $b \times 3‰ \times 50\%$ |
| $a$ | $50\% a \leqslant b < 60\% \times a$ | 0 |

3. 对于完成经营责任书净利润指标（扭亏指标）50%以下企业法定代表人，不给予本年度风险收入，同时，扣减以前年度累计股票（份）期权（或风险基金）。

## 四、年功收入的确定

年功收入由国资公司根据企业法定代表人的任职时间和工作业绩综合评定。任职时间是指在国有全资、控股企业（按国家分类标准的中型以上企业）担任法定代表人的时间；工作业绩是企业法定代表人在任职期间，与同行业相比，企业的发展速度和经济效益水平。具体评定办法如下：

1. 工作业绩分为业绩突出、业绩较好、业绩一般和业绩较差四个档次：企业发展速度快、前景好，经济效益在同行业一直保持领先水平为业绩突出；企业有明显发展、前景较好，经济效益高于同行业平均水平为业绩较好；企业有所发展、但存在一些问题，经济效益处于同行业平均水平为业绩一般；企业经营管理不善，持续处于亏损或微利状况为业绩较差。年功收入档次见表 6—6。

表 6—6　　不同企业的年功收入档次表

| 工作业绩 \ 任职时间 $n$ | $n \geqslant 10$ 年 | 10 年 $> n \geqslant 5$ 年 | $n < 5$ 年 |
|---|---|---|---|
| 业绩突出 | 一等 | 一等 | 二等 |
| 业绩较好 | 一等 | 二等 | 三等 |
| 业绩一般 | 二等 | 三等 | 四等 |
| 业绩较差 | 四等 | — | — |

2. 一等年功收入标准为1 600元／月，二等年功收入标准为 800 元／月，三等年功收入标准为 400 元／月，四等年功收入标准为 200 元／月。

3. 年功收入每年评定一次，可以随着企业法定代表人的任职时间和工作业绩的变化而变更等次。

4. 企业法定代表人按国家有关规定正常退休（因其他原因离开本职务除外），可继续享有其退休前的年功收入。

5. 对于因国家股转让不再担任国资公司全资、控股企业法定代表人的人员，其年功收入由国资公司一户一议，一次性给予补偿。

6. 对于在国资公司所属控股、全资企业之间调动任职的企业法定代表人，调动后 3 年内（含 3 年）年功收入为：完成经营责任书净利润（扭亏）指标 80%以上（含 80%），按调动前年功收入确定；完成经营责任书净利润（扭亏）指标 50%以上（含 50%）、

80%以下，按调动前年功收入下降一档确定；完成经营责任书净利润指标 50%以下，取消年功收入。

## 五、特别年薪奖励

对于以下情况，国资公司将给予企业法定代表人特别年薪奖励。

1. 企业本年度重大经营举措将对今后企业的发展产生巨大的积极影响。

2. 企业净利润指标连续三年保持 20%以上的递增速度。

## 案例五：某化工企业高层管理人员绩效年薪发放办法[①]

## 一、岗位系数的确定

根据各高层管理岗位所承担的责任和对公司的相对贡献价值的大小，各岗位的年薪系数确定见表 6—7。

表 6—7　　各岗位年薪系数表

| 职务 | 总经理 | 副总经理、财务总监、总工程师 | 总经理助理 |
|---|---|---|---|
| 岗位系数 | 1 | 0.78 | 0.7 |

注：一人兼数职，只计算其所担任职务中的最高系数，不累计计算。

## 二、绩效年薪标准与计算办法确定

（一）董事会在每年的年末设定下一年经理层绩效年薪目标总额，基本年薪总额与绩效年薪目标总额的比例为：建设期 1∶0.5，生产期 1∶1。

（二）绩效年薪实际总额取决于经理层总体绩效的年度考核结果，计算公式：

$$绩效年薪实际总额=\frac{经理层总体绩效考核分数}{标准分数}\times 绩效年薪目标总额$$

（三）经理层总体绩效考核标准分数为绩效年薪实际总额等于绩效年薪目标总额时的经理层总体绩效考核分数，由董事会在称职的分数范围内根据实际情况确定。

（四）高层管理人员个人的绩效年薪确定方法取决于个人绩效考核成绩和岗位系数，计算公式为：

$$个人绩效年薪=\frac{个人年终绩效考核分数\times 个人岗位系数}{\sum 个人年终绩效考核分数\times 个人岗位系数}\times 绩效年薪实际总额$$

① http：//wenku. baidu. com

（五）对经理层总体和对高层管理人员个人的考核方法参见《高层管理人员绩效考核手册》。

（六）绩效年薪的岗位系数与基本年薪的岗位系数相同。

（七）上述基本年薪和绩效年薪为税前金额，从公司管理费用中列支。

（八）公司董事兼任企业高层管理人员的，其年薪按董事年薪和高管年薪中最高值计算，不重复发放。

## 三、绩效年薪的支付

（一）高层管理人员的绩效年薪在年终时根据经理层总体年度经营目标完成情况以及高层管理人员个人考核结果确定，并于第二年每月随同工资一同发放，每月发放标准为：个人绩效年薪总额的 1/12。

（二）若经理层总体绩效考核分数低于 50 分，全体高层管理人员均无绩效年薪。若高层管理人员个人绩效考核分数低于 50 分，不参与绩效年薪的分配。

## 四、其他规定

（一）高层管理人员在任期未满无正当理由辞职的，不按当年实际在职期计算其绩效年薪和超额奖励。

（二）当经营环境及外部条件发生重大变化时，可由董事会提议变更激励约束条件甚至终止该方案，并报股东大会批准，可能的变化包括：

1. 市场环境发生不可预测的重大变化，严重影响公司经营；

2. 因不可抗力对公司经营活动产生重大影响；

3. 国家政策重大变化影响年薪方案实施的基础；

4. 其他董事会认为的重大变化。

**案例点评**

**一、案例分析**

年薪制是以年度为单位，依据企业的生产经营规模和经营业绩，确定并支付经营者年薪的分配方式。实行年薪制主要是为了把经营者的利益与企业所有者的利益联系起来，使经营者与所有者的目标一致，形成对经营者的有效激励和约束。经营者实行年薪制是国外企业经营者主要的薪酬管理模式，我国许多企业也实行了这一制度。

（一）年薪制的适用对象

实施经营者年薪制的关键是确定经营者的范围。目前主要有三种意见：

第一种是仅限于企业的法人代表。国家部委的政策意见都是持这一观点。即仅对具有法人代表资格的企业厂长经理正职一人实施经营者年薪制，主要着眼于企业的国有资产保值增值要落到实处，要有专人负责。如案例四中，年薪制主要针对武汉国有资产经营公司所属全资、控股企业的法定代表人。

第二种是指按《公司法》组建的企业中的董事长和总经理。董事长和总经理都要对国有资产的保值增值和经营效益负责，但董事长是决策层代表，总经理是执行层代表，因而董事长在国有资产保值增值方面所负责任更大，总经理在国有资产的经营效益方面所负责任更多。案例一、二的年薪制的适用对象就是董事长和总经理。案例一中适用对象是在深圳市设立的国有市属一级企业的董事长和总经理（通过市场化选聘的总经理除外）；案例二中适用对象是深圳市建设投资控股公司直属的全资和控股企业的产权代表责任人，其中，产权代表责任人具体是指控股公司直属的全资企业的总经理、控股公司直属的国有独资有限公司的董事长以及控股公司控股的有限责任公司和股份有限公司的董事长。

第三种是扩大到企业经营集团全体成员。这种适用范围主要是考虑到国有企业历来强调党的领导、工人阶级主人翁地位等原则。

按照现代企业制度的内在要求，无论是法律上，还是责任上，对企业资产所有者总体负责的应是经营者一个人，而企业领导成员应在生产经营上协助经营者工作，对经营者负责。因此，资产所有者只负责确定经营者的年收入。也就是说，实施年薪制的对象应是经营者一个人。虽然党委书记与厂长是同一级别，但是党组织不是生产经营活动的中心决策者，而仅仅肩负保证监督作用，因此，我们认为，党委书记不宜实施经营者年薪制。对于副职，应根据其能力和业绩给予报酬，也不适合用年薪制。

从选择的案例看，年薪制的实施对象不尽相同。案例一和二是董事长和总经理，案例四是法人代表，案例五是全体领导班子成员，案例三没有说明。

（二）年薪的构成

大体来说，年薪主要由固定薪金、奖金、股票、股票买卖选择权等组成。在我国，年薪一般由两部分组成，一是基薪，即按月发给经营者的报酬，一般会根据企业的生产经营规模、企业的效益状况、地区和本企业平均工资水平来确定经营者的基薪；二是经营效益报酬，也称风险收入。

企业经营者的风险收入以基薪为基础，根据本企业实际完成的经济效益情况，同时考虑企业经营者在生产经营中承担责任的轻重及风险程度等因素具体确定。所选案例中，案例一、二、四针对不同的企业规定了不同的基薪收入；案例三规定了基薪系数，根据公式计算出经营者的基本年薪。

除基本年薪之外，与业绩相挂钩的效益薪酬是年薪的重要组成部分。深圳市政府发布的年薪制办法中，效绩年薪和奖励年薪都与考核结果挂钩。效绩年薪与基本年薪、效绩评价分值相关联，能够起到约束和激励的作用。另外，案例中，对不同性质的企业规定了不同奖励年薪系数，如垄断性企业奖励系数为0.8，竞争性企业为1，扭亏增盈企业为1.3。这体现了薪酬的公平性，使经营者更能接受这种薪酬方式。案例二中，对不同的企业和超额完成利润计划的情况规定了年功薪酬和激励薪酬的基数，产权代表责任人年功薪酬和激励薪酬的实得数据是根据综合考评系数确定的。案例三中，××集团效益年薪的确定主要是根据利润的完成情况和净资产利润率高低。针对完成的程度不同，设置不同的浮动系数和计算公式。案例三这种比较细的分配法，既能保障经营者的利益，也能体现公平和公正，具有较好的激励作用。案例五分建设期和生产期两种情况，规定了领导班子成员基本年薪总额与效益年薪总额的比例。

（三）年薪制与绩效考核

年薪制中直接与绩效考核相关的就是年薪构成中的效益年薪（风险收入）。经营者年薪制产生于现代企业的委托—代理关系，年薪制的考核主体是企业所有者，由此也决定了投资回报率和资本保值增值程度是基本的考核指标。但仅采用资本保值增值与利润两个指标并不全面，容易造成经营者的短期行为。以净资产利润率（净利润÷所有者权益）作为考核指标比国有资产保值增值率更有优越性。上面案例中对经营者进行考核，主要也是考核经营利润指标。

考核完后，如何发放效益年薪，不同的企业有不同的规定。案例一中规定经营者的效绩年薪和奖励年薪预留一部分作为风险抵押，这样可以长效激励，同时也能抵御因经营不善而带来的风险。案例二中规定将激励薪酬转换成模拟期股或股票期权来支付。通过股权或期权的远期分配，可增强企业的凝聚力，有效避免经营者的短期行为。案例三中也采用了有利于长效激励的发放方式，如超过基薪2倍的部分不直接兑现，而是由所在公司为其建立补充养老保险，待离任或退休时一次性领取，或待条件成熟时按规定转化为所在公司的股权。

## 二、案例启示及相关知识链接①

现代企业高层管理人员的报酬结构是多元化的，各国年薪报酬的具体实践方式实际上具有较大差别。根据我国的具体国情，可将年薪制划分为五种模式。

（一）准公务员型模式

报酬结构：基薪＋津贴＋养老金计划。

报酬数量：取决于所管理企业的性质、规模以及高层管理人员的行政级别，一般基薪为职工平均工资的2～4倍，正常退休后的养老金水平为平均养老金水平的4倍以上。

考核指标：政策目标是否实现，当年任务是否完成。

适用对象：所有达到一定级别的高层管理人员，包括董事长、总经理、党委书记等，尤

① 张彦宁．经营者收入分配制度．北京：企业管理出版社，2000

其是长期担任国有企业领导、能够完成企业的目标、临近退休年龄的高层管理人员。

适用企业：承担政策目标的大型、特大型国有企业，尤其是对国民经济具有特殊战略意义的大型集团公司、控股公司。

激励作用：这种报酬方案的激励作用机理类似于公务员报酬的激励作用机理，职位升迁机会、较高的社会地位和稳定体面的生活保证是主要的激励力量来源，而退休后的更高生活水准保证可约束经营者短期行为。

（二）一揽子型模式

报酬结构：单一固定数量年薪。

报酬数量：相对较高，和年度经营目标挂钩。实现经营目标后可得到事先约定好的固定数量的年薪。例如，规定某企业经营者的年薪为 15 万元，但必须实现减亏 500 万元。

考核指标：十分明确具体，如减亏额、实现利润、资产利润率、上交税利、销售收入等。

适用对象：具体针对经营者一人，总经理或兼职董事长。至于领导班子其他成员的工资可用系数折算，但系数不得超过 1。

适用企业：面临特殊问题亟待解决的企业，如亏损国有企业为了扭亏为盈可采取这种招标式的办法激励经营者。

激励作用：具有招标承包式的激励作用。激励作用很大，但易引发短期化行为。其激励作用的有效发挥在很大程度上取决于考核指标的科学选择、准确真实。

这种报酬方案的制订，尤其是考核指标的选择，类似于各地政府较为普遍实行的对经营者的奖励。

（三）非持股多元化型模式

报酬结构：基薪＋津贴＋风险收入（效益收入和奖金）＋养老金计划。

考核指标：确定基薪时要依据企业的资产规模、销售收入、职工人数等指标；确定风险收入时，要考虑净资产增长率、实现利润增长率、销售收入增长率、上交税利增长率、职工工资增长率等指标，还要参考行业平均效益水平来考核评价经营者的业绩。

适用对象：一般意义的国有企业经营者，指总经理或兼职董事长；其他领导班子成员的报酬按照一定系数进行折算，折算系数小于 1。

适用企业：追求企业效益最大化的非股份制企业。现阶段我国国有企业绝大多数都采用这种年薪报酬方案。一般集团公司对下属子公司的经营者实施的年薪报酬方案也多是这种，只是各个企业的具体方案中考核指标、计算方法有一定差异。

激励作用：如果不存在风险收入封顶的限制，且考核指标选择科学准确，则相对于以前国有企业经营者的报酬制度和上述方案而言，这种多元化结构的报酬方案更具有激励作用。但该方案缺少激励经营者长期行为的项目，有可能影响企业的长期发展。

（四）持股多元化型模式

报酬结构：基薪＋津贴＋含股权、股票期权等形式的风险收入＋养老金计划。

报酬数量：基薪取决于企业经营难度和责任，含股权、股票期权形式的风险收入取决于其经营业绩、企业的市场价值。一般基薪应该为职工平均工资的 2～4 倍，但风险收入无法以职工平均工资为参照物，企业市场价值的大幅度升值会使经营者得到巨额财富。只有在确定风险收入的考核指标时才有必要把职工工资的增长率列入。

考核指标：确定基薪时要依据企业的资产规模、销售收入、职工人数等指标；确定风险收入时，要考虑净资产增长率、实现利润增长率、销售收入增长率、上缴利税增长率、职工工资增长率等指标，还要参考行业平均效益水平来考核评价经营者的业绩。如果资本市场是有效的，有关企业市场价值的信息指标往往更能反映企业经营者的业绩。

适用对象：一般意义的国有企业的经营者，指总经理或兼职董事长；其他领导班子成员的报酬按照一定系数进行折算，折算系数小于1；也可以通过给予不同数量的股权、股票期权来体现其差别。

适用企业：股份制企业，尤其是上市公司。这种报酬方案适应规范化的现代企业制度要求。

激励作用：从理论上说，这是一种有效的报酬激励方案，多种形式的、具有不同的激励约束作用的报酬组合保证了经营者行为的规范化、长期化。但该方案的具体操作相对复杂，对企业具备的条件要求相对苛刻。

（五）分配权型模式

报酬结构：基薪＋津贴＋以“分配权”“分配权”期权形式体现的风险收入＋养老金计划。

报酬数量：基薪取决于企业经营难度和责任，以“分配权”“分配权”期权形式体现的风险收入取决于企业利润率之类的经营业绩。一般基薪应该为职工平均工资的 2～4 倍，但风险收入无法以职工平均工资为参照物，没必要进行封顶。只有在确定风险收入的考核指标时才有必要把职工工资的增长率列入。

考核指标：确定基薪时要依据企业的资产规模、销售收入、职工人数等指标，确定风险收入时要考虑净资产利润率之类的企业业绩指标。

适用对象：一般意义的国有企业的经营者，指总经理或兼职董事长，其他领导班子成员的报酬可通过给予不同数量的“分配权”或期权来体现。

适用企业：不局限于上市公司和股份制企业，可在各类企业中实行。

激励作用：把股权、股票期权的激励机理引入到非上市公司或股份制企业中，扩大其适用范围。这是一种理论创新，其效果还有待实践检验。

# 第二节 绩效考核结果在薪酬分配和调整方面的运用

## 案例一：××有限公司管理人员薪酬方案[①]

管理人员薪酬方案的基本模式为：基本工资＋补贴＋奖金。

管理人员的薪酬主要由以下几项组成：

### 一、基本工资

按岗位等级设定，参照以下标准发放：总经理3 500元／月，副总经理2 500／月，部门经理1 600元／月，部门副经理1 350元／月，普通员工1 200元／月。

### 二、工龄工资

企业外工龄 2 元／年，企业内工龄 8 元／月，每月发放。

### 三、补贴

职务补贴＋通讯补贴。

#### （一）职务补贴

总经理 600 元／月，副总经理 400 元／月，部门经理 200 元／月，部门副经理 100 元／月。

#### （二）通信补贴

公司为员工开通虚拟网，虚拟网入网费和月租费由公司负责，在此基础上另行对管理系列实行通信补贴，发放标准为：总经理 400 元／月，副总经理 250 元／月，部门经理 150 元/月，部门副经理 100 元／月，普通员工 50 元／月。

### 四、奖金

奖金形式为绩效考核奖＋利润分享奖。

---

① 姚裕群．人力资源管理案例教程．北京：中国人民大学出版社，2006

### （一）绩效考核奖励

于 2005 年 6 月和 12 月下旬对全体管理人员按绩效考核制度进行半年度和年度绩效考核，按考核结果（优秀、良好、中等、合格和不合格五个等级）发放半年度和年度奖金。

### （二）利润分享奖励

年终计算公司的净利润，以净利润的 10%作为利润分享奖励。

具体分配方法采用“瓜分制”。

1. “瓜分制”的计算方式

以基本工资为基础折算成点值，即总经理 3.5，副总经理 2.5，部门经理 1.6，部门副经理 1.35，普通员工 1.2，将所有管理人员的点值加总得出总点值，瓜分比例计算公式：

总点值＝∑各管理人员点值

每个员工的瓜分比例＝各员工个人点值／总点值

每个员工的利润分享额＝公司净利润×10%×每个员工的瓜分比例

2. 支付方式

支付方式为延期支付。

延期时间：暂定 1 年，即 2005 年度的利润贡献奖 2006 年 1 月计算，2007 年 1 月兑现。

兑现条件：2007 年 1 月在岗在编管理人员，且期间没有任何违纪违法行为。

兑现方式：

（1）2006 年度绩效考核优秀者，2005 年度利润分享奖按实际计算数额的 130%发放。

（2）2006 年度绩效考核良好者，2005 年度利润分享奖按实际计算数额的 110%发放。

（3）2006 年度绩效考核结果为合格或中等者，2005 年度利润分享奖按实际计算数额发放；但如果 2006 年度绩效考核结果虽然未达中等或合格，但优于 2005 年度考核结果，为奖励其绩效进步，则按实际计算数额的 105%发放。

（4）2006 年度绩效考核不合格者，2005 年度利润分享奖按实际计算数额的 70%发放。

## 案例二：某高新建材有限公司管理岗位绩效工资的计发办法

### 一、公司管理人员绩效工资计发

公司管理人员包括领导班子、综合办、财政部、安保部、技术部，其应发绩效工资原则上根据公司年度责任目标的完成程度、本部门绩效程度和个人绩效程度计发。计算公式如下：

公司管理人员应发绩效工资＝本人日绩效工资标准×制度内当月出勤日数×公司年度责任目标完成％×（本部门绩效程度×50％＋个人绩效程度×50％）

1. 公司年度责任目标完成％＝（报告年度公司目标责任实际完成情况／报告年度公司目标责任指标）×100％

注：

（1）公司年度责任目标完成％，低于100％时，按照实际完成的百分比计算；高于100％时，按照100％计算（超过100％的部分按照年度奖金的规定处理）。

（2）报告年度公司目标责任指标由集团公司下达。

（3）公司年度责任目标完成％不能考核的月份，则此因素视为100％。

2. 本部门绩效程度是指按照部门职能及当年目标责任的考核结果，考核结果以百分比表示。在不进行部门绩效考核的月份，此因素视为100％。

3. 个人绩效程度是指根据岗位职责和相应的工作要求（数量、质量），对岗位任职人员的考核结果，考核结果以百分比表示。

## 二、经济目标责任单位管理岗位人员绩效工资计发

经济目标责任单位，包括生产部、营销部、车队，其管理人员的应发绩效工资分别根据其生产、销售或其他公司下达的指标计划完成程度，以及本部门绩效程度和个人绩效程度计发。

公式：

个人当月应发绩效工资＝本人日绩效工资标准×制度内当月出勤日数×本经济目标责任单位绩效程度×个人绩效程度

式中：

本经济目标责任单位绩效程度＝（报告年度本经济目标责任单位目标责任实际完成数／报告年度本经济目标责任单位目标责任指标）×100％

注：

（1）本经济目标责任单位绩效程度低于100％时，按照实际完成的百分比计算；高于100％时，按照100％计算。

（2）报告年度本经济目标责任单位目标责任指标由公司下达。

（3）本经济目标责任单位绩效程度因素，在不能考核的月份视为100％。

（4）个人绩效程度口径同上。

## 案例三：某公司年度奖金的分配方法

年度奖金在超额完成实现利润计划的前提下计发。

年度奖金总额按照《工资方案》的规定计算提取。

年度奖金按照 7∶3 的比例分配，即：年度奖金总额的 70％以日常绩效工资为依据分配，30％以年度考核结果为依据分配。

每人的年度奖金由两部分组成：一是以月度考核为基础的年度奖金，二是以年度考核为基础的年度奖金。

### 一、以月度考核为基础的年度奖金

年度奖金总额的 70％以个人日常实得岗位绩效工资和个人实得旺季生产性津贴为基础计发：

以月度考核为基础应发年度奖金＝（个人日常实得岗位绩效工资＋个人实得旺季生产性津贴）×日常岗位绩效工资奖金含量

式中：

$$日常岗位绩效工资奖金含量=\frac{报告年度超额利润奖金提取额\times 70\%}{报告年度公司日常实发岗位绩效工资+公司实发旺季生产性津贴}$$

以月度考核为基础应发年度奖金计算表见表 6—8。

表 6—8　　以月度考核为基础应发年度奖金计算表

| 1 | 2 | 3 | 4 | 5＝3＋4 | 6＝年度奖金 70％÷5 | 7＝5×6 |
|---|---|---|---|---|---|---|
| 序号 | 姓名 | 1—12 月累计实得绩效工资 | 4—11 月旺季生产性津贴 | 绩效工资与生产性津贴之和 | 日常岗位绩效工资奖金含量 | 应发第一部分年度奖金 |
| | | | | | | |
| | | | | | | |
| 合计 | | | | | | |

### 二、以年度考核为基础的年度奖金

年度奖金总额的 30％按照年度考核结果计发。

公式：

以年度考核为基础应发年度奖金＝个人年度绩效工资标准×个人年度绩效程度×年度拟发绩效工资年度奖金含量

式中：

（1）个人年度绩效程度＝个人年度考核得分÷100

（2）$年度拟发绩效工资年度奖金含量=\frac{报告年度超额利润奖金提取额\times 30\%}{\sum(个人年度绩效工资标准\times 个人年度绩效程度)}$

以年度考核为基础的年度奖金计算表见表6—9。

表6—9　以年度考核为基础的年度奖金计算表

| 1 | 2 | 3 | 4 | 5＝3＋4 | 6＝年度奖金30％÷5 | 7＝5×6 |
|---|---|---|---|---|---|---|
| 序号 | 姓名 | 个人年度绩效工资标准 | 个人年度绩效程度 | 管理岗位年度考核系数 | 年度拟发绩效工资年度奖金含量 | 应发第二部分年度奖金 |
| | | | | | | |
| | | | | | | |
| 合计 | | | | | | |

## 案例四：××公司绩效薪酬制度①

### 一、绩效分数区间

原则上所有部门的绩效考核成绩都由KPI考核成绩和CPI考核成绩两部分组成，KPI的基数是100分（部门实际获得分数的区间为0～150分），CPI的基数为0分，采用负分考核法（部门实际获得分数的区间为－20～0分）。当某些部门没有KPI时，CPI的基数是100分，采用负分考核法（部门实际获得分数的区间为0～100分）。

### 二、绩效工资的计算

（一）人力资源部每月按照绩效工资标准值进行季度前2个月的预支（预支对象包括部门经理和普通员工，高管人员除外），季末后按照部门绩效考核成绩和个人考核成绩一次性结算，多退少补。

（二）部门季绩效工资总额的计算办法

1. 除按责任制结算外的一般部门

部门季绩效工资实得总额＝当季公司绩效系数×当季部门绩效考核系数×当季标准绩效工资总额

① 冉斌．三个和尚有水喝：高绩效管理五步法．北京：中国经济出版社，2004

注：

（1）公司绩效系数＝公司业绩得分／100。

（2）部门当季标准绩效工资总额＝∑员工季标准绩效工资。

（3）部门绩效考核系数＝（KPI得分＋CPI得分）／100。

2. 按责任制结算的车间

部门季绩效工资实得总额＝产品数量×产品内部销售价格

（三）高级管理人员年度绩效工资计算办法

年度实得绩效工资＝合同绩效工资×年度绩效系数

注：

（1）合同绩效年薪必须由双方通过业绩合同签订。

（2）年度绩效系数是一个0～1.5之间的系数。

（3）当年度绩效系数低于0.5时，不予发放绩效年薪。

（四）部门经理季绩效工资计算办法

经理季实得绩效工资＝当季公司绩效系数×当季部门绩效系数×经理季标准绩效工资

注：

（1）每季度第1、2个月经理实得绩效工资为月度标准绩效工资。

（2）每季度第3个月经理实得绩效工资＝3×经理月度标准绩效工资×公司绩效系数×部门绩效系数－2×经理月度标准绩效工资。

（3）副经理季度绩效工资的计算方法同经理。

（五）员工绩效工资计算办法

1. 一般部门的员工

（1）每季度第1、2个月员工实得绩效工资为月度标准绩效工资。

（2）每季度第3个月员工月绩效工资计算公式：

$$\text{员工第3个月的绩效工资}=\frac{\text{员工标准绩效工资比值系数}\times\text{员工个人绩效考核系数}}{\sum(\text{员工标准绩效工资比值系数}\times\text{绩效考核分数})}\times A$$

$A$＝部门获得的季度绩效工资总额－第1、2个月已预支出的绩效工资总和

注：

①员工标准绩效工资比值系数是指该员工标准绩效工资与部门内部最低标准工资的比值。

②部门获得的季度绩效工资总额＝部门内部实际参加绩效考核的员工个人月标准绩效工资总额×3×部门绩效系数×公司绩效系数－第1、2个月已预支出的绩效工资总和。

2. 销售人员

销售人员实行季度奖金制。

季实得绩效工资＝（当季完成的销售额－销售基数）×提成比率

3. 车间人员

车间人员实行季度奖金制。

车间人员季实得绩效工资＝生产产品的数量×计件工资的提成比率

4. 其他临时钟点人员无绩效工资。

### 案例五：某公司绩效工资的计发

## 一、部门负责人绩效工资的计发

各部门正职（含主持工作的副职）不参与本部门绩效工资的分配，其绩效工资由公司直接考核发放。计算公式为：

部门正职应发绩效工资＝部门正职绩效工资标准×部门（或本人）绩效考核系数±经济责任制本人奖罚额

## 二、各部门员工绩效工资的计发

各部门员工（不含各部门由公司直接考核支付绩效工资的正职）的绩效工资，实行两级考核、两级分配：

1. 公司对部门通过一级考核，决定月度部门应发绩效工资总额，计算公式为：

月度部门应发绩效工资总额＝本部门月度个人绩效工资标准总额×月度部门绩效考核系数±部门经济责任制奖罚工资额

式中：

①月度部门绩效考核系数：部门绩效考核系数＝部门绩效考核分数÷100。对实行以季度为周期考核的部门，月度绩效考核系数采用季度绩效考核系数代替。

②部门经济责任制奖罚工资额是指按照公司经济责任制考核的规定，对部门奖励或扣罚的金额。

2. 部门对所属员工通过二级考核，决定所属员工个人的月度应发绩效工资，计算公式为：

月度应发个人绩效工资＝个人考核绩效工资系数×月度本部门每一考核绩效工资系数应得绩效工资数

式中：

①个人考核绩效工资系数＝个人绩效工资系数×个人绩效考核分数÷100

式中：个人绩效工资系数＝本人绩效工资标准÷本部门员工中的最低绩效工资标准

②月度部门每一考核绩效工资系数应得绩效工资数$=\frac{\text{月度部门应发绩效工资总额}}{\text{月度本部门个人考核绩效工资系数之和}}$

在考核计算个人绩效考核分数时，对制度工作日内的缺勤日数，每日应按不少于 5 分扣减。

各部门员工绩效工资的计发示例，可参考附录。

## 三、绩效考核

公司对部门的绩效考核办法由公司统一制定，部门绩效考核由公司组织实施。

各部门对所属员工的绩效考核办法，在公司指导下，由各部门自行制定，经听取本部门员工意见并征求人事劳动部意见后，自行实施绩效考核。

## 四、绩效工资标准浮动

在发电量和利润指标完成计划的情况下，绩效工资标准执行 100％；在发电量、利润指标不能完成计划的情况下，绩效工资标准按照发电量、利润计划指标的完成％计算，公式：

实际执行绩效工资标准＝绩效工资标准×（发电量指标计划完成％×0.4＋利润指标计划完成％×0.6）

在发电量、利润超额完成计划的情况下增加的效益工资，纳入公司经理基金统筹使用。

## 五、附录：部门绩效工资计算表（模拟示例，供各部门内部绩效工资分配参考）

基础信息：假设某部门有员工 8 人，每人月绩效工资标准、月度出勤天数（含加班）、月度绩效考核分数见表 6—10。该部门月度绩效工资标准总额为15 450元，该部门月度考核分数为 90 分。

要求：计算该部门月度应发绩效工资总额；将应发绩效工资总额分配到人。

解：

（一）公司对部门一级考核，决定应发部门绩效工资总额

该部门的应发绩效工资总额＝该部门绩效工资标准总额×该部门月度绩效考核系数＝15 450×0.9＝13 905

（二）部门对所属员工实行二级考核，决定个人应发绩效工资，即将该部门的月度应发绩效工资总额分配到人：

公式：月度应发个人绩效工资＝个人考核绩效工资系数×月度本部门每一考核绩效工资系数应得绩效工资数

式中：

①个人考核绩效工资系数＝个人绩效工资系数×个人绩效考核分数÷100

②月度部门每一考核绩效工资系数应得绩效工资数＝$\frac{\text{月度部门应发绩效工资总额}}{\text{月度本部门个人考核绩效工资系数之和}}$

该部门每人应发绩效工资计算过程及结果见表 6—10。

**表 6—10　　公司某机关部门副职以下人员应发绩效工资计算表（模拟示例）**　　单位：元/月

| 序号 | 姓名 | 月绩效工资标准 | 每人绩效工资系数 | 月度绩效考核分数 | 月度个人考核绩效工资系数 | 每一考核绩效工资系数应发绩效工资数 | 每人应发绩效工资数 |
|---|---|---|---|---|---|---|---|
| 1 | 2 | 3 | 4＝本人绩效工资标准÷本部门内最低绩效工资标准 | 5 | 6＝4×5 | 7＝部门应发绩效工资总额÷6（部门个人月度个人考核绩效工资系数［注］） | 8＝6×7 |
| 1 |  | 1 500 | 1.25 | 80 | 100.00 | 11.76 | 1 176.00 |
| 2 |  | 1 600 | 1.33 | 85 | 113.05 | 11.76 | 1 329.47 |
| 3 |  | 1 950 | 1.62 | 90 | 145.80 | 11.76 | 1 714.61 |
| 4 |  | 2 500 | 2.08 | 100 | 208.00 | 11.76 | 2 446.08 |
| 5 |  | 2 800 | 2.33 | 100 | 233.00 | 11.76 | 2 740.08 |
| 6 |  | 2 100 | 1.75 | 80 | 140.00 | 11.76 | 1 646.40 |
| 7 |  | 1 200 | 1.00 | 90 | 90.00 | 11.76 | 1 058.40 |
| 8 |  | 1 800 | 1.50 | 102 | 153.00 | 11.76 | 1 799.28 |
| 合计 |  | — | — | — | 1 182.85 | — | 13 910.32 |

注：每一绩效工资分配系数应发绩效工资数＝部门应发月度绩效工资总额÷部门个人月度绩效工资分配系数之和＝13 905÷1 182.85＝11.76（元）

## 案例点评

### 一、案例分析

在我国，目前多数企业仍将考核结果运用在薪酬分配和调整上，尤其在奖金分配和绩效工资发放方面运用更为广泛。

案例一中，管理人员的奖金分为绩效考核奖和利润分享奖。实际上，该公司没有分清效益奖金和绩效工资的差别（参看案例启示及相关知识链接）。公司方案中的绩效考核奖应属于绩效工资，而利润分享奖则属于效益奖金。所以严格地说，案例中薪酬方案的基本模式为：基本工资＋补贴＋绩效工资＋利润分享奖。

其中，绩效工资是根据管理人员的考核结果发放。

在对净利润进行分享时，利润分享奖的总基数为公司净利润的 10%，每个员工的利润分享额为每个员工的瓜分比例乘以利润奖的基数。这种“瓜分制”方法的特点是员工可以分享企业整体效益，实现企业各层绩效联动；此外，延期支付也有其优点，一是可以缓解工资总额压力，即先有钱再发放；二是实现激励长期化，总额根据当年效益提取，核发根据员工下年考核成绩，利于保证长期绩效。

案例二中的建材公司将管理岗位分为两类，绩效工资既与本部门的绩效挂钩，也受个人绩效程度的影响。这种将部门绩效和个人绩效紧密结合的方式，有利于员工关注团队协作，重视整体利益。该公司采用的直接与考核结果（百分比数）相关联的方式易于理解和操作，适合小规模的企业。

案例三中某公司年度奖金发放的主要依据是绩效考核结果。与其他公司有所不同的是，该公司将年度奖金分为两种，一是以月度考核为基础，二是以年度考核为基础。在以月度考核为基础的年度奖金里考虑到了旺季生产性津贴。这种由于公司的特殊性质而考虑到的相关因素，更能体现公司的人性化管理。这种方法考虑到各阶段工作的实际情况，体现科学和人性化的管理。另外，将年度奖金按 7∶3 的比例分配，对员工能起到长期激励的作用，也有利于工资总额的控制。

案例四中的绩效考核周期为季度考核，所以绩效工资发放是采取预支每季度前两个月的奖金，在季末时一次性结算，多退少补。这种方式充分考虑月度考核的繁重性和时间成本，因而具有一定的合理性。同时，案例中采用预发方式进行月奖发放，有效解决了季度考核与奖金月度发放的冲突。

案例五提供了一个典型、详尽的绩效工资二次分配办法。二次分配即公司对部门考核，确定部门绩效工资应发数额；部门对所属员工考核，将部门绩效工资分配到人。第二次分配是否公平、合理，取决于个人绩效工资系数和个人绩效考核分数两个因素；前者以岗位评价为依据，后者以绩效考核结果为依据。

整个绩效考核过程的公开、公正和公平决定了绩效考核结果运用于报酬分配的有效性。主要表现在：绩效指标和标准的制定要科学合理，要让员工通过努力能够达到；绩效考核的过程要公正，评分要客观；考核的结果要公开。考核过程的科学性与合理性，以及整个过程的公开、公正与公平，决定了被考核者对于考核结果及与之相关的报酬分配的接受程度。另外，绩效考核结果应有区分度，如果绩优和绩劣的员工之间的工资差距很小，就会挫伤绩优员工的积极性，起不到激励和约束的效果。

## 二、案例启示及相关知识链接[①]

绩效工资和效益奖金是最常见的浮动薪资的表现方式，都属于非固定的经济性报酬，都具有一定的激励与约束功能。但两者还是有一定的区别的，具有不同的管理作用。

（一）管理意义不同

绩效工资重约束，效益奖金重激励。绩效工资的实质是“岗位价值押金”，即企业的人岗不完全匹配的情况下，将员工对应的岗位薪资水平拆分为两部分，一部分固定发放，一部分则根据绩效调整发放。通常，在人岗匹配度较低的国企中，绩效工资占有较大份额；在人员任用规范、人岗匹配度较高的外资企业，绩效工资的比例就相对偏低。而效益奖金的实质是“企业业绩分红”，即从年度业绩目标的超出部分中，拿出一定数额的业绩奖金，有差别地分配给企业员工。这种分享式的浮动薪资形式，重在激励员工努力实现企业整体业绩目标。

（二）要项构成不同

绩效工资是常规项目，效益奖金是非常规项目。绩效工资根据员工的表现发放，有一定的范围区间，不是有没有的问题，是多与少的问题；而效益奖金是企业的一种额外付酬方式，视企业效益而定，效益不理想的情况下，可以不发。

（三）比较基准不同

绩效工资与外部市场比较，效益奖金与企业自身经营状况比较。绩效工资是岗位价值回报的一部分，需更多地参照外部市场。例如技术岗位，外部市场的通常做法是固定工资加项目奖金。若从技术人员固定工资中拿出一部分来浮动，每月或季度考核后发放，势必会减弱对外部市场中优秀人才的吸引力。而效益奖金是企业业绩分红的一种方式，更多地与企业业绩目标达成情况及利润状况进行比较。

（四）挂钩侧重不同

绩效工资侧重个人绩效表现，效益奖金侧重企业业绩表现。绩效工资更多与个人绩效表现关联，直接受个人绩效表现波动的影响；而效益奖金意在牵引员工关注企业的整体业绩表现，主要受企业整体业绩表现的影响。

---

① http：//www. zuoyou. com

# 第三节 绩效考核结果在个人发展计划方面的运用

## 案例一：唐明的个人发展计划

唐明，某医疗设备公司的一名销售代表，他到这家公司担任销售代表有一年的时间。在这一年中，上级主管给他设定的销售业绩指标是25万元。他完成了这个业绩指标，市价销售额为21.9万元；但是，像唐明这样的销售代表平均的销售额为35万元，唐明距离这样的水平还有很大的差距；而且，由于唐明以前不是在医疗设备行业从业，对一些专业知识不够熟悉。

进一步分析发现，唐明目前存在的有待改进的方面，首先是销售技巧方面，具体表现在与客户沟通时，应该如何倾听客户的需要；另外，对于一些专业领域上的知识他还需进一步学习；再有，他的销售报告写得不是很令主管满意，在这方面需要学习提高。从积极的方面来看，同事们普遍评价唐明善于与人合作，与同事的关系相处得很好，也乐于帮助别人；主管认为他还是乐于学习的，在这一年中，与他以往相比，进步还是很快的；客户对唐明的工作态度反映较好，只是有时对客户需求的理解方面会出现偏差。

针对目前现状，唐明在主管的帮助下制订了个人发展计划，见表6—11。

**表6—11　　唐明个人发展计划表**

制订计划时间：2007年3月5日

| 姓名 | | 唐明 | 职位 | 销售代表 | |
|---|---|---|---|---|---|
| 直接主管 | | 李利 | 部门 | 业务一部 | |
| 有待发展的项目 | 发展原因 | 目前水平 | 期待水平 | 发展的措施与所需的资源 | 评估时间 |
| 客户沟通技巧 | 与客户沟通是销售代表的主要工作，本人在这方面有较大的欠缺 | 客户沟通评估分数2.5分 | 3.5分 | （1）参加“有效的客户沟通技巧”培训；（2）注意自己体会和收集客户反馈；（3）与优秀的销售人员一同会见客户，观察学习他人与客户沟通时好的做法。 | 2007年12月 |
| 医疗设备专业知识 | 销售人员需要了解较多的产品知识，而本人以前对这些方面的知识接触甚少 | 专业知识评估分数3分 | 4分 | （1）阅读有关的书籍、资料；（2）参加产品部举办的培训班；（3）向他人请教。 | 2007年5月 |

续表

制订计划时间：2007 年 3 月 5 日

| 姓名 | | 唐明 | 职位 | 销售代表 | |
|---|---|---|---|---|---|
| 撰写销售报告 | 销售人员需要以书面的形式汇报销售情况，与主管和同事交流信息 | 销售报告评估分数 3 分 | 4 分 | （1）学习他人撰写的销售报告；（2）主管给予较多的指点。 | 2007 年 5 月 |

## 案例二：康志的个人发展计划

康志，某公司印刷部主管，他的主要工作职责是承接各个部门的印刷工作，帮助各个部门印刷文件、表格、图片等，康志有 3 名下属。康志是位印刷方面的专家，过去是印刷部的一名技术人员，精通印刷设备的维护和使用，能处理各种印刷技术方面的难题。去年，由于他的表现出色，被提升为印刷部的主管。他的部门所提供的印刷产品在质量上常常得到其他部门的好评，并且他还经常热心地帮助其他部门设计印刷文稿。他在目前的工作中存在的主要问题是没有处理好来自各个部门的印刷稿件的优先顺序，常常导致任务积压，有的部门的任务到期没有完成。他最终的处理办法是完全按照来件的先后顺序安排工作，这种做法使一些急件没有得到照顾，耽误了一些急件的交稿时间；后来，他又常常处理急件，由于大家都把自己的稿件当作急件，最终还是有一些稿件不能如期交付。因此，他的时间管理和设定优先顺序的能力有待提高。另外，他对自己的主管角色认知不够清晰，常常事必躬亲。他也不善于对下属进行绩效管理，他的一名下属在绩效方面存在严重的问题，他一直不予干预，直到他的上级主管向他问起此事时，他才与那名下属谈话。针对自己的绩效问题，他制定了表 6—12 的个人发展计划。

**表 6—12　康志个人发展计划表**

制订计划时间：2007 年 3 月 5 日

| 姓名 | 康志 | 职位 | | 印刷部主管 | |
|---|---|---|---|---|---|
| 直接主管 | 王斌 | 部门 | | 印刷部 | |
| 有待发展的项目 | 发展原因 | 目前水平 | 期望水平 | 发展措施与所需资源 | 评估时间 |
| 主管技巧，包括：如何授权、如何管理下属绩效、如何进行团队管理等 | 作为一名主管人员，主要的责任是使下属的绩效得到提高，让下属做得更出色。而本人作为一名新主管，缺乏管理下属的技巧，很多情况下只是自己在埋头工作 | 上级评估分数 2.5 分 | 3.5 分 | （1）参加“如何做一名优秀的主管”培训；（2）参加“如何管理下属的绩效”培训；（3）学习上级主管和其他部门主管管理下属的好的做法；（4）阅读有关的书籍；（5）请上级和下属监督。 | 2007 年 10 月 |

续表

制订计划时间：2007年3月5日

| 姓名 | 康志 | 职位 | | 印刷部主管 | |
|---|---|---|---|---|---|
| 时间管理 | 印刷部的工作很重要的一点就是管理好时间，处理好印刷业务的优先顺序，保证最大限度地满足客户需求。本人在这方面的表现明显不足，造成很多任务延期 | 客户评估分数2分 | 3.5分 | (1) 参加“时间管理与设置优先顺序”培训；<br>(2) 学会使用排序表格；<br>(3) 让其他部门了解目前的任务量和进度情况，以便计划自己的工作；<br>(4) 利用外部资源满足急件的需要。 | 2007年10月 |

## 案例点评

### 一、案例分析

绩效考核的最终目的是要提升员工的绩效，进而提升企业的整体绩效。所以，个人发展计划是绩效考核结果应用的一个重要方面。个人发展计划是指员工在一定时期内完成的有关工作绩效和工作能力改进与提高的系统计划。它是一种以绩效考核结果为依据的、实际且有效的绩效改进计划。

在上面两个案例中，唐明和康志都根据在考核中反映出来的问题，并在上级主管的帮助下制定了自己的绩效改进计划。例如，唐明在与客户沟通方面存在着不足，在他的个人发展计划表中，就把客户沟通技巧列为有待发展的项目，并分析了目前的沟通能力和期望达到的水平。但是，对自己为何客户沟通能力不强的原因分析不够精确。例如，自己是由于性格原因还是技巧原因导致与客户沟通不好。只有把真正的原因分析出来，再有针对性地进行培训和锻炼，才能做到有的放矢。另外，还要对该项目改进的情况进行及时评估。

案例二中的康志是一名部门主管，他曾是一名很优秀的技术工人，但被提升为主管后，就暴露出一些不足，如管理下属的能力和时间管理技巧。针对这些不足，在上级主管的帮助下，康志制定了个人发展计划。

可见，个人发展计划主要是根据绩效评价结果中反映出来的问题制定的，以期有针对性地提高个人的工作能力和工作业绩。要想制定出恰当的个人发展计划，需要准确分析员工业绩欠佳的原因，并且需要企业各方面的资源支持。

### 二、案例启示及相关知识链接

(一) 个人发展计划的内容

个人发展计划通常包括以下内容：

1. 有待发展的项目

通过绩效考核，可以发现员工在工作能力、学习方法等方面需要改进的地方。这些有待提升的项目，可能是现有水平不足的项目，也可能是现有水平尚可但工作需要更高水平的项目。

2. 发展这些项目的原因

在个人发展计划中，找出存在问题的原因，以便能有针对性地改进。

3. 目前的水平和期望达到的水平

个人发展计划应该有明确清晰的目标和需要达到的标准，因此，在制定个人发展计划时要指出需要提高的项目目前的水平，以及期望达到的水平。

4. 如何改进这些项目

根据前面分析的原因，有针对性地找出改进方法，做到有的放矢。

5. 设定达到目标的期限

预期在多长时间内能够将有待发展的项目改进到期望水平。指出评估的具体期限。

（二）制定个人发展计划的过程

通常来说，制定个人发展计划需要以下步骤：

1. 主管人员与员工进行绩效沟通。绩效考核后，主管人员与员工进行沟通，使员工认识到自己在工作当中哪些方面做得好，哪些方面做得不够好，认识到目前存在的绩效差距。

2. 主管人员与员工共同就员工绩效方面存在的差距分析原因，找出员工在工作能力、方法或工作习惯方面有待提升之处。

3. 明确绩效改进的具体方向。员工和管理人员根据未来的绩效要求，选取目前最迫切需要改进的地方作为员工个人发展计划的主要内容。

4. 主管人员与员工双方共同制定改进这些项目的具体行动方案，制定个人发展项目的期望水平、目标实现期限以及改进的方式。必要时，还应确定个人发展计划执行过程的评估方案，以便分步骤地达到目标。

5. 列出提升个人发展项目所需的资源。公司应该配合员工的个人发展计划，给其提供相关的资源（资金和时间等）和培训等。

# 附　录

# 绩效管理案例与案例分析

# ××公司绩效考核制度

## 第一章 总 则

**第一条 适用范围**

本制度适用于公司副总经理和所有中层管理人员（以下简称中高层管理人员）。

**第二条 目的**

1. 将绩效考核与公司战略、经营管理目标紧密联系起来，实现超常规、跨越式发展，促进经济效益的提高。

2. 公正、客观地衡量中高层管理人员的绩效，充分调动其积极性，为中高层管理人员工资分配制度提供准确、真实的依据。

3. 促进中高层管理人员不断改进绩效，提高绩效水平和综合素质。

**第三条 原则**

1. 以公司的发展战略为依据，建立关键绩效指标体系和绩效标准体系。

2. 考核以客观事实为依据。

3. 以工作结果考核为主，工作态度考核为辅。

4. 注重自我评价和民主评议。

5. 考核结果与中高层管理人员工资发放、选拔任用紧密结合。

## 第二章 关键绩效指标（KPI）及权重系数的确定

**第四条 KPI 的确定**

1. KPI 体系

借鉴平衡记分卡的思想建立起包括财务指标、内部管理指标、客户指标、学习成长指标在内的 KPI 体系，通过四个方面指标之间相互驱动的因果关系将公司的长期目标和短期目标结合在一起，从而实现公司的战略目标。

2. KPI 体系的建立

以公司发展战略为依据，确定发展战略的关键驱动因素，进而建立公司 KPI 体系，该指标体系由公司级 KPI 和部门级 KPI 组成。

KPI 选择的依据：

（1）相关性，即指标与公司发展战略的相关程度。

（2）可控性，即个人努力对指标的影响程度。

（3）可衡量性，即指标评价的相关信息是否能够获得和是否便于获得。

3. KPI 的基本目标值

基本目标值是期望达到的绩效指标完成标准，通常反映在正常情况下应达到的绩效水平。基本目标值以公司年度经营管理目标为依据，由考核者与被考核者协商确定，最后由公司总经理审核批准。

确定基本目标值时，首先应以公司相关指标的目标值为依据；其次参考过去类似指标在相同条件下完成的平均水平，并根据情况的变化予以调整；同时参照国内外同类指标的先进水平。

**第五条　KPI 权重系数的确定**

设定全部指标权重系数之和为 1，业绩考核表中权重系数分配的步骤如下：

（1）确定四大类 KPI 权重系数。

（2）在此基础上确定各类 KPI 中具体指标的权重系数。

## 第三章　副总经理的考核

**第六条　考核内容**

包括工作业绩和工作态度两个方面。

工作业绩考核主要以 KPI 为考核内容。

工作态度考核分为团队精神、敬业精神、责任心、组织纪律四个要素。

**第七条　考核周期**

1. 平时考核

每月填写工作态度事实记录表，总经理审核、补充并且对月工作目标或工作计划完成情况进行检查。

2. 半年考核

只进行业绩考核，目的是对年度目标的完成情况进行中期检查，由人力资源部将上半年的相关考核数据整理并提供给考核者，由考核者和被考核者进行绩效沟通，分析存在的不足，提出改进措施，最后写出书面总结并交人力资源部。

具体考核时间：每年 7 月的第 1 周至第 2 周。

3. 年度考核

年度考核结果作为工资发放、聘任、岗位调整等的依据。年度考核的内容包括工作业绩、工作态度。工作业绩的考核以副总经理、中层管理人员业绩考核表为依据；工作态度考核以工作态度事实记录表为依据，实行 360 度评价；最后根据工作业绩的考核成绩、工作态度的考核成绩得出年度综合考核成绩。

具体考核时间：次年 1 月的第 1 周至第 2 周。

**第八条　年度考核流程**

第一步：被考核者写出述职报告并进行工作态度方面的自评。

第二步：被考核者的同级、下级对被考核者的工作态度打分（这些分数只作为总经理评价的参考）。

第三步：人力资源部对上述信息进行整理、汇总。

第四步：总经理根据业绩数据、考核事实进行考核。

第五步：人力资源部根据业绩和工作态度考核成绩计算出年度综合成绩。

第六步：总经理分别与各副总经理进行绩效面谈，并制定绩效改进计划。

第七步：考核结果公示。

## 第四章　中层管理人员的考核

**第九条　考核内容**

包括工作业绩和工作态度两个方面。

工作业绩考核主要以 KPI 为考核内容。

工作态度考核分为团队精神、敬业精神、责任心、组织纪律四个要素。

**第十条　考核周期**

1. 平时考核

被考核者每月填写工作态度事实记录表，分管副总经理补充、审核并且对月工作目标或工作计划完成情况进行检查。

2. 半年考核

只进行业绩考核，目的是对年度目标的完成情况进行中期检查，由人力资源部将上半年的相关考核数据整理并提供给考核者，由考核者和被考核者进行绩效沟通，分析存在的不足，提出改进措施，最后写出书面总结并交人力资源部。

具体考核时间：每年 7 月的第 1 周至第 2 周。

3. 年度考核

年度考核结果作为工资发放、聘任、岗位调整等的依据。年度考核的内容包括工作业绩、工作态度。工作业绩的考核以副总经理、中层管理人员业绩考核表为依据；工作态度考核以工作态度事实记录表为依据，实行 360 度评价；最后根据工作业绩的考核成绩、工作态度的考核成绩得出员工的年度综合考核成绩。

具体考核时间：次年 1 月的第 1 至第 2 周。

**第十一条　年度考核流程**

第一步：被考核者写出述职报告并进行业绩、工作态度方面的自评。

第二步：被考核者述职。

第三步：被考核者的同级、下级对被考核者的工作态度打分（这些分数只作为分管副总经理评价的参考）。

第四步：人力资源部对上述信息进行整理、汇总。

第五步：分管副总经理根据业绩数据、考核事实进行考核。

第六步：人力资源部根据业绩和工作态度考核成绩计算出年度综合成绩。

第七步：考核委员会审核、调整。

第八步：分管副总经理与被考核者进行绩效面谈，制定绩效改进计划；对考核结果有异议的被考核者可提出申诉。

第九步：考核结果公示。

**第十二条　申诉处理流程**

第一步：申诉人向人力资源部提出申诉，并填写申诉表。

第二步：人力资源部作初步审查。

第三步：初审通过的，由人力资源部组织相关调查，提出初步处理意见，并将调查事实与初步处理意见提交考核领导小组。

第四步：考核领导小组对调查事实与初步处理意见进行审核。

第五步：人力资源部将处理意见以书面形式送达申诉人。

## 第五章　考核的实施

**第十三条　目标分解流程**

公司经营目标的分解是绩效考核的基础工作，是上下级双向沟通共同制定合理目标的过程。

分解步骤：

1. 公司领导层根据公司的发展战略、上一年度经营管理目标完成情况、外部环境变化等因素确定公司年度经营管理目标，报董事会审议、批准。

2. 根据公司年度经营管理目标和各副总经理的分工确定各副总经理的年度工作目标。

3. 副总经理与其下级进行协商，确定部门的年度工作目标和工作计划，并且分解到月。

4. 将部门年度工作目标和工作计划以书面形式报总经理批准并交人力资源部备案。其中行政部、人力资源部含有“工作计划执行情况”指标，需要编制《部门工作计划书》。

**第十四条　考核的依据**

1. 副总经理及中层管理人员的业绩考核以相关部门提供的数据为依据。

2. 人力资源部负责“部门满意度”和“员工满意度”调查及相关数据的汇总，营销部负责“客户投诉”调查和相关数据的汇总，品管部负责“协作部门对质量的投诉”调查和相关数据的汇总。

3. 人力资源部在年度考核时应整理好考核表，准确无误地计算各种数据并填入副总经理、中层管理人员年度综合考核表。

4. 工作态度考核以工作态度事实记录表为依据。

5. 年度考核成绩的调整以相关事实记录为依据。

**第十五条　工作态度事实记录表的填写**

首先，本人围绕工作态度考核的要素（团队精神、敬业精神、责任心、组织纪律），将本考核期内自己身上发生的、与考核要素相关的典型事例填写在表内。突出的方面写在上一栏，有待提高的方面写在下一栏。

其次，被考核者将记录表交给直接上级，上级将自己看到的或了解到的、被考核者遗漏的典型事例记在相应的栏内，最后要写上被考核者的记录是否属实。

**第十六条　考核“一票否决”规定**

被考核者由于不遵守有关规章制度造成以下严重后果，年度考核计为不合格，不进入正常考核程序：

1. 造成严重停产事故或产品质量事故，经济损失达到××万元以上。

2. 其他事故造成企业财产损失达到××万元以上。

3. 产品交付客户使用后，发现严重质量问题，给企业的品牌和形象造成严重不良影响。

4. 其他行为严重损害企业形象，造成恶劣后果。

5. 触犯国家法律、法规或严重违反企业规章制度。

**第十七条　考核的审核、调整**

1. 副总经理的工作态度事实记录表由总经理审核，人力资源部保存；各中层管理人员的工作态度事实记录表由主管副总经理审核，人力资源部保存。

2. 各中层管理人员的年度考核结果由考核领导小组审核、调整。

3. 如对考核结果存在异议，可在得到考核结果 15 日内提出书面申诉。

**第十八条　人力资源部的职能和工作的开展**

1. 人力资源部的职能

(1) 依据考核制度组织、监督考核工作并对制度本身进行修订和完善。

(2) 保管考核相关的各种资料、数据。

(3) 受理被考核者的申诉。

(4) 考核数据的整理和考核结果的汇总。

2. 人力资源部指派专人负责绩效考核的具体工作。

**第十九条　考核委员会的职能和组成**

1. 考核委员会的职能

(1) 对中层管理人员的年度考核成绩进行审核、调整。

(2) 对人力资源部提交的中层管理人员申诉处理意见进行审核、批准。

(3) 对上报的考核制度(包括指标、标准)修改草案进行审核、批准。

2. 考核委员会的组成

考核委员会由主任、委员组成，主任由总经理担任，委员由公司副总经理和人力资源部长担任。

## 第六章　考核结果的运用

**第二十条　考核结果的等级**

工作业绩考核结果用分数表示，由于该考核为绝对标准考核，因此不同岗位业绩考核分数之间不具有可比性。

副总经理、中层管理人员的年度考核结果划分为四个等级：

A级：工作业绩考核成绩为满分或110分以上，工作态度考核成绩90分以上。

B级：工作业绩考核成绩100分以上，工作态度考核成绩80分以上(未达到A级)。

C级：工作业绩考核成绩达100分，工作态度考核成绩60分以上(未达到B级)。

D级(不合格)：工作业绩考核成绩低于100分或工作态度考核成绩低于60分。

**第二十一条　考核结果的分布**

中层管理人员年度考核结果分布以公司为单位，综合评定为A级的人数控制在被考核人数的10%以内。

副总经理和中层管理人员工作态度考核分数90分以上的，必须有充分的事实为依据，否则总经理或考核委员会可以作出适当调整。

**第二十二条　考核结果的运用**

1. 考核结果公示

年度考核审核评定后，人力资源部负责将评定为A级的和D级的人予以公布。

2. 岗位调整

年度综合考核不合格实施绩效改进计划、第二年年度综合考核仍不合格的，由人力资源部对其提出岗位调整建议。

3. 发放年终奖

年终奖与公司销售收入完成情况和个人年度考核成绩挂钩，挂钩方式如下：

年终奖 = 年终奖基数×公司销售收入完成率×个人绩效等级系数

个人绩效等级系数如下表所示：

**绩效等级系数表**

| 考核等级 | A | B | C | D | | |
|---|---|---|---|---|---|---|
| | | | | 工作态度考核成绩低于60分或工作业绩考核成绩大于90分 | 工作业绩考核成绩大于 80 分、小于 90分 | 工作业绩考核成绩80分以下 |
| 考核等级系数 | 1.10 | 1.05 | 1 | 0.95 | 0.9 | 0 |

4. 绩效改进

对于年度综合考核为不合格的人员和年度综合考核成绩下降的人员，需要制定绩效改进计划，绩效改进计划经上下级协商确定后，填入《绩效发展计划书》。

## 第七章　附　　则

**第二十三条　制度修订**

本制度需修订时，由人力资源部召集各部门讨论并形成修订方案，呈报考核领导小组审核、批准。

**第二十四条　实施日期**

本制度自正式颁布之日起实施。

**第二十五条　解释权**

本制度的内容以及未载入的事项之说明和解释权在人力资源部，员工有关于此制度的疑惑，人力资源部有责任加以解释。

# 参 考 文 献

1. 林筠．绩效管理．西安交通大学出版社，2006

2. 张彦宁．经营者收入分配制度．北京：企业管理出版社，2000

3. 姚裕群．人力资源管理案例教程．北京：中国人民大学出版社，2006

4. 冉斌．三个和尚有水喝：高绩效管理五步法．北京：中国经济出版社，2004

5. 饶征，孙波．以 KPI 为核心的绩效管理．北京：中国人民大学出版社，2002

6. 杨序国，何稳根．绩效管理何以见绩效．长沙：湖南科学技术出版社，2006

7. 陈凌芹．绩效管理．北京：中国纺织出版社，2004

8. 皇甫刚．绩效考核与管理案例．北京：电子工业出版社，2005

9. 盘和林．哈佛绩效管理决策分析及经典案例．北京：人民出版社，2006

10. 胡八一．8＋1 绩效量化案例精选．北京：北京大学出版社，2006

11. 侯坤．绩效考核制度设计．北京：中国工人出版社，2004

12. 罗振军．七步打造完备的绩效管理体系．哈尔滨：哈尔滨出版社，2006

13. 杨涓子：最新绩效考核与薪酬管理案例及操作要点分析．北京：企业管理出版社，2005

14. 赵国军，张和平，陶旭．破解企业绩效管理中的 8 大难题．北京：机械工业出版社，2006

15. 叶向峰，李剑，张玲，孟庆波．员工考核与薪酬管理．北京：企业管理出版社，2006

16. 王强．跨团队部门如何进行考核．人力资源开发与管理．2002，11

17. 叶元庆．怎样制定员工测评方案．IT 时代周刊

18. 刘醇．用考核技术解决技术部的考核问题．赢周刊

19. 林彬．用差额分布法让绩效考核结果合理分布．商学院．2004

20. 陈少铃．部门 KPI 考核——北京隆达轻工控股有限责任公司的总部管理．企业管理．2003，8

21. 陈般若，黄同圳．研发人员绩效指标与考核制度之建立．百度文库

22. 康士勇．新世纪新一轮薪酬改革方案范例精读手册．北京劳动管理干部学院，北京

中创国业薪酬设计院

23. 张明辉. 360 度绩效考核的本地化案例：柳桥经验. 中国人力资源开发网

24. 中国管理咨询网 http：//www. 21ask. com

25. http：//www. zuoyou. com

26. 中国人力资源开发网 http：//www. chinahrd. net

27. 海量营销管理培训资料下载 http：//www. 5ixue. com

28. 百度文库 http：//wenku. baidu. com

29. 武欣. 绩效管理实务手册. 北京：机械工业出版社，2002